BASTEI
LÜBBE

Von N. Williams / Ch. Breen erschien bei BASTEI-LÜBBE:

11993 Wenn die Sommerwiesen blühn

NIALL WILLIAMS
CHRISTINE BREEN

Es regnet auch im Paradies

UNSER ERSTES JAHR IN IRLAND

Aus dem Amerikanischen von
Monika Curths

BASTEI
LÜBBE

BASTEI-LÜBBE-TASCHENBUCH
Band 11879

1. Auflage 1992
2. Auflage 1993

Titel der amerikanischen Originalausgabe:
O Come Ye Back to Ireland.
Our First Year in Country Clare

Lizenzausgabe: Gustav Lübbe Verlag GmbH,
Bergisch Gladbach
Printed in Germany
Einbandgestaltung: Manfred Waller Reinbek
Titelfoto: Gruner & Jahr (Thomann)
Gemälde: Christine Breen
Satz: hanseatenSatz-bremen, Bremen
Druck und Bindung: Ebner Ulm
ISBN 3-404-11879-0

Der Preis dieses Bandes versteht sich einschließlich
der gesetzlichen Mehrwertsteuer

Dieses Buch ist all jenen gewidmet,
die an uns glaubten,
deren Träume uns begleiteten,
allen Nachbarn und Freunden
in Kilmihil und Sabra

Anmerkung des Autors

Dieses Buch wurde von zwei Menschen geschrieben. Nur ganz wenige Episoden hat einer von uns ohne den anderen erlebt oder niedergeschrieben. Es entstand aus unseren Tagebüchern (die Eintragungen aus Christines Tagebuch sind kleiner gesetzt) und aus dem Niederschlag von vielen langen und schönen Gesprächen, die wir an den dunklen Winterabenden vor dem Torffeuer führten. Wir schrieben beide an diesem Buch und hoffen, daß es davon Zeugnis gibt.

Kapitel 1

Auf der falschen Straßenseite zu fahren gelang Christine von Ort zu Ort besser. Wir befanden uns auf der letzten Etappe unserer Reise von New York nach Kiltumper Cottage – von Naas durch Kildare, die üppig grüne Curragh, Monasterevin, Portlaoise, Mountrath, Roscrea, Nenagh, Limerick. Als wir den Shannon überquerten und nach West Clare hineinfuhren, begann es zu regnen. Die Straße nach Ennis wurde schmaler und nasser; hinter Ennis goß es in Strömen. Unsere Stimmung war dahin. Kilmihil war das Dorf, das unserem zukünftigen Zuhause am nächsten lag; wir fuhren durch eine Landschaft aus Regen und Grau in einen Ort, der sich völlig in sich zurückgezogen hatte. Das Auto holperte über die Schlaglöcher, und es schien, als hätten wir Kilmihil bereits verlassen, kaum daß wir es erreicht hatten. War es *das*? Kein Mensch auf der Straße. Was an Geschäften vorhanden war, hatte geschlossen. Wir waren dreitausend Meilen aus einer Weltstadt in ein Dorf gekommen, das sich an einem verregneten Mittwoch nachmittag schlafen legte. Unsere ersten Eindrücke waren alles andere als ermutigend. Aber nun waren wir einmal hier. Wir fuhren weiter und hofften das beste.

Kilmihil hat zwei Hauptstraßen und ist Mittelpunkt des gleichnamigen Kirchspiels, in dem an die vierhundert Familien leben; Kiltumper gehört – wie ungefähr fünfzig ähnliche Weiler und vereinzelte Gehöfte – dazu. Die Größe der einzelnen Weiler ist recht verschieden. Zu unserem Dörfchen Kiltumper gehören gut einhundertzwanzig Hektar Land, auf denen neun Familien leben, die meisten davon Bauern.

Die zwei Meilen von Kilmihil nach Kiltumper kamen uns vor wie eine halbe Ewigkeit. Nach einer scharfen Linkskurve verengt sich die Straße zu einem *botharin*, einem irischen Sträßchen, das steil zu unserem Cottage hinunter- und daran vorbei noch weiter talwärts führt. Unser erstes Ziel waren unsere neuen Nachbarn, Mary Breen und ihr Schwager Joe Breen. (Als Marys Mann starb, verkaufte sie die Farm an Chris' Vater, und als Mary ihr neues Heim bezog, zog Joe, der immer bei seinem Bruder gewohnt hatte, natürlich mit.) Wir hatten kaum angehalten, als Mary, sich unter dem prasselnden Regen duckend, herausgelaufen kam, um uns zu begrüßen und unsere weichen Städterhände zu drücken. »Willkommen in Kiltumper, Crissie und Niall. Ich hoffe, ihr werdet hier glücklich sein.«

Wir nickten und lächelten, aber in diesem Augenblick, im Regen, vor Marys neuem Bungalow an der Straße nach Kiltumper Cottage, war uns beiden die Vorstellung, hier jemals glücklich zu werden, unmöglich.

Wir wurden herzlich willkommen geheißen mit Tee, frischgebackenen Hefebrötchen und Marys Braunbrot, serviert vor dem wärmenden Torffeuer. Mary und Joe sahen uns an, und in ihren Blicken wohnten mindestens ebenso viele Zweifel wie in unseren Herzen. Nun waren wir also tatsächlich hier. Alle vier blickten wir hinaus auf die vom Regen gepeitschten Felder und die hingekauerten Kühe und tranken viele große Tassen starken, süßen Tee. Wieder schien es eine Ewigkeit zu dauern, bis Mary ihre Tasse zum letzten Mal abstellte und sagte: »Nun« (Mary sprach es gedehnt wie ein zweisilbiges Wort), »wollen wir jetzt hinauffahren zum Haus?«

Ja, das wollten wir.

Wir beeilten uns, ins Auto zu kommen, um dann ganz langsam das letzte Stück unserer Reise zurückzulegen, eine schmale holperige Straße von der Breite eines einzigen Wagens, die sich in drei Kurven bergauf schlängelte.

»Dort sind eure Felder«, sagte Mary und deutete auf das rechter Hand liegende Land. Weißdorn-, Schlehen- und Stechginsterhecken säumten die Äkker und Wiesen. Der Ginster würde bald seine sattgelben Blüten öffnen. Doch uns überfiel beim Anblick der Hecken der beängstigende Gedanke, daß allein ihre Instandhaltung ein größeres Unterfangen wäre. Minuten später waren wir an dem kleinen grünen Eisentor des Vorgartens und den hohen Ligusterbüschen, Heckenrosen und Fuchsien vorbeigefahren, die ganz kurz den Blick auf das graue Haus freigaben. Dann bogen wir ein in die *street* – so heißen hier die Einfahrten zu den Häusern –, rechts und links flankiert von zweihundert Jahre alten gemauerten Ställen für Hühner, Puten, Schweine, Kühe und Kälber.

Uns kamen die schlimmsten Vorahnungen und Bedenken, aber wir unterdrückten tapfer alle Ausrufe und Kommentare, denn wir waren ja nicht allein. Vor dem Hintereingang blieb Mary stehen und sagte, bevor sie das Haus betrat: »Willkommen, und Gott segne dies alles.« Und dann standen wir plötzlich in Kiltumper Cottage mitten in einer strahlendweißen Küche.

Sie war merkwürdig klein. Wir waren verblüfft, obwohl keiner von uns hätte sagen können, warum. In den zwei Jahren, die vergangen waren, seit wir diese Küche das letzte Mal gesehen hatten, war sie in unserer Einbildung enorm gewachsen. Der Fußboden, natürlich mit Zement ausgegossen, war rauh, bröckelig und staubig. Der offene Kamin verschlang wie ein gigantisches schwarzes Maul eine ganze Wand. Mary beobachtete uns scharf. Was meinten wir?

»Ich hoffe, es gefällt dir, Crissie.«

»O ja, es ist herrlich«, antwortete Chris mit soviel Begeisterung, wie sie in ihrem bestürzten Zustand aufbringen konnte. Und da Marys Ängste daraufhin zerstreut schienen, erklärte sie uns, woher das Haus seinen Anspruch auf Herrlichkeit bezog: Es waren die frisch gestrichenen weißen Wände. (Später erfuhren wir, daß unser Cottage bei den Einheimischen das Weiße Haus hieß.)

Hell war die Kate gewiß, sogar heller, als wir gedacht hatten. Die Fenster, die wir klein in Erinnerung hatten, reichten von knapp über dem Boden bis knapp unter die Decke, wodurch die Zimmer überraschend licht und freundlich wirkten. Der Blick geht nach Süden, dorthin, wo – von uns aus nicht zu sehen – der Shannon fließt. Ungefähr hundert Meter von unserer Haustür entfernt erhebt sich aus einem Tal ein grüner Hügel, und während wir von einem Zimmer ins andere gingen, war es immer wieder dieser Ausblick nach Süden, von dem wir uns angezogen fühlten.

Die Türstöcke sind kaum einen Meter achtzig hoch. Tagelang lief ich Gefahr, mit dem Kopf dagegenzustoßen. Das einzige Möbelstück im Haus war ein alter Suganstuhl – ein von Hand, ohne Schrauben und Nägel gearbeiteter Stuhl. Die aus Stroh geflochtene Sitzfläche heißt *sugan.* (In neuerer Zeit wird der Sitz mit farbigen Schnüren bezogen.) Es war derselbe Stuhl, auf dem Chris bei ihrem ersten Besuch vor fünfzehn Jahren hier an der offenen Herdstelle gesessen hatte. Alle anderen Möbel, die wir uns zu kaufen vorgenommen hatten, schienen plötzlich fehl am Platz. Das ganze Interieur mußte neu überdacht werden, denn das Haus war schließlich eine Bauernkate und über zweihundert Jahre alt. Keines der fünf Zimmer war groß. Wir waren einer romantischen Schwärmerei verfallen und schalten uns jetzt dafür.

Was dachten wir? Was konnten wir sagen? Es war weniger, als wir erwartet hatten, und mehr. Die Mauern waren einen Dreiviertelmeter dick, aber es zog aus tausend Ritzen, unter den Türen, von den Fenstern. Zu Mary sagten wir, daß wir es reizend fänden, auch wenn wir uns beklommen bewußt waren, daß es albern klang. Aber schließlich: Das war's nun einmal. Wir waren hier.

Der Entschluß, New York zu verlassen, um im Westen von Irland zu leben, war uns nicht leichtgefallen.

»Sag mir, wie wird es dort sein, Niall«, war Christines Lieblingsfrage, je näher unsere Abreise heranrückte. Sie stellte sie mir vorzugsweise spät in der Nacht oder am frühen Morgen.

»Es wird großartig sein«, antwortete ich eifrig. »Wir werden Zeit haben und umgeben sein von Schönheit. Wir werden das Haus zu einem Heim machen für Bücher und Musik, Malerei und Blumen. Es wird selbstgebackenes Brot und ofenfrische Brötchen geben,

Hühnchen und Schweinchen, Möhrchen und Kohlräbchen und den satten, süßen Duft des Torffeuers. Wir werden früh aufstehen, eine Tasse starken heißen Tee trinken und dann im Garten arbeiten, die Tiere füttern, das Haus besorgen. Im schönen wechselnden Nachmittagslicht werden wir wieder Tee trinken, schreiben und malen, und später, bei Einbruch der Dämmerung, werden wir eine Rundfahrt machen entlang der Küste oder nach Doolin, um Musik zu hören, oder wir werden auf das majestätische, stimmungsvolle Wogen des größten Ozeans dieser Erde hinausblikken. Wir werden kurz nach unserer Ankunft eine Party geben und alle aus der Umgebung einladen – den Gemeindepfarrer von St. Michael, die Gastwirte, die Fiedler von Kilmihil. Und Geschichten werden wir hören! Die Sagen von Clare und die unglaublichen Nachtgeschichten von so musikalisch und magisch klingenden Orten wie Kilfenora, Corofin und Kilnamona. Geschichten über den Ort, wo unser Haus steht und wo hinten auf den Feldern der gewaltige Riese Kiltumper persönlich begraben liegt.«

Mit solchen Hoffnungen und Plänen übertönten wir unsere Angst, die kam und ging, während wir uns auf die Abreise vorbereiteten. Wir, Niall und Chris, ein zu den schönsten Hoffnungen berechtigendes junges Ehepaar mit guten Jobs in Manhattan und hochgesteckten Zielen, wir hatten beschlossen, alles aufzugeben, um auf einer Farm im wilden Westen Irlands zu leben. Und wir wollten nach Irland gehen und unser Glück machen zu einem Zeitpunkt, als die Auswanderungsrate dort einen Höchststand erreicht hatte wie seit Jahren nicht mehr.

In meinem Fall war das vielleicht nicht ganz so abwegig, denn ich bin hier geboren, in Stillorgan, einem wohlhabenden Viertel von Dublin. Aber Dublin ist beinahe zweihundert Meilen von hier entfernt, und zwischen Dublin und dem Farmland von West Clare liegen Welten. Chris dagegen war praktisch eine geborene New Yorkerin, aufgewachsen in bequemen Verhältnissen in Westchester County. Vieles an der irischen Lebensart war ihr fremd, ganz zu schweigen von der des ländlichen Westens. Doch nach langem Zögern und trotz bleibender Zweifel hatten wir uns entschlossen, das Abenteuer zu wagen. Wir hatten uns von den Weihnachtsferien an hundert Tage gegeben, um von dem einen Leben Abschied zu nehmen und ein anderes zu beginnen. Der große Tag sollte der 28. März 1985 sein.

Kennengelernt hatten wir uns am University College Dublin (UCD). Wenn Amerikaner an eine irische Universität denken, denken sie an das Trinity College in Dublin; aber die eigentliche Landesuniversität Irlands ist das UCD. Chris wollte hier ihren Magister in englisch-irischer Literatur und dramatischer Dichtung machen. Ich wollte Schriftsteller werden und hatte mich für ein UCD-Magisterprogramm für amerikanische und englische Literatur eingeschrieben. Unsere Liebe begann in dem Augenblick, als wir in der Cafeteria zufällig nebeneinander zu sitzen kamen. Ich aß Chips (die irische Version von Pommes frites), Chris einen Joghurt und einen Apfel. Zwei Jahre später waren wir verheiratet und in New York.

Chris hatte Irland zum ersten Mal besucht, als sie siebzehn war. Sie war mit ihrem Vater und ihrer Großmutter herübergekommen, um den Geburtsort ihres verstorbenen Großvaters aufzusuchen. Ein Cousin, John Breen, und seine Frau lebten noch dort in Kiltumper Cottage und bestellten das Land. Und bei allen späteren Irlandbesuchen hatte es Chris immer wieder zu diesem Cottage gezogen.

Ich hörte zum ersten Mal von Kiltumper Cottage an Ostern jenes Jahres, in dem wir uns am UCD begegneten. Johnny Breen war gestorben, und die aus Amerika zu Besuch weilende Cousine Chris fuhr zur Beerdigung in das Dorf Kilmihil. Rückblickend kommt es mir vor, als ob alles, was auf die traurige Nachricht von diesem plötzlichen Todesfall folgte, unvermeidlich zu unserem Entschluß führen mußte, fortzugehen und in Kiltumper zu leben. Aber wir brauchten fünf Jahre, bis wir es begriffen. Mary Breen mußte sich entschließen, die Farm aufzugeben; Chris' Vater mußte sich entschließen, die Farm zu kaufen. Nun stand das Haus leer – die zwanzig Hektar Weideland, die dazugehörten, waren bis Ende des Jahres an einen Bauern im Dorf verpachtet –, und es hatte uns gerufen.

Wir lebten in New York und hatten beide bereits einen Fuß auf die erste Sprosse der sprichwörtlichen Leiter gesetzt. Wir entsprachen dem Bild der jungen Aufsteiger und strebten begierig nach einem immer besseren Leben. Chris war bei einer Fachzeitschrift angestellt, und ich arbeitete in einem Heftchenverlag, wo ich Werbetexte verfaßte und unter dem Pseudonym Sarah Reynolds Liebesromane schrieb. Aber seit uns aufgegangen war, daß wir die Möglichkeit hatten, nach Kiltumper zu gehen und dort zu leben, beschäftigten uns ständig wechselnde Argumente für oder gegen diese Idee. Wir hatten beide eine Menge zu bedenken, denn keiner von uns hatte je auf einem Bauernhof gelebt. Zweimal besuchten wir gemeinsam Kiltumper, und beide Male waren wir überzeugt, daß wir hier niemals leben könnten. Es erschien uns so völlig anders als alles, was wir kannten, so entlegen, so abgrundtief ländlich. Jedesmal schüttelten wir den Kopf und kehrten nach New York zurück.

Warum änderten wir schließlich doch unsere Meinung und lieferten uns dem irischen Westen aus? Weil an den Straßenecken von Manhattan zu viele Menschen zu rabiat drängelten? Weil sie stießen und rempelten, um in die zu selten fahrenden Subways zu kommen? Weil man von einem schönen Sommertag nur den Abend mitbekam? Weil der Büroalltag unser Leben nicht mit den großen Leiden und Freuden der führenden Manager beschenkte, sondern nur mit dem steten Tropfen des kleinen Überdrusses an bescheidenen Aufgaben? Weil in New York die Winter zu kalt und die Sommer zu heiß sind? Weil wir uns nicht vorstellen konnten, in New York zu leben, zu arbeiten und Kinder großzuziehen? Weil sich – und dies vermutlich vor allem – an bestimmten Tagen jenes irische *feeling* einstellte, wenn das letzte Sonnenlicht vor den Fenstern des Zugs, der uns aus der City in die Vorstadt beförderte, mit dem erinnerten Bild von dem irischen Cottage und seinen Feldern verschmolz, den bis nach zehn Uhr abends hellen Augustnächten und den heckenhoch wuchernden roten Fuchsien. Und plötzlich war da das Gefühl, daß es einen Ort gab, weit weg vom Getümmel der Stadt und einer überspannten, aufdringlichen Tagesordnung, ein altes Haus, das im Regen älter und älter wurde. Es gab tausend Gründe, nicht zu gehen, aber einen, der unwiderstehlich lockte.

Wir mußten unser altes Leben abwracken wie ein Schiff, das nicht mehr in See stechen würde. Wir gaben unsere Wohnung in einem viktorianischen Haus in Mt. Kisco auf, verkauften unsere Möbel und unser neues Auto. Alles, was wir nicht mitnehmen wollten –

unser gesamtes früheres Leben –, mußte in zehn Umzugskartons Platz finden, die Chris' Schwester in ihrem Speicher für uns einlagern wollte. Sie war außerdem so freundlich, sich vorübergehend unserer Bücher und unseres Hochzeitsporzellans anzunehmen. Den größten Teil unserer Kleidung warfen wir weg, den Rest spendeten wir der Wohlfahrt.

Nach den Ausgaben für die Flugtickets und den Wagen, den wir in Irland kaufen wollten, würde uns nicht mehr viel übrigbleiben für Möbel, Teppiche oder andere notwendige Dinge. Erkannten wir die Fallgruben zu spät? Wir kämpften mit Zahlen, versuchten einen Kostenplan aufzustellen. Und schließlich, als die Gleichung beinahe – nicht ganz – aufging, erschien neben der kleineren Summe ein unverantwortlicher Schuß Romantik mit einem Plus jene Leichtfertigkeit des Iren, der der schnöden Welt achselzuckend den Rücken kehrt und sich, ein Liedchen pfeifend, im blauen Abend verkrümelt.

Schließlich kam der Tag, an dem wir unseren Entschluß bekanntgaben und unsere Jobs aufgaben. Wir waren ausgelassen und wie betrunken von dem Gefühl, frei zu sein. Wir fühlten uns wie Schwimmer vor der nahenden Flut, voller Energie und Hoffnung. Unzählige Leute schauten in meinem Büro vorbei und fragten, wie es denn in Kiltumper sei, und ich erzählte ebenso viele Versionen. Aber gegen fünf Uhr war meine Begeisterung erschöpft. All die Geschichten und all das fröhliche Gelächter hatten nichts an der nackten Tatsache geändert, daß *wir* diejenigen waren, die aussteigen würden. Als ich zum Aufzug ging, war ich der einsamste Mann im ganzen Haus. In den Augen meiner Kollegen war ich bereits *out,* fort, in einer anderen Welt. Als ein älterer Vizepräsident den Lift betrat, lächelte er mir wissend zu.

»Soso«, sagte er, »wie ich höre, ziehen Sie nach Schottland.«

Alle Pläne rückten plötzlich in den Hintergrund, als Chris' Großmutter nach einem langen und mutig geführten Kampf gegen ihre Krebserkrankung starb. Die Trauer über ihren Tod prägte die letzten Tage vor unserer Abreise. Wir hielten die Totenwache, wir gingen zur Beerdigung, und unsere Gedanken weilten bei ihr, Nonni O'Connell.

Sie war eine geborene MacGillycuddy aus Kerry, eine der ältesten und vornehmsten Familien Irlands, die den höchsten Bergen des Landes – den MacGillycuddy Reeks – ihren Namen gegeben hatte.

An jenem milden Frühlingstag, an dem sie beerdigt wurde, schworen Chris und ich, in diesem Sommer die MacGillycuddy Reeks zu besuchen und auf den grünen Hügeln für Nonni ein Gebet zu sprechen.

Am nächsten Tag flogen wir nach Dublin. Und jetzt waren wir hier, hier in Kiltumper, an dem Ort, den wir uns zur Heimat machen wollten. Aber bevor wir in das Haus einziehen konnten, war noch eine Menge zu tun. Glücklicherweise konnten wir vorerst bei Mary Breen wohnen.

Nach der Besichtigung unseres neuen Heims fuhren wir mit Mary hinauf zu den Dooleys, zum Haus ihrer Schwester Breda, um ihre alte Mutter Nora zu besuchen. Bei den Dooleys brannte ein schwaches Torffeuer im Kamin. Großzügig wurden wir mit noch mehr Tee, noch mehr Teebrötchen und Braunbrot begrüßt. Nachdem wir erst eine halbe Stunde zuvor gegessen hatten, verspürten wir keinen Hunger.

»Möchtet ihr eine Tasse Tee?« fragte Breda eifrig.

»Nein, danke.«

»Ihr wollt nichts?« fragte Breda überrascht. Doch da ließ sich plötzlich aus einer Ecke des halbdunklen Raums Michael Dooley vernehmen.

»Ihr werdet in meinem Haus eine Tasse Tee trinken«, sagte er mit Nachdruck. Seine Gastfreundschaft wies man nicht zurück.

»Wir werden Tee trinken«, sagte ich und lächelte, als Breda den Tee eingoß.

Wir wurden zu Marys vierundachtzigjähriger Mutter Nora geführt, die im Zimmer nebenan im Bett lag. Mit einem Tuch um den weißen Kopf und den großen knochigen Händen auf der Bettdecke blickte sie uns entgegen und hieß uns mit einem Nicken und einem Lächeln willkommen.

»Ihr seid jetzt unten im Haus von Jack O'the Grove«, sagte sie.

»Von wem?«

»Jack O'the Grove. Der im Gehölz.«

»Crissies Urgroßvater«, erklärte Mary.

Bestürzt erfuhren wir, daß sich an diesem Tag der Tod von Johnny Breen zum fünften Mal jährte. Hätten wir das gewußt, wir hätten unsere Ankunft um ein paar Tage verschoben. Aber so ist das in Irland. Zufälle, Zusammenhänge und Omen – alles zusammengeweht von Wind und Regen. Nach dem Abendessen fuhren wir zur Kirche.

In Amerika ist die Religionsausübung eine relativ freie Angelegenheit. Jetzt befanden wir uns in einem zutiefst katholischen Land. Und nichts ist in Irland von größerer religiöser Bedeutung als die Karwoche. Die Karmittwoch-Messe begann um acht. Um halb acht waren wir mit Mary und Joe in der hübschen, in gelben und rosa Pastelltönen ausgemalten St.-Michaels-Kirche. Die Messe sollte für Johnny gelesen werden. Wir waren kaum in der Kirche, als der Rosenkranz begann. Mary sprach die erste Hälfte des Ave Maria; dann machte sie eine Pause, und eine andere Frau sprach das Gebet zu Ende. Mary begann das zweite Ave Maria, und eine andere Frau irgendwo in einer anderen Bank fiel ein. Und so ging es weiter. Eine einsame Stimme betete vor, und ein Chor von Stimmen beendete das Gebet. Bald summte die ganze Kirche. Die Gebete steigerten sich zu einem faszinierenden Crescendo. Chris und ich wurden vom Rhythmus des Rosenkranzes, von dieser ungeheuren Kraft des Glaubens mitgerissen, und die monotonen Stimmen von zweihundert Menschen, die unaufgefordert in dieser ländlichen Kirche beteten, vermittelten uns mehr als alles andere das Gefühl, daß Irland uns aufgenommen hatte.

Die Kirche war voll. Immer sieben Personen knieten in einer Bank, Schulter an Schulter. Kurz bevor der Priester an den Altar trat, eilte eine Frau durch den Mittelgang nach vorn, obwohl bereits alle Bänke besetzt waren. Neben unserer Bank blieb sie stehen, machte ihre Kniebeuge und drängte sich mir nichts, dir nichts zu uns hinein. Dann folgten die letzten Nachzügler. Das Kirchenschiff hinauf und hinunter schoben und drückten sich Frauen in die Bänke, bis sich die Kirche auszubeulen schien. Das ganze Gotteshaus wirkte wie ein Blasebalg, der mit den Ave Marias anschwoll und in brausendem Gemurmel ausatmete.

Als wir die Kirche verließen, war es noch hell. (In Irland waren die Uhren bereits auf Sommerzeit umgestellt.) Chris und ich beschlossen, noch einmal allein zum Cottage zu gehen, bevor es dunkel wurde. Seit unserer Ankunft waren wir von Menschen umgeben gewesen, die uns willkommen hießen und uns Glück wünschten, so daß wir noch keine Gelegenheit gehabt hatten, einander zu sagen, wie uns zumute war. Wir hinterließen einen Pulk von Menschen, deren Gesprächsthema wir waren, wir, die Besucher, die Yanks.

Das Zwielicht ist die beste Tageszeit – fast überall blauer Himmel, und im Westen die im letzten Sonnenlicht leuchtenden Wolken, die langsam mit dem Tag verlöschen. Die Wiesen sind von einem märchenhaften Grün, und der Tag scheint ein völlig anderer zu sein, einer, der rein gar nichts mehr mit dem trüben, verregneten Morgen zu tun hat. Chris lächelte mir zu, als wir die höchste Stelle der hügeligen Straße erreichten, wo man die Weiden im Tal überblicken kann. Wir schauten uns an: *Das* war es, weshalb wir gekommen waren.

Als wir nun also zum zweiten Mal an diesem Tag nach Kiltumper Cottage kamen, waren wir besser vorbereitet. In der Phantasie hatten wir bereits angefangen, uns unser Heim genauer auszumalen. Chris betrat vor mir das Haus und besah sich jedes Zimmer mit dem Blick einer Innenarchitektin; sie sah hier einen Tisch und daneben ein Telefon, dort drüben am Fenster einen Stuhl, wo wir sitzen und über die Wiesen blicken könnten, hinüber zur Küste und zu dem tiefen grünen Wasser, das drüben gegen die Ufer von Long Island schlug.

Die Fenster entzückten uns bei dem herrlichen Abendlicht noch mehr. Nichts hemmte das Licht, kein Gebäude lenkte die Strahlen ab. Ich stand an einem der Fenster, als Chris plötzlich aufschrie und aus der guten Stube gerannt kam.

»Niall, da ist jemand drin!«

Geduckt und ängstlich, denn es konnte sich ja durchaus jemand in dem leeren Haus eingenistet haben, ging ich zu dem Zimmer, das wir zu unserem Schlafzimmer bestimmt hatten.

»Wer ist da! Kommen Sie heraus!«

Die Tür war geschlossen. Auf meinen Ruf hin setzte dahinter wilde Betriebsamkeit ein, als würden hastig verstreute Papiere weggeräumt. Aber niemand kam heraus. Ich legte die Hand auf den Türknauf. Chris stand hinter mir und lugte ängstlich über meine Schulter.

Mit einem Ruck stieß ich die Tür auf, bereit zum Sprung oder zur Verteidigung. Und da war der Eindringling: eine riesige lackschwarze Dohle! Emsig stolzierte sie in dem rundum weißen Zimmer umher und versuchte, uns bei ihrer Suche nach einem Fluchtweg zu ignorieren. Ein weiteres Omen, dachten wir. Ein schwarzer Vogel in einem weißen Zimmer am fünften Jahrestag des Todes von Johnny Breen. Ohne unsere Angst verloren zu haben, verließen wir den Raum, jeder in eine andere Richtung: der Vogel, hüpfend und ruckartig schreitend, zum Fenster; ich, mit ausgebreiteten Armen, zum Vogel; Chris, mit einem Affenzahn, in den Vorgarten. Schließlich gelang es mir, das Fenster zu öffnen. Die Dohle war frei. Als sie fortflog, schien es, als hätte nicht nur ein Vogel das Haus geräumt. Jetzt war es *unser* Haus. Am nächsten Tag würden wir beginnen, uns einzurichten.

Am nächsten Morgen zogen Regenwolken über den Himmel und enttäuschten unsere leise Hoffnung. Doch das Gefühl, daß uns im Cottage viel Arbeit erwartete, trieb uns aus den Federn und trotz des Wetters aus dem Haus. Jeden Tag konnte unser Bett aus

England eintreffen, und wir wollten das Schlafzimmer vorher fertig haben. Außerdem mußte der Garten umgegraben werden. Wir befanden uns in der wichtigsten Gartensaison; jeder verlorene Tag bedeutete eine geringere und spätere Ernte. Und so machten wir uns nach dem Frühstückstee und dem Braunbrot und den frischen Landeiern auf den Weg zu unserem Cottage, um anzufangen.

Aber *wo?* Wir saßen auf dem tiefen Fensterbrett des Badezimmers (früher ein Schlafzimmer, als sich das Bad noch außerhalb des Hauses befand), und es war, als säßen wir mitten in einem Labyrinth. Die Ungeheuerlichkeit der Aufgabe, die vor uns lag, überwältigte uns. Mary hatte uns eine Flasche Milch und etwas Tee mitgegeben, und so, außerstande zu entscheiden, womit wir beginnen sollten, taten wir, was alle irischen Männer und Frauen tun – wir tranken Tee.

Plötzlich kam die Sonne zum Vorschein, und nicht zum ersten und nicht zum letzten Mal richtete sie uns auf und veränderte alles. Unversehens herrschte Ferienstimmung. Mit der geborgten Schaufel ging ich hinaus in den Garten, um dem Unkraut zu Leibe zu rücken, und Chris versuchte, im Stanley-Ofen unser erstes Torffeuer anzuzünden.

Ich stürzte mich in die Gartenarbeit. Wie die meisten Städter, die zum ersten Mal eine Schaufel in die Hand nehmen, grub und schaufelte ich mit Genuß. Ich konzentrierte mich auf meine Tätigkeit, und je mehr Energie ich hineinlegte, um so schneller kam ich voran. Für ein vernünftiges Arbeitstempo hatte ich kein Gefühl. Das lehrt erst der Boden. Sieht man einen Landbewohner auf einem Feld graben, könnte man meinen, er schliefe gleich ein, so langsam und gemächlich tut er seine Arbeit. Aber eben diese Gemächlichkeit und der Rhythmus des Landes selbst ist sein Geheimnis. Weil ich keine Ahnung von diesen Dingen hatte, machte ich alles viel zu schnell. Wie ein romantischer Kavalier wollte ich Chris mit meiner ersten Stunde Gartenumgraben imponieren. Doch ich hatte seit Monaten keine schwere körperliche Arbeit verrichtet. Das Unkraut hatte tiefe Wurzeln und ließ sich nicht einfach wegschaufeln. Man mußte mehrmals daran ziehen, es mit der Hacke lockern, und innerhalb einer Stunde hatte ich in der rechten Handfläche eine ansehnliche Reihe von Wasserblasen. Der Anfang ist gemacht, sagte ich mir. Die Sonne schien. Der Garten lag wunderbar, von allen Seiten geschützt. Der Kamin rauchte heimelig, und Chris winkte mir, begeistert von ihrem Erfolg, vom Küchenfenster aus zu. Ich fühlte mich wie ein König.

Ich kann es kaum erwarten anzufangen. Es gibt so viel zu tun, angefangen mit den Reparaturen. Alle Böden brauchen einen neuen Belag, aber das können wir uns nicht leisten. Überall liegt Staub. Und überall zieht es. Die Ställe sind voller Gerümpel und altem vertrocknetem Mist. Der Garten ist praktisch nicht mehr vorhanden. Kein einziges freies Plätzchen, um etwas anzusäen. Sind wir wirklich noch bei Trost? Nur der Rhabarber hat überlebt. Wir müssen den größten und widerstandsfähigsten Rhabarber haben. Ich erinnere mich, daß mein Vater erzählte, sein Vater hätte eine Vorliebe für Rhabarberkompott gehabt. Vielleicht eine Verbindung zum alten Kiltumper?

An jenem ersten Arbeitstag im Cottage rechneten wir mit höchstens einer Woche, bis wir würden einziehen können. Und diese eine Woche erschien uns eine lange Wartezeit.

Mit jedem Regenschauer am Nachmittag änderte sich das Wetter, und keine dieser Wetterperioden war weniger launisch und kurzlebig als die vorherige. Der

Regen ist hier ein häufiger Gast, und niemand nimmt besondere Notiz von ihm (bis zu dem Zeitpunkt, wenn er zum ständigen Begleiter wird). Als ich im Garten buddelte, schaute Joe Breen – Chris' Cousin, Marys Schwager – durch das grüne Eisentörchen. Leise tröpfelte der Regen vom grauen Himmel.

»Wie läuft's denn?« fragte er mich.

»Alles bestens, Joe«, rief ich ihm zu und wollte schon losrennen, um mich vor dem drohenden Guß in Sicherheit zu bringen.

»Schöner Tag heute«, fuhr er fort, und er schien es todernst zu meinen. Aus Höflichkeit blieb ich stehen und redete mit ihm. Es schüttete. Wir trugen beide keinen Mantel.

»Willst du nicht hereinkommen, Joe?« fragte ich schließlich, als er seine Zigarettenkippe wegwarf.

»Ja, gern«, antwortete er. »Jetzt gießt es ganz schön.« Er hatte nur auf die Einladung gewartet.

Eine halbe Stunde später war der Himmel wieder klar und blau. Im Garten sangen die Vögel. Chris zeigte mir, wo ich graben sollte. Sie erkannte tatsächlich etwas wie ein System in der Wildnis und begann wie ein Schatzsucher, den Kopf dicht über der Erde und vorsichtig darin herumstochernd, die Unkräuter zu untersuchen. Binnen einer Stunde hatte sie Walderdbeeren, Zwiebeln und etliche andere robuste mehrjährige Pflanzen vor der Vernichtung gerettet. Sie wurden sorgfältig von ihrer wilden Umgebung getrennt und sollten neu gepflanzt werden, sobald ich den Boden dafür bereitet hatte.

Sie ist das Gehirn in diesem Chaos, dachte ich. Ich hätte nicht gewußt, was ich von alldem, was hier wuchs, retten sollte. Ich bereitete nur den Boden vor. Die Geschlechterrollen vertauschten sich bei dieser

Arbeit – was unserer Beziehung in den kommenden Monaten guttat.

Wir machten unsere ersten Schritte in Haus und Garten. Sie gaben uns das Gefühl, viel und doch wieder sehr wenig geschafft zu haben. Würden wir jemals einziehen können, der Garten jemals blühen? Würde jemals in der heraufziehenden Dämmerung das leise Klappern der Schreibmaschine zu hören sein? Würde Chris jemals an dem großen vorderen Fenster vor ihrer Staffelei stehen und Pinselstrich für Pinselstrich auf ihre Leinwand malen? Für einen Moment stand das Bild solcher Tage deutlich vor mir.

Sag mir, Niall, wie wird es dort sein? Im Augenblick taten mir die Blasen an den vor Dreck starrenden Händen weh, und der Spaten stieß auf nichts anderes als Steine.

Der Karfreitag war ein wunderschöner Tag, warm und sonnig und wolkenlos. Das Gelb des blühenden Stechginsters in der hellen Sonne versetzte uns in einen Farbenrausch. Blühender Ginster säumte die Straßen, stürzte sich über Mauern und wucherte in das Weideland hinein. Wir waren entzückt; mit frischem Mut und leichtem Sinn gingen wir an diesem Morgen an unsere Gartenarbeit. Es gibt kaum ein Gefühl, das so befriedigt wie das Triumphgefühl, einen Garten zum Leben erwachen zu sehen. Während wir Quekken und Drahtschmiele und andere Unkräuter ausrissen und eine ganze Schicht Steine entfernten, konnten wir zusehen, wie es geschah: Das braune Bett der Erde wurde allmählich unser.

Wir heizten den Küchenherd, um die Feuchtigkeit von fünf Jahren zu vertreiben. Der Stanley-Ofen ist das Herz unseres Hauses. Er hat hier wie in vielen Häusern das offene Herdfeuer als den Mittelpunkt der Küche – des eigentlichen Wohnraums – ersetzt. Mit seinen zwei Zugklappen ist er nicht ganz einfach in Gang zu bringen, und es braucht einige Zeit, bis man mit seiner Bedienung vertraut ist. Wie bei jedem Festbrennstoffherd muß man ständig nachlegen, damit er die Temperatur erreicht, um nicht nur Töpfe und Pfannen auf der Herdoberfläche zu erhitzen, sondern auch den Heißwassertank. Der kleine Torfstapel im Haus würde ungefähr bis zum Sommer reichen.

Am Karfreitag nachmittag war mit jeglicher Arbeit Schluß, und aus jedem Haus machten sich die Menschen auf den Weg ins Dorf mit dem Fahrrad, dem Traktor, dem Auto oder zu Fuß. Jedes Auto war voll besetzt. Im Dorf wimmelte es von Autos und Menschen. Auf dem Weg vor der Kirche reihten sich die Bauern zu einer langen Schlange, und kurz vor drei Uhr kam ganz Kilmihil zum Stillstand. Man konnte den Wind hören, der draußen vor dem Dorf einsam über die Landstraße wehte. Kein Traktor tuckerte, nichts war zu hören, was auf Arbeit und Betriebsamkeit hinwies, und die Kreuzungen waren blockiert durch dreifach nebeneinander geparkte Autos und Lieferwagen. Niemand würde innerhalb der nächsten Stunde irgendwohin fahren, denn kein anständiger Mensch befände sich anderswo als in der Kirche.

Im Kirchengestühl von St. Michael saßen die Menschen so eng wie in einem überfüllten Fußballstadion. Der Schmerzhafte Rosenkranz hatte bereits begonnen, als wir uns in eine Bank zwängten, und wieder war die hübsche Kirche erfüllt von Gebeten und Frömmigkeit. Wir saßen ganz außen. Aber nicht lange! Schon nach wenigen Sekunden setzte das Gedränge ein, als sich eine kleine dicke Frau wie eine Quetschwalze neben uns schob. Eine Minute später saß

Chris in der Mitte einer zum Bersten vollen Bank zwischen großen murmelnden Clare-Frauen. Es schien, als gäbe es außerhalb dieser Kirche kein Weltgeschehen. Alles war zusammengeschrumpft auf das eine: eine vollbesetzte kleine Kirche an einem milden Karfreitag im Westen von Irland.

In Manhattan hatte Chris darauf bestanden, daß wir im Garten keine Chemikalien verwenden würden, schon gar keine Unkrautvertilger. *Wir* sollten die Unkrautvertilger sein, doch als wir in dem Unkrautgestrüpp von Kiltumper standen, fühlten wir uns auf verlorenem Posten. Der Frühling war dabei, uns zu überholen, und wir würden Monate brauchen, um den ganzen Garten umzugraben und das tiefverwurzelte Unkraut zu entfernen. Wir *brauchten* etwas.

»Wo könnten wir ein Unkrautvertilgungsmittel bekommen?« fragte ich Mary Breen.

»Drunten bei Eamonn«, lautete die Antwort.

»Wer und wo ist Eamonn?«

»Er ist der Drogist«, erklärte sie mir.

Wir fuhren zu seinem kleinen Laden. Eine Glocke läutete, als wir die Ladentür öffneten, und hinter einem schmalen Vorhang aus Plastikstreifen erschien ein Mann mit einem freundlichen Lächeln auf dem runden Gesicht. Er sah aus, als hätte man ihm eben einen Witz erzählt. Wir hatten das Gefühl, er würde jeden Moment in schallendes Gelächter ausbrechen.

Er wußte sofort, wer wir waren, denn die Gerüchte waren uns vorausgeeilt. Aber er sagte nichts, sondern wartete, bis wir uns selbst vorstellten.

»Hallo«, sagte ich. »Ich bin Niall Williams, und das ist meine Frau Chris. Wir ziehen in das alte

Haus oben in Kiltumper. Mary Breen hat uns zu Ihnen geschickt, weil wir ein Unkrautvernichtungsmittel brauchen.«

»Sie haben 'ne Menge Unkraut«, sagte er grinsend. Dann, als wollte er uns Zeit geben, über diese Feststellung nachzudenken, verschwand er in dem Raum, aus dem er gekommen war, und kehrte mit einer Plastikflasche zurück, die mit der Aufschrift »Gift« und einem schwarzen Totenkopf mit gekreuzten Knochen auf dem Etikett gekennzeichnet war.

»Damit werden Sie's schaffen«, versicherte er, ganz der versierte Geschäftsmann.

»Wie wird es angewendet?« fragte Chris. Er blickte sie aus seinen intelligenten blauen Augen an und meinte: »Sie werden ein tragbares Spritzgerät brauchen.«

»Aber wir haben keins«, sagte sie.

»Oh, Sie haben noch keins! Aber das werden Sie auf jeden Fall brauchen. Es ist ein gefährliches Gift.« Er zeigte auf das Etikett.

»Und wo könnten wir eines bekommen?« erkundigte sich Chris mit amerikanischer Gründlichkeit.

Der kleine Drogist legte eine kurze Pause ein, anscheinend, um innerlich herzlich zu lachen. Dann brachte er seine Meinung mit sorgfältig gewählten Worten zum Ausdruck.

»Ja, also, ich werde Ihnen sagen, was Sie machen. Sie fragen Mary Breen, ob der Mann, der für sie arbeitet und gar nicht weit von Ihnen wohnt, nicht ein Spritzgerät hat. Ich bin sicher, daß er die Spritzerei für Sie übernehmen wird. In zehn Minuten ist die Sache erledigt.«

»Sie meinen, er würde es tatsächlich für uns tun?« fragte Chris, begeistert von diesem erneuten Beweis des herzlichen und großzügigen Willkommens, das uns die einheimische Bevölkerung bereitete.

»Oh, er wird sich bestens um Ihr Unkraut kümmern. Er ist berühmt, was Unkraut betrifft.«

Von Dankbarkeit erfüllt und mit dem Gefühl, großes Glück gehabt zu haben, verließen wir das Geschäft.

Mary gaben wir eine Beschreibung des Mannes, von dem der Drogist behauptet hatte, daß er uns helfen würde. Mary brach in Gelächter aus. Sie kicherte und lachte, daß sie kaum sprechen konnte.

»Der?« stieß sie schließlich atemlos hervor. »Er ist der letzte, der Unkraut vertilgt, Crissie. Er ist berühmt für das Unkraut, das er rings um sein Haus wachsen läßt!«

Sie kicherte immer wieder bei dieser Vorstellung. Und wir wurden wieder einmal in Kilmihil willkommen geheißen.

Kapitel 2

Wir fuhren nach Dublin, um die Ostertage bei meinen Eltern zu verbringen. Es ist eine Fahrt von 180 Meilen, aber die Entfernung ist kaum ein Maßstab für den Unterschied zwischen Ost- und Westirland, zwischen *culchie* (Landbewohner) und *jackeen* (Dubliner), zwischen Provinz und Hauptstadt. Wir waren erst vier Tage in Kiltumper, aber als wir bei meinen Eltern eintrafen, hatten wir das Gefühl, wir befänden uns in einem anderen Land. Wir bewegten uns wieder in einer vertrauteren Umgebung. Die Teppiche waren dicker, es gab Farbfernsehen mit BBC-Programmen, Zentralheizung mit Thermostat, Restaurants, Buchhandlungen und Kinos.

Ostern ist in Irland seit eh und je eine nostalgische, gefühlsbefrachtete Zeit, denn es ist nicht nur das höchste Fest des Kirchenjahres, sondern auch der nationale Gedenktag an den Osteraufstand von 1916. Als Kind war die Osterparade für mich genauso wichtig und aufregend wie das Öffnen von Schokoladenostereiern und das Ende der Fastenzeit. Die Parade, die über die O'Connell Street – die größte Straße der Dubliner Innenstadt – herunterkam, bestand zum größten Teil aus Militär: Soldaten, Artillerie, Jeeps – alles Dinge, die einen Schuljungen begeistern; danach folgten die alten Männer, Überlebende und Zeitgenossen des Aufstands, mit ihren Fahnen.

Daß es diese militärische Osterparade nicht mehr gibt, sagt viel über das gegenwärtige Klima in der Republik Irland, die seit sechzehn Jahren mit dem Nordirlandkonflikt lebt. Zwischen dem Osteraufstand und der illegalen Irisch-Republikanischen Armee bestehen starke emotionale Verbindungen, und eine Fortsetzung der Parade hätte nur zu Tumulten und Zusammenstößen geführt.

Wind und Regen bestimmten das Wetter am Ostersonntag – ein Wetter, für das Irland berühmt ist. Nirgends ballen sich die Wolken so grau und bedrohlich am Himmel, und nirgends ist ein verregneter Sonntag nachmittag trübseliger als hier. Den ganzen Tag und den ganzen Abend saßen wir vor einem wärmenden Kohlenfeuer, und wenn wir hinausschauten in den peitschenden Regen, fror uns bei dem Gedanken an einen solchen Tag in Kiltumper. Denn auch das war Irland: feucht, grau, kalt und trist. Chris war völlig durchgefroren und wärmte ihre kalten Zehen am Heizkörper.

Am Ostermontag ging es zurück nach Kiltumper zum zweiten Start. Wenn wir Dublin wiedersähen, würden wir uns im Westen eingelebt haben; wir würden im Cottage wohnen mit Garten, Staffelei und einer munter klappernden Schreibmaschine.

Unser Bett, das Chris während vieler Mittagspausen in Manhattan ausgesucht hatte, war Ende März aus England angekommen. Aber in Dublin war seine Reise erst einmal zu Ende, denn in Irland geht alles langsam. Als erstes mußte die Mehrwertsteuer bezahlt werden, horrende fünfundzwanzig Prozent auf Luxusgüter. Wir waren völlig am Boden zerstört, so viel hatten wir in unserem Budget nicht eingeplant. Aber das Bett würde sich nicht aus Dublin fortrühren, solange die Mehrwertsteuer nicht bezahlt war. Das Bett nach Kiltumper zu schaffen würde ebenfalls einiges kosten. Es würde das teuerste Bett von ganz West Clare werden.

Wir saßen auf dem trockenen, hatten bis auf den alten Holzstuhl kein einziges Möbelstück in unserem Haus und hofften, daß das Bett, sobald die Steuer bezahlt war, wenigstens schnell bei uns eintreffen würde. Fast Sea & Air sollte imstande sein, es innerhalb von ein bis zwei Tagen zu liefern. Inzwischen waren wir immer noch zu Gast bei Mary Breen, wir waren die »Besucher« für die Leute im Dorf, und wir wünschten verzweifelt, endlich in den eigenen vier Wänden zu leben.

Ähnliches hatten wir bereits erlebt, als wir versuchten, in Dublin ein Auto zu kaufen, bevor wir in den Westen aufbrachen. Nach unserer Ankunft aus New York hatten wir bei meinen Eltern Station gemacht, um uns von der Zeitverschiebung zu erholen und uns einen Wagen zu besorgen. Wir hörten von einem Peugeot 504, Baujahr '79. Jemand in Dublin erzählte uns, alle Farmer führen Peugeot, was natürlich nicht stimmte, wie wir später merkten. Die meisten West-Clare-Farmer fahren Ford. (Wie wenig die in Dublin Bescheid wissen!) Der Kaufpreis überstieg die 2000 Pfund, die Chris für ein Auto vorgesehen hatte, aber ein guter gebrauchter Toyota, den wir eigentlich zu finden gehofft hatten, war nicht aufzutreiben, und wir hatten das Gefühl, nicht warten zu können – wir mußten bald nach Clare. Der Peugeot schien ideal. Noch am selben Sonntag wurde er nach Kilmacud gebracht, damit wir ihn uns ansehen konnten. Freudig erregt stülpte sich mein Vater Jack nach dem Mittagessen den Tweedhut über, und auf ging's zu unserer ersten Spritztour mit dem neuen Wagen. Er sah tadellos aus, und auch wir vier, die wir mit erwartungsvollen Gesichtern darin saßen, gaben ein wundervolles Bild ab, aber – das verdammte Ding wollte nicht anspringen. Jeder von uns drehte am Zündschlüssel – vergebens. Völlig benommen saßen wir da. Der Regen trommelte auf uns nieder. Schließlich eilten wir ins Haus zurück. »Na ja, es ist immerhin ein sehr schöner Wagen«, sagte meine Mutter, »und es ist wirklich nur eine Lappalie, daß er nicht anspringt.«

Nachdem dieser belanglose Schaden behoben war, mußten wir uns um eine Versicherung kümmern. Wir fragten Mutter (Philo, Kurzform von Philomena), wieviel die Versicherung kosten würde, und sie antwortete, nachdem sie eine winzige Pause eingelegt hatte: »Ein Vermögen!« Es war eine typisch irische Antwort, freundlich und vage.

Jack war der nächste, den wir fragten. Überaus bedauernd, geradezu bestürzt, sagte er: »Chris kann vielleicht gar keine Versicherung abschließen.«

»Wieso denn nicht?« fragte ich. »Sie fährt seit vierzehn Jahren.«

»Also, ich habe die PMPA angerufen, die größte Versicherungsgesellschaft in Irland, und sie sagten, sie würden keine Ausländer versichern.« In den vergangenen vier Jahren in Amerika war *ich* der Ausländer gewesen. Plötzlich hatte sich das Blatt gewendet. Chris reagierte prompt und schaltete auf Defensive.

»Na ja, das sagt die Versicherung«, meinte Jack. »Ich weiß nicht, warum. Möglicherweise denken sie, Chris sei vierzehn Jahre auf der falschen Straßenseite gefahren.«

Chris konnte sich kaum noch beherrschen, als nach

dieser enttäuschenden Tatsache gleich die nächste auftauchte: Wir mußten eine Fahrzeugsteuer bezahlen, die sich nicht am Baujahr oder am Typ des Wagens orientierte, sondern an der Größe des Motors. Wir fühlten uns hilflos. In Indien oder Griechenland hätten die Gesetze nicht wirrer sein können. Daß Chris keine Versicherung für das Auto abschließen konnte, wäre weniger schlimm gewesen, wenn *ich* sie hätte abschließen können. Aber ich hatte keinen Führerschein. In irischen Städten ist es nicht ungewöhnlich, daß junge Männer und Frauen nicht Auto fahren können. Erstens können sich nur wenige einen eigenen Wagen leisten, weil Autos sehr teuer sind; die Familienkutsche wird fast ausschließlich von den Eltern benutzt. Zweitens ist die Versicherungssumme in den ersten Jahren eines Autofahrers exorbitant.

Es sah ganz so aus, als würden uns Kauf und Versicherung eines Wagens in Irland scheitern lassen, bevor wir richtig begonnen hatten. Aber glücklicherweise erfuhren wir, daß sich in Irland alle Gesetze beugen, wenn nicht brechen ließen. Mit amerikanischer Unumwundenheit rief Chris einen Freund ihres Onkels an, von dem sie wußte, daß er etwas mit Versicherungen zu tun hatte. Sie wußte nicht, daß er Präsident einer der angesehensten Dubliner Versicherungsgesellschaften war, und am Sonntag wurde er vom Mittagstisch aufgescheucht, um sich Chris' inständiges Hilfeersuchen anzuhören. Er erinnerte sich an sie, versprach selbstverständlich zu helfen und fügte hinzu: »Willkommen in Irland.«

Sie sagten, es sei unmöglich. Niemand kann in Irland erwarten, an einem einzigen Tag ein Bankkonto zu eröffnen, ein Scheckbuch ausgehändigt zu bekommen, einen Wagen zu kaufen, zu versichern und vor

Einbruch der Dunkelheit damit loszufahren. Wir dachten viel zu schnell, viel zu new-yorkerisch! Trotzdem klappte die Versicherung, das Konto wurde eröffnet, und der Scheck über 2200 Pfund konnte eingelöst werden, ohne daß wir auf die Verrechnung durch ein Clearing-Institut warten mußten.

Wir konnten nur hoffen, daß sich das Sprichwort »Wo ein Wille ist, ist auch ein Weg« auch bei anderer Gelegenheit erfüllen würde. Leider erwies sich das Telefonsystem im irischen Westen als nicht sehr hilfreich. Kiltumper, Kilmihil und selbst Kilrush hatten noch immer keine Selbstwählanschlüsse. Viele Häuser hatten noch kein Telefon, und die Leute, die eines hatten, benützten es größtenteils nur für die seltenen Ferngespräche mit Verwandten in England oder Amerika. Wenn wir also in Dublin anrufen wollten, mußten wir erst kurbeln, um den Beamten von der Vermittlung im Dorf unten zu erreichen, was nicht immer ganz einfach war. »Auch der Mann vom Amt muß gelegentlich schlafen«, erklärte uns der Mann vom Amt persönlich. Kilmihil läutete dann per Kurbel Kilrush an, um die dortige Vermittlung zu bitten, unseren Anruf weiterzuleiten; Kilrush läutete Ennis an, und von dort aus kam dann eine summende und von anderen Stimmen begleitete Verbindung nach Dublin zustande. All das unterstrich unsere isolierte Situation hier draußen. Selbst Dublin schien ein in unbestimmte Ferne gerückter Ort. Was blieb uns anderes übrig, als unsere Aufmerksamkeit nach innen zu wenden und uns auf unsere Aufgaben in Haus und Garten zu konzentrieren.

Während der zeitlosen grauen Tage jener zweiten Woche pflanzten wir Kartoffeln. Wir ließen sie in ordentliche, mit frischem Kuhmist gefüllte Furchen plumpsen. Chris legte Saatkästen an mit Brokkoli, Zucchini, Salat, Schnittlauch, Thymian und Zinnien. Das Unkraut an den Gartenrändern war verwelkt. (Wir waren mit dem Unkrautvertilgungsmittel einen Kompromiß eingegangen, indem wir es nur an den Rändern anwendeten, wo die Nesseln und Flockenblumen am dichtesten standen.) Bald war die feuchte, schwarze Gartenerde freigelegt.

Die Tage vergingen langsam. Trotz mehrerer Anrufe in Dublin war unser Bett noch immer nicht eingetroffen, und wir konnten nichts tun als warten und zu unserem vorübergehenden Zuhause zurückkehren, müde, erschöpft und den Tag herbeisehnend, an dem wir unsere Koffer auspacken und wieder zu leben beginnen könnten.

Eines Tages blickten uns Marys blaue Augen aufgeregt über den Rand ihrer Teetasse an. »Habt ihr den Kuckuck gehört?« fragte sie.

Keiner von uns wußte, was er antworten sollte, und beide dachten wir zunächst an eine Uhr und nicht an den Vogel. Ich glaube, ich wußte nicht einmal, daß es einen Vogel gibt, der Kuckuck heißt.

»Nein, Mary, haben wir nicht.«

»Michael Donnellan (ihr Bruder) hat ihn heute morgen auf dem Moor gehört«, sagte sie glückstrahlend. »Er ist oft der erste, der ihn hört.« Wir wußten seinen Ruhm nicht recht zu würdigen, und als Mary uns den Limerick aufsagte, ahnten wir noch nichts von dem Kult, der um den Kuckuck getrieben wird.

The cuckoo comes in April
He sings his song in May
In the middle of June,

he whistles his tune and
In July he flies away.

Der Kuckuck ist ein Vorbote der warmen Jahreszeit, ein freundliches Omen für den bevorstehenden Sommer. Angesichts all unserer Enttäuschungen erschien er uns wie ein weiteres irisches Omen. Aber wir hatten den Kuckuck bis jetzt weder gehört noch gesehen. Wir fragten uns, ob jetzt in Westchester das Rotkehlchen sang.

Weil es uns an Geld fehlte, um alles zu tun, was wir vorhatten, und an Gelassenheit, um nichts zu tun, nützten wir unsere Energien, um die schlimmsten Mißstände zu beseitigen. Eines Tages kam ich von den Feldern zurück und fand Chris auf den Knien liegend vor der Tür des Hintereingangs. Sie nagelte eine Leiste über das morsche untere Türbrett, damit sich kein Tier Zugang zur Speisekammer verschaffen konnte. Zehnmal am Tag fegte sie den Betonfußboden, aber der Besen schien nur immer wieder neue Staubschichten von dem bröckeligen Zement abzuheben, und im Nu war die Küche in Staubwolken gehüllt. Undichte Fenster wurden mit Zeitungspapier abgedichtet. Für amerikanische Reinlichkeit war dies hier kein Ort. Wir mußten uns behelfen und uns anpassen.

Unser Cottage. Auf Fotos oder nach einem kurzen Besuch war es der idyllischste Ort. Ja, wir *hatten* es idealisiert. Wir *hatten* Einzelheiten vergessen: das bröckelnde Mauerwerk in den Ställen, den abblätternden Putz an den Hauswänden, die morschen Tür- und Fensterstöcke, die schiefen Winkel, all die Unzulänglichkeiten, Löcher, Ritzen. Und die Spinnen. Oh, diese Spinnen! Werden uns diese langbeinigen Dinger, die in buchstäblich jeder Ecke ihre Netze spinnen, ewig heimsuchen?

Und es ist kalt. Vergessen sind die Tage in T-Shirts und barfuß. Sogar im Haus trage ich mehrere Sachen übereinander. Heißes Wasser gibt es erst, wenn ich im Stanley Feuer gemacht habe. Das Bad am Abend wird kein Luxus mehr sein, sondern Schwerstarbeit. Ein richtiges Vollbad verschlingt den gesamten Inhalt des Boilers. Es ist, als lebte man auf einem Campingplatz!

In Clare führen alle Straßen nach Ennis. Wir fuhren dorthin, um unsere Bodenbeläge zu kaufen. Verglichen mit unserem Dorf erschien uns Ennis ungewöhnlich belebt, von geradezu hektischer Betriebsamkeit. Der Verkehr schlängelt sich gemächlich in einem für Touristen idealen Tempo durch die schmalen, gewundenen Straßen. Die winzigen alten Läden sind überfüllt, und das ganze Städtchen vermittelt den Eindruck von Geschlossenheit und Geschäftigkeit. Die Kunden beäugen das Warenangebot behutsam, denn im irischen Westen gehört zu einem Kauf noch ein ganzes Sortiment von Blicken, Kopfnicken, Kopfschütteln, Seufzern und Um-die-fragliche-Sache-Herumgehen.

Wir mußten das alles erst lernen. Wir betraten ein Geschäft, das Teppiche, Kunststoffbeläge und Möbel anbot und sahen uns um. Von einem Verkäufer oder anderen Kunden war nichts zu sehen. Nirgends waren Preise angegeben. Erst als wir uns wieder zum Gehen wandten, erschien der Verkäufer. Er war jung und hatte die klaren Augen, die Chris schon bei vielen Bewohnern von Clare beobachtet hatte.

»Bitte schön?« sagte er und rieb die Handflächen gegeneinander.

»Wir hätten gern die Kunststoffbodenbeläge gesehen«, sagten wir. »Wir haben einen blanken Zementfußboden.«

»Bitte sehr«, sagte er. »Da gibt es diesen hier.« Er

wies mit dem Fuß auf eine von mehreren Rollen ohne Preisschild. Er schien ungemein mit anderweitigen, schwierigen Angelegenheiten beschäftigt, und während wir dastanden und auf die Rolle starrten, glitt er wie in Trance in die andere Ladenhälfte hinüber. Vielleicht träumte er von seinem Mittagessen, es war nämlich schon fast halb ein Uhr. Wir waren so fasziniert von ihm, daß wir beinahe vergaßen, warum wir gekommen waren, bis Chris schließlich zu sagen wagte: »Gut, und was ist mit dem hier?«

Blitzartig erwachte er aus seiner Absence, bedachte die Rolle, auf die Chris gezeigt hatte, mit einem kurzen Blick und nickte. »Den gibt es auch, ganz recht«, sagte er und entrückte erneut. Nachdem Chris mich mehrmals mit dem Ellenbogen gestupst hatte, war es nun meine Aufgabe, die unfeine Frage zu stellen, und so erkundigte ich mich leise und in verzeihungsheischendem Ton: »Was kostet er denn?«

Die gezielte Frage machte ihn buchstäblich sprachlos. Uns kam der Gedanke, daß sich die Leute hier möglicherweise erst nach wiederholten Anläufen zu einem Kauf entschlossen. Er konnte gar nicht erwarten, daß wir tatsächlich sofort kaufen wollten.

»Sie meinen diesen hier?«

»Ja«, antwortete Chris und ließ ihn nicht aus den Augen.

»Also, dieser hier kostet . . . lassen Sie mich nachsehen.« Er ging nach hinten zur Kasse. Wir folgten ihm. Er las in einem für uns unsichtbaren Buch.

»Wie groß ist der Raum?« fragte er, und ich zeigte ihm die Maße. Während er rechnete, überschlug er gleichzeitig unsere Zahlungsfähigkeit.

»Vierzehn Pfund«, meinte er schließlich.

»Werden Sie ihn dafür auch verlegen?«

»Ja. Aber wir können Ihnen niemand schicken vor . . . Lassen Sie mich nachsehen . . .« Er blätterte in einem Terminkalender.

». . . nächsten Mittwoch«, sagte er und schlug eine leere Seite auf. Wir stöhnten beide. Erstaunt sah er uns an. Für Irland war dies ein flotter Service.

»Wir warten nämlich darauf, einziehen zu können«, erklärte ich ihm. »Am Freitag hat meine Frau Geburtstag, und wir hofften, bis dahin eingezogen zu sein.« Er blickte von mir zu Chris und dann wieder in sein Buch.

»Dann also am Freitag«, sagte er, und nachdem er uns eingetragen hatte, bedachte er mich mit dem gekonntesten melancholischen Verschwörerlächeln.

Abschließend kauften wir noch einen billigen Teppich mit Schaumstoffrücken für unser Schlafzimmer. Die anderen Zimmer mußten noch eine Weile warten.

Am Donnerstag morgen saßen wir bei Mary am Frühstückstisch.

»Weißt du, woran ich gedacht habe, Crissie?« sagte sie. »Michael Dooley meinte, es ist Zeit, daß ihr euch an das Forstamt wendet, damit euer Torfmoor abgebrannt wird.«

»Was bedeutet das, Mary?«

»Sie kommen und brennen euer Moor ab.«

»Warum tun sie das?«

»Wegen der Heide, die darauf wächst.«

»Oh, ich verstehe«, sagte Chris und verstand gar nichts. »Wer sind *sie*?«

Wie sich herausstellte, wollten *wir*, daß *sie* das Heidekraut von unserem Torfmoor abbrannten, weil die Heide das Wasser hielt, was das Stechen und Trocknen des Torfs noch schwieriger macht, als es ohnehin schon ist. Wenn wir selbst Torf stechen wollten (was wir tun mußten), mußte unser Moor, das mit wunderschönem drahtigen Heidekraut überwachsen war, von allem Bewuchs entblößt werden. Wenn das Forstamt nicht kam, um die Brandrodung zu überwachen, mußten wir das Heidekraut von Hand entfernen. Das aber hieße, die oberste Lage Torf wäre minderwertig, und die Arbeit am Torfstich um einiges härter. Die irische Forstbehörde führt diese Brandrodungen in eigener Regie durch, zum Schutz der zahlreichen neuen Wälder, die auf den sonst unfruchtbaren Moorgebieten des Westens angelegt wurden, sowie zum Schutz der Vögel, die hier zwischen dem 15. April und dem 15. August nisten. All dies erfuhren wir während des Frühstücks, und sofort danach ging ich in Marys Flur, um den Mann vom Amt anzuläuten und ihn zu bitten, mich mit dem Forstamt zu verbinden.

Kurz darauf meldete sich eine helle, unerbittlich streng klingende Stimme. »Staatliches Forstamt.«

»Hallo. Ich möchte einen Antrag stellen, damit jemand mein Torfmoor abbrennt.«

»Wer sind Sie?« schallte es an mein Ohr. »Wo wohnen Sie? Warum wollen Sie, daß das Moor abgebrannt wird?«

Hastig beantwortete ich seine Fragen.

»Ich verstehe«, sagte er. Und nach einer Pause: »Aber Sie kommen zu spät.«

»Ich komme zu spät? Ich habe erst vor einer Stunde davon erfahren. Ich bin erst seit einer Woche hier, und außerdem hat man mir gesagt, der letzte Termin sei der 15. April.«

»Das ist schon richtig. Aber der Antrag muß eine Woche vor diesem Termin gestellt werden. Ich würde sagen, Ihre Chancen sind gleich null.« Ich schwieg etwas benommen, woraufhin er fragte: »Liegt das Moor nah am Wald?«

Ich hatte keine genaue Vorstellung und riet nur. »Ja, sehr nah.«

»Oh, das ist furchtbar gefährlich obendrein«, zwitscherte er mit honigsüßem Clare-Akzent und brachte es fertig, gleichzeitig warnend und melodiös zu klingen.

»Nun, ich denke, Sie könnten immerhin einen Antrag einreichen«, sagte er schließlich. »Ihre Chancen wären zwar im Augenblick gleich null, wie ich schon sagte. Aber Sie könnten wahrscheinlich einen stellen. Ich denke, das können Sie.«

»Ist vermutlich das beste, was ich tun kann.«

»Ja, das ist es.«

»Wo bekomme ich das Antragsformular?«

»Bei P. J. Brown in Kilmaley. Wissen Sie, wo das ist?«

»Nein.«

»Kennen Sie Morans Kneipe?«

»Nein.«

»Nun, es ist nur ein kurzes Stück oberhalb von Moran. Sie können es nicht verfehlen.«

»Also dann, vielen Dank.«

Am Abend war es bedeckt. Ein bleicher teigiger Himmel hing über den Hügeln, als wir auf einer unbekannten Straße nach Norden fuhren. Wir waren sozusagen geschäftlich unterwegs, mit ein paar vagen Richtungshinweisen, um einen Mann wegen des Abbrennens unseres Torfmoors aufzusuchen. Die gewundene Straße durch Kiltumper lag rasch hinter uns und wurde zu einer langen grauen Linie, die sich hob und senkte bis zu dem völlig leeren Horizont. Nach einer Minute befanden wir uns in der einsamsten, wundervollsten Gegend der Welt. Wie eine Decke breitete sich das Moor nach beiden Seiten aus, meilenweit, hellbraun mit schwarzen Nähten – wo Torf gestochen wurde –, die wie Narben im Körper von Irland wirkten. Und dann diese Straße! Inbegriff aller Straßen, ein endloses nacktes Band. Völlig leer, schnurgerade und einsam führte sie durch das winddurchwehte Land. Wie in Trance fuhren wir auf diesem Dach der Welt. Nirgends ein Anzeichen für menschliches Leben, keine Häuser, kein Kaminrauch, keine Autos, nur das große, weich hingebreitete Moor, unwandelbar und still.

Die Straße versetzte uns in stumme Verzückung. Plötzlich tauchte links die silbrig glänzende Wasserfläche eines Hochlandsees auf, Lough Na Mine, der See der Wassernixe. So kalt und einsam er dort lag, besaß er in unseren Augen doch eine ganz besondere, stille Schönheit. Nichts regte sich auf seiner moorbraunen Oberfläche außer den Spiegelungen des Lichts. Das Forstamt hatte ringsherum Fichten und Kiefern gepflanzt. Ein feiner Regenschauer, der über den See wehte, beschwor die Seejungfrau herauf. Wir verstummten. Das war die Wildnis des Westens, der unvorhergesehene Augenblick, in dem sich uns eine verblüffende, unirdische Schönheit offenbarte. Als wir weiterfuhren, erschien uns alles leicht verrückt, wie in einer Vision, und ich fragte mich: Was bedeutete es für die Menschen, ein Leben lang am Rand eines solchen Ortes zu leben? Als der Himmel allmählich dunkler wurde und der Regen zu uns herüberzog, kamen mir beunruhigende Geschichten in den Sinn von Wahnsinnigen, die in den Mooren umherirrten. Ich fuhr etwas schneller. Der See schob sich hinter die Bäume und verschwand.

Kurz vor Einbruch der Dunkelheit und bei strömendem Regen fanden wir den Bevollmächtigten des Forstamts. Er kam an die Tür, lächelte über sein rotes rundes Gesicht und begrüßte uns. Mehrere Hunde liefen ums Haus, und während Chris im Wagen sitzen blieb, ging ich hinein, um das Geschäft mit ihm zu besprechen. Trotz Frauenbewegung und ähnlichem sind hier im Westen die Frauen weitgehend von allen geschäftlichen Dingen *außerhalb* des Hauses ausgeschlossen; innerhalb des Hauses liegen die Dinge anders. Zwischen Männern und Frauen, die nicht miteinander verwandt sind, herrscht im ländlichen Irland noch immer große Schüchternheit. In der düsteren, unbeleuchteten Küche lehnte sich P. J. auf seinem Stuhl zurück, neben dem zwei weitere Hunde lagen, und lockerte seinen Gürtel für das bevorstehende Abendessen.

»Machen Sie sich nichts aus dem Burschen in Ennis und seinem Terminschluß«, gluckste er. »Ich bin der Mann, der Ihr Moor für Sie abbrennt. Warten Sie, ich brauche nur noch die Formulare.«

Die Formulare kamen mit den Kartoffeln und einer dicken Scheibe gekochtem Schinken. Seine Frau tauchte auf und verschwand sofort wieder. Ich unterschrieb den förmlichen »Antrag für das Abbrennen des Moorlands von Kiltumper« an der Stelle, die er mir zeigte.

»Lassen Sie das Datum offen«, fügte er hinzu, und ich ließ es offen.

Auch das wieder eine Sache, auf die wir warten mußten.

Kapitel 3

Geht ihr heute abend auf den *cuaird*?

Als wir nach Kiltumper kamen, kannten wir keinen *cuaird*, und als wir zum ersten Mal dazu eingeladen wurden, hatten wir keine Ahnung von der vollen Bedeutung dieses Wortes. Die westirische Landschaft mit ihren Feldern, Hecken und ihrem Schweigen war für uns neu, und wir stellten fest, daß wir die vielfältigen Unterhaltungsmöglichkeiten, die wir früher gewohnt waren, vermißten. Wenn der Abend heranrückte, gab es kein Kino in der Nähe, wohin man sich flüchten konnte, keine Restaurants an gut beleuchteten Straßen – nur die fernen Lichter vereinzelter Häuser auf einem Hügel und das Gefühl einer großen Stille. Also beschlossen wir, an diesem Abend mit Mary und Joe auf den *cuaird* zu gehen. Mit der Laterne in der Hand und voll freudiger Erwartung stolperten wir hinter ihnen über die Feldwege. Es war sieben Uhr. Der Abendnebel wälzte sich über Hayes' Hill. Überall, wo wir vorbeikamen, machten die Leute Feierabend. Die Hühner wurden in den Stall gesperrt, im Herd wurde ordentlich Torf nachgelegt, das Fahrrad wurde aus dem Schuppen geholt, der warme Überzieher bereitgelegt. Während die Dunkelheit die einzelnen Häuser zu einer eng zusammengehörenden kleinen Gemeinde von hellen Küchenfenstern und duftendem Torfrauch zusammenschloß, regte sich überall emsige Geschäftigkeit, und der *cuaird* begann, Gestalt anzunehmen.

Das Wort *cuaird* stammt aus dem Gälischen und bedeutet »besuchen«. Es hat einen singenden, angenehmen Klang und erinnert mich an andere altmodische Wörter wie *court* (Hof), *courtesy* (Höflichkeit), *courtly love* (Minne) und *courtship* (den Hof machen), die, wie ich glaube, alle irgendwie mit dem *cuaird* zusammenhängen. Aber *cuaird* bedeutet mehr als »besuchen« und mehr als jedes der mit ihm verwandten englischen Wörter. Es ist eine Verhaltensform, eine bestimmte Lebensweise innerhalb einer kleinen Gemeinschaft, die schon so alt ist, daß niemand genau sagen kann, wo ihre Anfänge liegen.

Niemandem wurde eigens Bescheid gesagt, kein Termin wurde festgesetzt, denn das alles war nicht nötig. Fast in jedem Haus steht am hinteren Eingang ein Stuhl, häufig ein Suganstuhl, der auf den abendlichen Besucher wartet. Niemand braucht eine Erklärung für seinen Besuch. Man kommt einfach herein, setzt sich hin und rückt mit dem Stuhl ans Feuer. Der *cuaird* ist eine abendliche Unterhaltung. Er ist Ort und Gelegenheit für Gespräche, Gelächter, für phantastische Geschichten von Feen und Geistern genauso wie für Diskussionen über Schlachtviehpreise oder das Wetter. Als wir im Haus eines Nachbarn Platz genommen hatten, wurden wir begrüßt und vorgestellt. Mary hatte unserer Gastgeberin ein halbes Dutzend frische Eier mitgebracht, aber wir merkten sehr bald, daß das *eigentliche* Geschenk, das ein Besucher mitbringt, Neuigkeiten sind. Ziehen eure Kamine gut? Wie kommt ihr zurecht? wollte jeder wissen, und plötzlich merkten wir, daß wir im Besitz einer Welt von Neuigkeiten waren und daß eine Unzahl ganz alltäglicher Themen darauf wartete, gemeinsam erörtert zu werden. Hier, beim *cuaird*, kann jedes Thema besprochen werden, jedes Problem. Man scherzt zusammen und weiß, daß man stets aufmerksame und häufig hilfreiche Zuhörer hat.

Als wir bei den Dooleys in der guten Stube saßen, vor einem großen, wohlige Wärme verbreitenden Torffeuer, wurde Nora hereingebracht. Sechzig Jahre lang hatte sie Menschen in ihrem Haus willkommen geheißen, und wir hatten im Dorf gehört, daß die Männer und Frauen sogar von jenseits des Berges gekommen waren, um Nora auf der Konzertina spielen zu hören und ganze Winternächte lang in ihrer Küche zu tanzen. Für uns war sie die Verkörperung des *cuaird.* Sie reichte uns ihre große knochige Hand und lächelte uns an. Willkommen. Willkommen. Ob wir Musik liebten? O ja. Konnten wir tanzen? Kontertänze? Leider nein. Nun, dann müßten wir sie lernen. Die Konzertina wurde aus dem Schrank geholt. Nora klagte über ihre Arthritis in den Fingern; seit zwei Jahren habe sie deshalb nicht mehr gespielt. Vielleicht brächte sie gar kein Stück mehr zusammen. Aber alle bestürmten sie, es trotzdem zu versuchen, und so ließ sie die Balgverschlüsse aufschnappen und begann zu spielen. Und plötzlich war diese Stube mitten im ländlichen West Clare Konzertsaal und Ballsaal zugleich. Der *cuaird* war zum Leben erwacht.

Wir traten zu unserer ersten Tanzstunde an. Stühle wurden beiseite gerückt, die Melodie wurde mitgesummt, und etwas schüchtern und unbeholfen machten wir die ersten Schritte eines Clare-Tanzes. Alle lächelten oder lachten herzlich, als wir aus dem Takt gerieten. Nora spielte, es wurde getanzt und gelacht.

Die Finsternis des Abends war vergessen; der Regen prasselte ungehört; der Wind, der über die dunklen, gewundenen Straßen fegte, blies unbemerkt, denn der *cuaird* war im Gang, der Wasserkessel kochte über dem Torffeuer, und ein Kuchen, frisch aus dem Backrohr, stand auf dem Tisch.

Ein altmodisches Ding erlangt neue Bedeutung: der Staubwedel. Das Haus liegt unter einer zwei Zentimeter dicken Staubschicht. Mary beglückte mich mit einem gut abgehangenen, weißgefiederten Gänseflügel.

»Sieh mal, Crissie, das ist genau das, was du jetzt brauchen kannst.«

Ich probierte ihn sofort aus, aber allein und heimlich. Er funktionierte hervorragend. Wer von meinen Westchester-Freunden oder -Verwandten hätte sich diesen Anblick vorgestellt: Ich, vor der Feuerstelle kniend und den feinen Aschenstaub mit einem unansehnlichen grauen Gänseflügel aufkehrend. Man kann dieses schlichte Haushaltsgerät aber durchaus mit dem batteriebetriebenen Dust Buster vergleichen, den wir in New York hatten.

Donnerstag, 11. April. Wieder ein Regentag. Und unser Bett ist immer noch nicht da. Ich rief bei Fast Sea & Air an (der Firmenname ist purer Hohn) und mußte mir lahme Entschuldigungen anhören: Es sei Osterzeit, eine schlechte Jahreszeit für die Zollabfertigung. Bei der Entfernung und den statischen Störungen in der Leitung blieb mein Zorn fruchtlos. Das Bett befand sich seit zwei Wochen im Land und war keinen Schritt weiter in Richtung Kiltumper bewegt worden. Chris war von der Nachricht völlig niedergeschmettert. Sie wollte den Auftrag rückgängig machen, das Geld zurückverlangen, die Firma verklagen, sich beim Finanzministerium über den Zoll beschweren. Es war hoffnungslos. Wir brauchten das Bett und konnten nichts tun, um es zu bekommen. Schließlich wurde es uns für den folgenden Dienstag versprochen. Doch an

Chris' Geburtstag würden wir nicht einziehen können. Trübsinn, Enttäuschung und Regen, wohin wir blickten.

Am Nachmittag fuhren wir zur Garda-Station, der Polizeiwache im Dorf, um zu melden, daß wir Moorland abbrennen wollten. Aber welche Überraschung für uns – die Polizeiwache hatte nachmittags geschlossen! Also dachten wir: Fahren wir einfach zur Polizeistation in Kilrush, immerhin eine ziemlich große Stadt nach ländlich-irischen Maßstäben, zehn Meilen westlich von uns. Aber auch diese Absicht wurde durchkreuzt, denn gerade, als wir losfahren wollten, erfuhren wir: Am Donnerstagnachmittag hatten in Kilrush alle Geschäfte und also auch die Polizeistation geschlossen.

Soviel zur optimalen Nutzung von Zeit, eine Forderung, die uns während unserer urbanen Existenz in Fleisch und Blut übergegangen war.

Am 12. April, Chris' Geburtstag, war das Wetter so schlecht, wie es nur sein konnte. Es goß in Strömen aus einem grauschwarzen Himmel, und der Wind stürzte sich wütend auf alles Lebendige. Mary jedoch, der das Wetter so leicht nichts anhaben konnte, meinte: »Wenn der blaue Fleck am Himmel für eine Seemannsjacke reicht, wird der Tag schön.« Wir saßen bei einem späten Frühstück, tranken mehrere Tassen Tee und ließen den Horizont keinen Augenblick aus den Augen, um ja kein Anzeichen eines Aufklarens zu verpassen. Aber es regnete und regnete und regnete.

Um die Enttäuschung, daß wir noch nicht in unser Haus einziehen konnten, etwas zu mildern, hatte ich uns im Old Ground Hotel in Ennis für eine Nacht ein Zimmer gebucht. Es war eine Extravaganz, aber ich hatte das Gefühl, wir brauchten sie – besonders

Chris, denn der Komfort von Kiltumper entspricht auch nicht annähernd amerikanischen Ansprüchen. In manchen Häusern unserer Nachbarn kommt das Badewasser braun und wenig einladend aus dem Hahn. Viele Zimmer sind feucht und dunkel, und nach einem mehrere Jahre währenden Aufenthalt in Amerika vermißt man die kleinen Annehmlichkeiten in puncto Hygiene und Komfort doch empfindlich. Es gibt kein weiches Toilettenpapier, keine praktischen Papierservietten, keine superweichen flauschigen Badetücher.

Wider Erwarten trafen am Freitag morgen wie versprochen der Bodenbelag für die Küche und der Schlafzimmerteppich ein. Sobald der Boden ausgelegt war, wirkte das Haus freundlicher und persönlicher. Wir leisteten also doch etwas in Kiltumper Cottage!

Der Himmel klarte auf. Natürlich. Tut er das nicht immer? fragte Mary. Mit frischem Mut, neuer Hoffnung und voller Vorfreude auf ein Extravergnügen fuhren wir nach Ennis. Das Old Ground Hotel war ursprünglich ein großes Privathaus aus dem frühen achtzehnten Jahrhundert. Es hat über vierzig Zimmer und liegt großartig und elegant im Herzen des lebhaften Städtchens. An den Außenmauern aus Graustein kann man das Alter des Hauses und die Geschichte ablesen; und die Möbel und Bilder im Haus sprechen auf andere Weise davon. Jedes Stück ist ein Stück irischer Geschichte, irischer Kultur. In der Empfangshalle hängen gerahmte Gedichte von Yeats, und um das große Torffeuer im Foyer gruppieren sich ausladende weiche Sessel.

Aus unserer neuen Kiltumper-Perspektive war das Old Ground ein Palast. Wir waren kaum in unserem Zimmer, als Chris ins Badezimmer stürzte, die Hähne aufdrehte und sich ein gewaltiges heißes Schaumbad einlaufen ließ. Später kam sie lachend zum Bett gelaufen. Weiße Baumwollhandtücher, Baumwollbettwäsche, Farbfernsehen! Und ein Direktwahltelefon! Es spielte kaum eine Rolle, daß es nur zwei Fernsehkanäle gab oder daß sich die Tapete in den Ecken etwas löste oder daß der braune Teppich mit dem Blümchenmuster (identisch mit dem der Tapete) leicht abgetreten war. In der ländlichen Wildnis von Kiltumper hatten Chris und ich unsere amerikanische Sicht der Dinge hinter uns gelassen. Wir fühlten uns wie im Himmel – sogar einen elektrischen Wasserkessel und eine Teekanne hatten wir auf dem Zimmer! Das Abendessen war vorzüglich. Von der hohen Decke des Speisesaals hingen Kronleuchter herab. Nach dem französischen Menü und mehreren Tassen starken Kaffees – unserem ersten *richtigen* Kaffee in Irland – überreichte die Hoteldirektorin Chris zu Ehren ihres Geburtstags eine Schachtel Cadbury-Pralinen. Da waren wir, einsam wie Findelkinder im Westen Irlands, ungeduldig, enttäuscht – und genau in diesem Moment machte uns das überraschende Geschenk einer Schachtel Pralinen den Ort wieder liebenswert; wieder einmal fühlten wir uns herzlich willkommen. Wir kamen uns vor wie Bauern, die plötzlich zu Fürsten geworden waren. Denn die ganze Zeit, die wir im Hotel zubrachten – und wir blieben bis zur allerletzten Minute vor zwölf Uhr mittags des nächsten Tages und badeten dreimal aus schierer Lust am verschwenderischen Luxus –, war uns der überwältigende Gegensatz zu Kiltumper bewußt. Es schien, als hätten wir nach einer halbstündigen Autofahrt eine Welt verlassen. Unser Cottage in Kiltumper und das Old Ground stammen ungefähr aus derselben Zeit, aber zwischen dem Echo der verblichenen Aristokraten, deren Porträts an den steinernen Treppenhauswänden des Hotels hängen, und dem der muhenden Kühe auf der Weide hinter unserem Schlafzimmer liegt die Geschichte Irlands: Adel, Bauern und Wucherer. Immer wieder wurden wir während unseres kurzen Aufenthalts an die verwickelte und schlimme Vergangenheit, an das anglo-irische und gälische Bauernvolk erinnert. Die Wände dieses Hotels und die der Bauernkaten, in denen wir zu Besuch waren, sprechen Bände. Hier hängen die goldgerahmten Porträts, dort die schlichten Bilder von Jesus, Maria und Josef.

»Mary, wie heißt der Busch, der jetzt so schön weiß blüht? Weißdorn?«

»Nein, Crissie«, antwortete Mary, »das ist der Schwarzdorn.«

Schließlich war es soweit. Wir konnten einziehen. Das Bett war in Limerick und sollte am Nachmittag geliefert werden. Chris schnitt in ihrer Hochstimmung ein paar Stangen unseres üppig gedeihenden Rhabarbers und band sie zu kleinen Bündeln. Dann fuhren wir damit in unserem großen blauen Peugeot auf den Markt. Wir marschierten in eines der kleinen Geschäfte, die von allem etwas haben, ließen den Rhabarber jedoch im Wagen.

»Wie ich sehe, haben Sie keinen Rhabarber«, sagte ich.

»Nein«, sagte die Ladeninhaberin zögernd, »es ist noch ein bißchen früh dafür.«

Chris lächelte mir zu. Wir würden das Geschäft machen – unseren ersten Tauschhandel, aber wir zitterten vor Aufregung. »Wären Sie interessiert an bestem Kiltumper-Rhabarber?«

Der Handel klappte. Die Ladenbesitzerin war begeistert, ihren Kunden zum Sonntag den ersten Rhabarber des Jahres anbieten zu können, und Chris lief hinaus zum Wagen, um die sauberen roten Rhabarberstangen hereinzuholen. Wie richtige Händler zählten wir sie ab und bündelten sie erneut. Unser Preis: ein Pfund und fünfundvierzig Pence. Es kam uns vor, als hätten wir ein Vermögen verdient, und wir kauften davon Milch, Butter und Kekse. Wir hatten den Rhabarber erst vor einer Stunde geschnitten, und nun lag er plötzlich in der Auslage eines Lebensmittelgeschäftes. Auf der Heimfahrt dachten wir beide, daß wir am nächsten Tag wieder hinfahren würden, um zu sehen, ob er verkauft war. Was wird wohl aus unserem Rhabarber geworden sein? An wessen Tisch wird er heute verzehrt?

Nach der Rückkehr betrachteten wir alles, was in unserem Garten wuchs, mit anderen Augen. Alles, was hier aus der Erde sprießt, ist ein Teil unseres Lebens. Zyklen, Rhythmen, Gesetzmäßigkeiten wurden uns neu bewußt. Erdnähe ist vielleicht ein altes Klischee, aber für den, der etwas pflanzt und aufzieht, sich an guten und schlechten Tagen darum kümmert, ist die enge Verbindung zwischen Erde und Mensch eine Tatsache und ein wunderbares Gefühl. Und als Chris und ich an jenem Nachmittag in der Sonne standen und auf unseren Garten blickten, erfüllte uns dieses Gefühl mit tiefer Befriedigung. Es schien der angemessene Prolog zur bevorstehenden Ankunft unseres Bettes und unserer ersten Nacht im Cottage. Das Feuer im Ofen brannte. Aller Augen waren gen Osten gerichtet, auf die Straße, wo der Lieferwagen heranrollen mußte. Alle Freunde im Dorf warteten mit uns. Mary beobachtete von ihrem Küchenfenster aus die Straße, desgleichen Pauline, die ein Haus weiter wohnt. Wir standen im vorderen Gemüsegarten und lauschten mit gespitzten Ohren auf jedes Geräusch, aber kein einziges Auto kam oder fuhr weg. Die Zeit verging, und als immer noch kein Lieferwagen aufkreuzte, schlich sich die inzwischen vertraute Niedergeschlagenheit wieder in unsere Herzen. Und jeder wußte etwas dazu zu sagen: Das Bett konnte auch noch um acht Uhr abends geliefert werden. Der Fahrer war vielleicht irgendwo auf der Straße aufgehalten worden. Er konnte eine Panne haben. Das Bett konnte verlorengegangen sein. Aber natürlich war es nicht verlorengegangen, nur die Lieferung hatte sich wieder einmal verzögert. Es kam an jenem Abend nicht, und wir erfuhren auch nicht, wann es nun endlich kommen würde. Wir ließen das Feuer herunterbrennen und kehrten verzagt zu Mary zurück.

»Nichts klappt in diesem Land«, sagte Chris wütend. »Nichts. Seit drei Wochen sitzen sie auf unserem Bett, seit einer Woche in Limerick, das nur eine Stunde von hier entfernt ist. Oh, das ist so verdammt irisch!«

Mary, die soviel Fluch und Verdammnis verdroß und die doch großes Mitleid für uns empfand, nahm uns zum Tee mit zu den Dooleys. Chris machte sich auch dort empört Luft, und Michael Dooley mit seinem Silberhaar saß vor dem Torffeuer und ließ sie nach Herzenslust schwadronieren. Als sie fertig war, blickte er sie mit seinen wundervollen blauen Augen an und sagte: »Crissie, hast du den Kuckuck schon gehört?«

Und wenn es gut war, war es sehr, sehr gut. Endlich kam das Bett. Die lange Verzögerung hatte uns zaudern und zweifeln lassen; aber als ich es ausgepackt und das Kopfteil aus heller Esche und den Rahmen zusammengesetzt hatte, fügte es sich ideal in die Atmosphäre unserer Bauernkate. Sobald die Steppdecken und Kissen, die wir über den Atlantik geschleppt hatten, hübsch arrangiert auf der Matratze lagen, war das Bild perfekt, exakt wie im Katalog von Conran. Den ganzen Tag mußte ich daran denken; es war der Beweis, daß wir jetzt Einheimische waren. Wir verließen Marys Haus, besprengt mit Weihwasser aus dem örtlichen Weihwasserbrunnen, und fuhren in freudiger Erregung die Straße hinauf zu unserem Haus. Da waren wir endlich. Wir hatten kein Fernsehen, unser Radio war kaputt. Überall Stille. Und als ich in mein Tagebuch schrieb, fand ich, daß meine weich dahingleitende Feder ungewöhnlich laut über das Papier kratzte.

Der Ofen hatte eine Temperatur von über 260 Grad Celsius. Eine Wärmflasche lag zwischen den kalten Laken. Es gab heiße Milch vor dem Schlafengehen, und als wir uns endlich niederlegten, herrschte in dem Zimmer mit seinen drei Fuß dicken Mauern eine unglaubliche Stille. Ich fühlte mich wie in einer Höhle, aber ich hatte ein hohes Fenster, durch das ein Himmel von dunkelstem Blau und übersät von Sternen hereinschaute. Neben unseren Köpfen raschelte der Wind im alten Kamin des Schlafzimmers, und wir dachten an Vögel und Fledermäuse, die in der Nacht herunterkommen könnten. Chris sagte, die Zimmerdecke über uns scheine zu atmen und zu seufzen, und ich hörte ein leises Schlurfen irgendwo im Dachgebälk. Das Gefühl, die Geister der Vorfahren zu stören, ließ uns enger zusammenrücken. Schlaf nicht ein, bevor ich eingeschlafen bin, sagte sie. Und so lagen wir im Dunkeln, hellwach, horchten auf jeden Laut, auf die windbewegten Zweige der Platane, das ferne Brüllen eines Stiers, und warteten darauf, daß leise der Schlaf einkehre in unserer ersten Nacht in Kiltumper Cottage.

Kapitel 4

Im Morgengrauen weckte uns das unmutige Gebrüll einer Kuh. Betsy, die große weißbraune von der hinteren Weide, wollte gemolken, ihr Kalb wollte gefüttert werden. Und so stieß Betsy kurzerhand und ohne ihr Zwiegespräch mit dem Kalb zu unterbrechen den Zaun über den Haufen und tappte an unserem Schlafzimmerfenster vorbei, um vor dem sieben Stangen hohen Tor, das ihr den Weg zu ihrem Kalb versperrte, stehenzubleiben – brüllend, versteht sich.

Verschanzt hinter unseren dicken Schlafzimmermauern versuchten wir ungefähr eine Stunde lang, den Aufstand einfach zu ignorieren. Betsy war nicht unsere Kuh, und wir vermuteten, daß der Bauer, dem sie gehörte, jeden Moment eintreffen würde. Oder wir hofften es zumindest. Als sich das Gebrüll jedoch zu einer mörderischen Lautstärke steigerte, hielt es Chris nicht mehr im Bett. Vielleicht steckte die Kuh zwischen irgendwelchen Geräten im Hinterhof fest? »Komm mit!« sagte sie. Als angehende Bauern hatten wir schließlich eine gewisse Verantwortung für das Tier.

Draußen, im ersten Morgenlicht, lag Kiltumper, friedlich und still und erfüllt von entzückendem Vogelgezwitscher. Aus der dunklen, gemütlichen Höhle unseres Schlafzimmers in die menschenleere Stille des

Morgens tretend, öffnete ich die Tür mit einem leichten Unbehagen, denn das Gebrüll war inzwischen noch lauter und drängender geworden, und die kläglichen Muhrufe des neugeborenen Kalbs aus dem Stall gingen einem durch Mark und Bein.

Natürlich hatten wir beide keine blasse Ahnung von Kühen. Als wir die Tür öffneten, galoppierte Betsy wutschnaubend und schlammspritzend an uns vorbei, und wir gingen schleunigst hinter der Tür in Dekkung. Kühe sind sehr groß, und weil Betsy so brüllte und so zornig und gewaltig stampfend hin und her rannte, erschien sie uns wie ein wildes Tier. Was sollten wir tun? Wir hatten schon gesehen, wie Herden, bestehend aus zwanzig Kühen, ganz mühelos von Jungen getrieben wurden, die nicht älter als sieben Jahre alt waren. Man brauchte nur einen Stock und mußte hin und wieder einen lauten Schrei ausstoßen. Aber was sollten wir mit Betsy tun? Das Kalb hatte seine Mutter in heftige Erregung versetzt. Dem offensichtlich Nächstliegenden – daß die Kuh zu dem Kalb gebracht werden mußte, damit es trinken konnte – stand jedoch unsere Unkenntnis entgegen. Vielleicht würden wir damit etwas ganz Falsches veranlassen. Vielleicht sollte sie noch gar nicht zu ihrem Kalb? Wir hatten kein rechtes Zutrauen zu unserem bruchstückhaften Wissen um diese Dinge und beschlossen, die Kuh auf die Weide zurückzutreiben, das Gatter zu schließen und zu warten, bis der Bauer käme.

Mit Stöcken bewaffnet, traten wir wieder in den Morgen hinaus. Der Plan war einfach: Ich würde die Kuh vom Tor weg zur Zaunlücke treiben, wo Chris warten sollte, und wenn die Kuh auf sie zukäme, sagte ich, bräuchte sie nur mit den Armen zu winken, zu rufen und das Tier durch die Lücke zu dirigieren. Ich käme sofort nach, um das Gatter zu schließen, sobald wir Betsy auf der Weide hätten. Gut so?

So weit, so gut. Aber wir hatten die Hartnäckigkeit Betsys unterschätzt; sie war entschlossen, zu ihrem Kalb zu gelangen. Als ich mich ihr vorsichtig von hinten näherte, schien sie bereits zu wissen, daß unser Plan nicht nach ihrem Geschmack war. Haben Kühe Schuldgefühle? fragte ich mich. Wußte sie, daß es nicht recht von ihr war, durch den Zaun zu brechen? Wußte sie, daß ich in meinem ganzen Leben noch nie so nah bei einer Kuh gestanden hatte? Sie trat leicht nach hinten aus, um mich zu warnen. Sie wußte Bescheid. Ich klopfte ihr wie ein Gentleman mit dem Stock leicht auf das Hinterteil. »Geh, Alte, geh!« sagte ich wie ein waschechter Kuhhirte. Sie wandte den Kopf zur Seite, sah mich höhnisch aus großen tränenden Augen an und brüllte so laut, daß ich erschrocken einen Satz nach hinten machte.

»Was ist los?« schrie Chris auf ihrem Posten am Zaun. »Kommt sie um die Ecke?«

»Ja, sofort!«

Das zweite Mal klopfte ich etwas kräftiger mit dem Stock. Dann entschloß ich mich zu einem ordentlichen Schlag. Die tränenden Augen blickten mich melancholisch an, als wollten sie fragen, ob wir das wirklich nötig hätten. Ich holte erneut aus, und Betsy stürmte los. Immerhin. Ich hatte es geschafft, daß sie kehrtmachte. Ich rannte hinter ihr her und rief Chris zu, sich bereit zu halten, was jedoch völlig überflüssig war. Am oberen Ende der *street* wandte sich die Kuh nach Westen statt nach Osten und galoppierte auf den leeren Heuschober zu, ganz und gar nicht in Richtung Zaun.

Die Jagd begann. Stockschwingend und mit gellenden Rufen lief ich hinter Betsy her, während meine Frau am Zaun stand und lachte und das Kalb unten im Stall jammervoll blökte. Was sich hier abspielte, war eine frühmorgendliche Posse – gottlob schaute uns niemand zu –, aber es war mit Sicherheit besser, als am Schreibtisch zu sitzen. Die Kuh rannte hierhin und dorthin, nur nicht in Richtung ihrer Weide, und schließlich schaffte sie es, auf die Mauer zu klettern, die auf der anderen Seite mehrere Fuß tief zur Straße abstürzte. Ich hatte fürchterliche Angst, sie könnte hinunterspringen. Sie würde sich beide Vorderbeine brechen, und unser erster Morgen im Cottage würde mit Unheil und Schande in die Geschichte eingehen. Ich versteckte den Stock hinter meinem Rücken. Aber, womit lockt man eine Kuh? »Komm her, Betsy, komm« bewirkte gar nichts.

Sie reagierte auf nichts, stand nur dort oben am äußersten Rand der Hofmauer und wartete, welche Lösung ihr angeboten würde: Tod oder Erfüllung ihres Wunsches. Ich gab mich geschlagen. Ich ließ sie stehen und wartete oben an der *street*, wo sie mich nicht sehen konnte. Und natürlich kam sie, geradezu tänzelnd vor Siegesfreude. An der Ecke schwenkte ich meinen Stock und brüllte, so laut ich konnte. Erschreckt und überrascht wandte sie sich zu Chris in Richtung Zaunlücke. Ich gab ihrem Hinterteil einen kräftigen Schlag mit dem Stock, und sie nahm Reißaus.

Aber das tat auch Chris. Der Anblick der heranstürmenden Kuh in dem schmalen Durchgang zwischen Hecke und Haus war zuviel für sie. Sie ließ ihren Stock fallen und floh ins Haus, und Betsy donnerte vorüber.

»Du hast sie wütend gemacht«, beklagte sich Chris. »Ich konnte sie so nicht aufhalten.«

Das stimmte. Meine vorgetäuschte Kapitulation und die unliebsame Überraschung hatten die arme Kuh noch zusätzlich aufgeregt, und als sie uns an der Hintertür stehen sah, stampfte sie wieder an uns vorbei, und ihr schweres Euter schwankte gewaltig bei jedem Schritt.

Wir benötigten zwei weitere Anläufe, um Betsy dahin zu bringen, wo wir sie haben wollten. Sie machte noch einmal kehrt und rannte schnaubend in den Durchgang, aber wo sie in Richtung Zaunlücke hätte abbiegen sollen, setzte sie nur einen Fladen ab und drehte wieder um. Noch einmal flüchteten wir ins Haus. Wir waren nur froh, daß zu dieser frühen Stunde noch keine Nachbarn hier draußen waren. Welchen Eindruck hätten sie von uns bekommen, wären sie Zeugen unserer hilflosen Versuche geworden, Betsy in unserem Hinterhof zu überlisten! Beim letzten Versuch ließ Chris ihren Stock im Haus und nahm statt dessen eine kurze Holzleiter mit hinaus. Wenn sie die Leiter waagrecht hielte, argumentierte sie, dächte die Kuh vielleicht, es wäre eine Mauer. Dann würde sie von ganz allein abdrehen und auf die Weide zurückgehen.

Wie soll man über solche Gedankengänge diskutieren? Ich ließ es bleiben. Es war einfach zu lächerlich. Aber es funktionierte. Chris hielt sich standhaft die Leiter vor den Bauch, und eine Minute später war Betsy wieder auf der Weide. Und kaum hatten wir die Zaunlücke notdürftig geschlossen, hörten wir den Traktor des Bauern, der heraufkam, um die Mutter zu ihrem Kalb zu bringen! Wir verschwanden im Haus.

Im leeren Haus überkam uns ein herrliches Gefühl der Unabhängigkeit. Wir waren hier, allein, aber nicht einsam, und wir waren frei. Es war Donnerstag, aber was spielte das für eine Rolle? Bis auf die Sonntage würde für uns ein Tag wie jeder andere sein. Wir mußten keinen Frühzug erreichen, kein überquellender Schreibtisch erwartete uns. Die Wolkendecke riß auf, und der blaue Himmel zeigte sich. Und als wir aus dem Küchenfenster über die grünen Felder blickten, waren wir froh, hier in County Clare zu sein.

Ich denke mir, daß jedem, der längere Zeit ein streng nach Fahr- und Stundenplan ausgerichtetes Büro- und Pendlerdasein führte, die plötzlich uneingeteilte Freiheit des irischen Landlebens genau wie uns als etwas Wunderbares und Schreckliches zugleich erscheinen muß. Es war schwer, das Urlaubsgefühl zurückzudrängen. Chris erkannte als erste die Gefahr. Sie meinte, wir müßten unseren grünen Tagen eine gewisse Ordnung geben, damit unsere Träume nicht im Rausch des Frühlings und Frühsommers untergingen wie unser Garten in dem verflixten Unkraut.

Also machten wir uns ohne lang zu zögern an die Gartenarbeit. Es dauerte nicht lang, und Mary und Joe kamen vorbei, »um das Bett zu sehen, Crissie«, und um uns beim Pflanzen der Kartoffeln zu helfen. Wer die irische Geschichte ein klein wenig kennt, legt keine Saatkartoffel in irischen Boden, ohne sich schaudernd an die Hungersnot von 1847 zu erinnern, ohne die Angst vor der Fäule, die die Kartoffeln in nassen, nebligen Sommern befällt und sie innerhalb weniger Tage zu Brei verwandelt. Die Tragödie jener Hungersnot sitzt tief im Gedächtnis der Menschen, und noch heute erzählt man sich viele schreckliche Geschichten vom Hungertod und von verhungerten Menschen am Straßenrand.

Inzwischen gibt es Mittel gegen die Kartoffelfäule – keines ist absolut sicher –, aber über jedem frisch bestellten Kartoffelacker hängt auch heute noch ein drohender Schatten. Wie ernst diese Gefahr genommen wird, ist nicht zu übersehen. Alle unsere Nachbarn versuchen, einen Jahresvorrat an Kartoffeln zu ernten. Kartoffeln kommen im irischen Westen bei jeder Mahlzeit auf den Tisch. Teigwaren, Pizza und Reis sind noch immer eine Novität in diesem Teil der Welt, auch wenn sich allmählich ein Wandel anbahnt aufgrund Irlands Mitgliedschaft in der Europäischen Gemeinschaft.

Mary gab uns an jenem Morgen viele gute Ratschläge für den Garten, und Joe half mir beim Graben der Furchen. Dann holten wir Männer schubkarrenweise den frischen Kuhmist, und die Frauen begannen, die Saatkartoffeln Marke British Queen zu halbieren. Dem Rat unserer Nachbarn folgend, legten wir die weißen Kartoffelhälften auf das braune Mistbett in den Furchen und häufelten Erde darüber. Die Arbeit ging nur langsam voran, doch sie enthielt ein Element bedingungslosen Glaubens. Mensch und Land schlossen einen Bund, und zahlreiche gemurmelte Segenssprüche empfahlen ihn dem Schutz des Himmels.

»Gott segne die Ernte«, sagte Mary, als die Arbeit getan war, und wir vier standen noch eine Weile auf unsere Spaten gestützt im Sonnenschein und blickten befriedigt auf die ordentlichen braunen Reihen. Unsere Kartoffeln waren in der Erde; in unserem Garten war der Anfang gemacht.

Am Nachmittag, nachdem Mary und Joe gegangen waren, versuchten wir uns in amerikanischer Gärtnerei. Chris hatte verschiedene Sämereien aus New York mitgebracht, und als wir ganz allein waren, holten wir sie wie eine Geheimwaffe hervor. In ein kleines, frisch angelegtes Mistbeet in der windgeschützten Ecke säte

Chris Brokkoli und Spinat, Kopfsalat und Kerbel; direkt ins Freilandbeet kamen weitere lange Reihen mit Spinat, Karotten, Zwiebeln und Zuckererbsen, unserem Lieblingsgemüse. Wir gossen sie mit vielen Eimern Wasser aus dem Badezimmer und sahen im Geist, wie der Samen in dem von uns bestellten Boden keimte und grünte und zu einer wundervollen Ernte im Sommer gedieh.

Andere Pflanzen wuchsen bereits im Garten, verwildert und nicht immer am rechten Ort, aber gesund und kräftig. Chris stutzte die Stachelbeeren und Brombeeren, die schwarzen Johannisbeeren und Himbeeren, die die efeubewachsene östliche Steinmauer säumten. Sie legte die Erdbeerpflanzen frei, pflanzte ihre Ableger an die eigens für sie vorgesehene Stelle und gab dem Garten ihrer Vorfahren in jenen geschäftigen Apriltagen ein neues Gesicht.

An jenem Abend setzten wir uns nach getaner Arbeit in den Wagen und fuhren nach Westen zur zwölf Meilen entfernten Küste bei Doonbeg, um dort unseren ersten Tag als Landbewohner zu beschließen. Von einem solchen Tag hatten wir lange geträumt. Wir würden ans Meer fahren, uns ausziehen und uns in die belebenden Wellen des Atlantik stürzen. Nun, ganz so war es nicht. Die Straße führte zwar einem goldenen Sonnenuntergang und einem immer größer werdenden ruhigen Meer entgegen, aber wir wußten, wo Träume enden mußten. Der Atlantik im April war eiskalt. Wir blieben am Ufer und winkten hinüber nach New York.

Es nieselte. Chris hantierte am Herd mit vier dampfenden Töpfen. Wir erwarteten unsere ersten Sonntagsdinnergäste. Wir hatten einen alten Holztisch, den wir aus einem verlassenen Haus geborgen hatten, gegen Holzwurm behandelt und frisch gestrichen. Aus dem Haus meiner Eltern in Dublin hatten wir einen abgenützten Lehnstuhl mitgenommen, so daß wir zusammen mit dem Suganstuhl nun im Besitz zweier mehr oder weniger bequemer Sitzgelegenheiten waren. Mary und Joe kamen im schönsten Sonntagsstaat und brachten ihre eigenen Stühle mit. Das Menü sollte traditionell irisch sein: Rindfleisch, Kartoffeln, Karotten, Erbsen und Braunbrot. Als sie mit ihren Stühlen ankamen, begann es zu regnen.

»Gott segne euch alle«, sagte Mary damals wie heute, wenn sie unser Haus betritt.

Es war unsere erste große Mahlzeit im Cottage, und daß wir sie mit Mary und Joe teilten, wurde von beiden herzlich begrüßt, weil wir damit unsere gute Nachbarschaft besiegelten. Wir saßen beisammen in dem einlullenden, beinahe hypnotisierenden Regen. Jedes Zeitgefühl war dahin; die Welt glitt an uns vorbei.

»Hättet ihr Lust, heute abend zu den Bannermen mitzukommen?« erkundigte sich Mary schließlich.

»Die Bannermen? Spielen sie irische Volksmusik?«

»Ja, und heute abend sind sie bei Daly.«

Augenblicklich erklangen in unserer Vorstellung Pfeifen, Fiedeln und eine *bodhran* (eine mit Ziegenfell bespannte irische Handtrommel, ähnlich einem Tamburin), und wir sagten zu. Clare ist berühmt für seine Musik, und wir waren begeistert, daß wir schon so bald etwas davon zu hören bekommen sollten. Und so machten wir uns am frühen Abend, gut gelaunt wegen des gelungenen Sonntagsessens, auf zu Dalys Bar im Dorf.

Die Bannermen waren nicht genau das, was wir erwartet hatten, aber trotzdem wundervoll. In der Bar hatte man die Stühle an die Wände gerückt, so daß eine Tanzfläche entstand. In der Ecke war eine kleine Bühne aufgebaut. Als wir Platz nahmen, stellten wir fest, daß der ganze Raum voller Frauen war. Niall war praktisch der einzige Mann in der Runde. Die anderen Männer der Gemeinde befanden sich drüben im anderen Teil der Bar an der Theke und tranken. Aber wir hatten kaum Zeit, über diese möglicherweise peinliche Situation nachzudenken, denn wir saßen kaum, als die Musik bereits zu spielen begann. Die Bannermen spielten jedoch keine »traditionelle Musik« oder was ich darunter verstand, sondern populäre »Olde Time Waltzes«. Ihre Aufmachung kann man nur als irische Version eines amerikanischen Cowboy-Outfits beschreiben, komplett mit schmaler Krawatte und breiten Gürtelschließen. Die Musik klang gut, und gleich betraten die Frauen die Tanzfläche. Sie bildeten Kreise zu sechst und zu acht, faßten sich an erhobenen Händen, und auf ein Nikken setzten sich die Kreise in Bewegung. Es war ein erstaunlicher Anblick, schön und herzerwärmend, wie diese Frauen mittleren Alters in dem überfüllten, schwach erhellten Raum zierlich dahinschritten und mit den Füßen den Takt klopften. Eine jede lächelte. Und allmählich sammelten sich die Männer im Durchgang zur Bar, um zuzuschauen.

Die fröhlichen Gesichter waren jedoch das einzige Zeichen eines Gefühlsausdrucks. Es gab keine schrillen Schreie oder Pfiffe, wie man sie sonst bei einer volkstümlichen Tanzveranstaltung zu hören gewohnt ist. Die Frauen tanzten eine Tour nach der anderen, ruhig und ganz dem Vergnügen hingegeben, sich im Takt der Musik zu bewegen. Es war unschuldig und schön. Unser Gefühl, fehl am Platz zu sein, war bald verflogen. Der regnerische Abend senkte sich auf die kleine Dorfschenke nieder, und während sich die vertrauten, sich ähnelnden Melodien und Weisen wiederholten, entwickelte der Tanz eine hypnotische Wirkung; der Einbruch der Nacht schien sich durch sie zu verzögern. Die Musik spielte und spielte. Die Männer kamen herein mit ihren Gläsern in der Hand und sahen zu, wie die Frauen tanzten und wippten und sich vergnügt im Kreise drehten wie die Pferdchen auf einem Karussell.

Am nächsten Tag war es Zeit, daß wir mit unserer bäuerlichen Arbeit begannen und uns um die drei Ställe und den halben Hektar Land kümmerten, der uns bis zum März nächsten Jahres zur Verfügung stand. Der Pachtvertrag für die restlichen einundzwanzig Hektar Grasland, die zum Cottage gehörten, lief erst im März des nächsten Jahres aus. Wir gingen genau nach Vorschrift vor, das heißt nach John Seymours *Das große Buch vom Leben auf dem Lande,* in dem in einer dem Laien verständlichen Sprache die Geheimwissenschaft der Haltung von Hühnern, Enten, Küken, Ziegen und anderen nützlichen Haustieren behandelt wird. Aber zwischen Buchweisheit und Wirklichkeit liegen bekanntlich Welten. Wir lasen über Hühnerställe und Futtermittel, von möglichen Irrtümern und Krankheitssymptomen. Wir sprachen begeistert und naiv von Ziegen und wie wir sie melken würden, von selbstgemachtem Käse und Joghurt. Zunächst jedoch – weil am notwendigsten und unkompliziertesten – wollten wir uns mit ein paar Hühnern begnügen, die uns die Frühstückseier legten.

Wir begannen, indem wir den Hühnerstall reinigten. Chris sagte, daß wir, wenn wir Tiere hielten, auch dafür sorgen müßten, daß ihre Wohnverhältnisse – wie soll ich sagen? – komfortabel seien. Also stapften wir am Montag morgen hinaus in den Regen, jeder in der einen Hand einen Eimer Kalktünche, in der anderen einen Schaber, um die Stallwände zu streichen und den Boden von einer, wie es schien, hundertjährigen Dreckschicht zu säubern. Seit fünf Jahren lebten hier keine Hühner mehr, und inzwischen war der kleine gemauerte Verschlag das Heim von Spinnen geworden, die von der Decke baumelten und als staubige Knäuel zu Boden fielen, als Chris mit Todesverachtung mit dem Quast zu fuhrwerken begann. Ob unsere zukünftigen Hennen unser Tun zu würdigen wüßten? Chris war eisern. Bestimmt würden sie das.

Selbstverständlich wußten wir beide nichts über die Biologie oder Anatomie von Geflügel. Es gab Küken und Hühner, solche, die legten, und solche, die nicht legten. Wie viele Eier legt ein Huhn? Aber schließlich schöpften wir aus Marys Erfahrungsschatz und aus unserem Buch immerhin so viel Wissen, daß wir uns, ohne uns ganz schrecklich blamieren zu müssen, nach Kilmihil begeben konnten, um vier legereife Junghennen, das heißt, neun Monate alte Hühner, die bald ihre ersten Eier legen würden, zu kaufen.

Nichts ist das erste Mal so, wie es sein soll. Chris' vorsichtiges Naturell erwies sich wieder einmal als goldrichtig. Es gab keine Hühner, und es würde auch in nächster Zukunft keine geben. Sie waren alle ausverkauft. Wir fuhren nach Haus und an unserem schönen, weiß gekalkten leeren Hühnerstall vorbei mit dem bekannten Gefühl der Enttäuschung. Nun mußten wir unsere Hühner im weiteren Umkreis suchen. Als wir die Anzeigenseite des *Clare Champion* durchsahen, stießen wir auf eine Annonce: Einjährige Hennen zu verkaufen. Ein Pfund pro Stück. Ballynacally Farm.

Einjährige Hennen: Vielleicht legten sie nicht, vielleicht waren sie nicht sonderlich gesund, denn vermutlich stammten sie aus einer Legebatterie. Aber sie waren unsere einzige Hoffnung, wollten wir in diesem Frühjahr noch zu Hühnern kommen. Gleich am nächsten Morgen machten wir uns auf den Weg zur Ballynacally Farm.

Es war ein herrlicher sonniger Tag. Die Straße schlängelte sich zwischen den grünen Hügeln, überquerte einen Fluß, und schließlich hatten wir die Hühnerfarm erreicht. Es war Vormittag. Das Anwesen wirkte völlig verlassen. Wir parkten den Wagen und machten uns hupend bemerkbar. Nichts rührte sich. Wir gingen los, um irgend jemanden zu finden, aber die Stille, die uns umgab, während wir umhergingen, wirkte seltsam und unheimlich. Vorsichtig gingen wir um das große, lagerhausähnliche Gebäude herum, bis wir plötzlich begriffen: Was wir für ein ganz leises, fernes Säuseln des Windes gehalten hatten, wurde lauter und lauter, und unsere Ohren erkannten das summende Geräusch – es war das Glucken und Gackern Tausender von Hühnern. Wir traten an die eiserne Schiebetür, öffneten sie langsam und blickten in eine Hühnerfabrik. Vor unseren Augen waren Tausende von Hühnern, die kreischten, hüpften und die Köpfe aus ihren winzigen Käfigen steckten. Sie hatten gerade genug Platz, um an ein Futterband zu gelangen. Die Eier fielen hinter ihnen auf ein anderes Fließband. Der Gestank, der Lärm, die manische Wut ihrer eingepferchten Leiber ließen uns erstarren. Die Szene hätte aus einem Hitchcock-Film sein können. Daß diese Tiere vermutlich noch nie das Tageslicht erblickt hatten, niemals Gras gepickt, nie mehr als zwei Schritte gegangen waren, erschien uns maßlos grausam. Der Anblick dieser eingesperrten Tiere war unerträglich. Wir stürzten nach draußen in den herrlich blauen Tag, keuchend und stumm. Der eingeatmete Staub kratzte im Hals, Federn kitzelten in der Nase. Wir hatten kaum Zeit, ein Wort zu wechseln, als aus einem kleinen Schuppen ein Mann mit Gesichtsmaske und Handschuhen auftauchte und fragte, ob wir Hühner kaufen wollten.

Wir nickten und folgten ihm zögernd zurück ins Hühnerhaus, wo er willkürlich vier kreischende Hennen aus ihren Käfigen nahm. Er hielt sie mit dem Kopf nach unten, band ihre Füße zusammen und stopfte sie in den Karton, den wir für den Transport mitgebracht hatten. Wir hatten gelesen, gute Hennen hätten kräftige rote Kämme. Diese hier hatten rosa Kämme, alle anderen in den Käfigen allerdings auch. In unseren sachunkundigen Augen wirkten sie recht gesund. Was wußten wir schon? Obendrein sind Hühner dafür berüchtigt, daß man ihre Legefähigkeit nicht vorausahnen kann, das heißt, es ist durchaus möglich, ein vollkommen glücklich wirkendes Tier zu haben, das einem einfach keine Eier legen will. Wir zahlten unsere vier Pfund in einen behandschuhten Handteller, stiegen eilends in unseren Wagen und fuhren mit gemischten Gefühlen nach Hause. Wir hatten vier Hühner befreit, aber mindestens dreitausend, für die heute keine Sonne scheinen würde, in ihrem Gefängnis zurückgelassen.

Erst wenn man es auf den holprigen, gewundenen Straßen von West Clare mit vier Hühnern im Kofferraum eilig hat, weiß man, was es in Irland alles an Schlaglöchern gibt. Chris ließ den Rückspiegel nicht aus den Augen, als erwartete sie, die Hühner würden jeden Augenblick aus dem Karton springen. Als wir in unser Anwesen einbogen, hatten wir das sichere Gefühl, daß diese Hühner niemals legen würden.

Natürlich irrten wir uns auch darin. Als Chris den Kofferraum öffnete, um die Hühner in die verhältnismäßig riesige Freiheit des frisch geweißten Stalls zu bringen, lag in der Schachtel bereits ein Ei. Ein Omen? Nervös schauten wir zu, wie die Hühner mit kleinen, unsicheren Schritten ihre Beine ausprobierten. Die geringste Bewegung erschreckte sie. Eine ganze Stunde lang blieben wir bei ihnen und beobachteten sie. Es schien, als wären es gar keine richtigen Hühner, sondern irgendeine neuartige Spezies. Sie waren unsere ersten Tiere, für die wir zu sorgen hatten, und wir fühlten uns ungeheuer verantwortlich. Bereits am nächsten Tag gab es Anzeichen, daß sie sich an ihre neue Freiheit gewöhnten; sie wagten sich sogar aus dem Stall, solange Chris in der Nähe stand. Sie entdeckten, wozu ihre Füße taugten, und begannen, im Gras zu kratzen und zu scharren. Nach einer Woche spazierten sie allein aufs Feld hinaus, und an den merkwürdigsten Stellen, wie unter der Fuchsienhecke hinter dem Haus, fanden wir große, braune Eier.

Probleme, Hilfen und Ratschläge. Unsere Kamine qualmten. Für den Telefonanschluß hatten wir ein Vierteljahr vor unserer Ankunft in Irland bezahlt, und es war immer noch keiner da. Wir hatten einen Schwarzweißfernseher geliehen, der, als wir ihn einschalteten, kein Bild lieferte. Der Rauch war unser ärgstes Problem. Kamine sind der charakterstärkste Teil eines alten Hauses. Man könnte sagen, sie haben ihren eigenen Kopf. Ein noch völlig stabiles Haus kann einen zerfallenden Kamin haben, und umgekehrt kann ein hervorragender Kamin eine alte Ruine am Leben erhalten. Sie haben auch einen eigenen Leumund, wie wir bald in Erfahrung brachten. Unser großer Kamin, das offene Herdfeuer in der Küche, hatte einen ausgezeichneten Ruf. Er hatte einst wunderbar gezogen, abgesehen von dem gelegentlichen Rauchwölkchen, das in die Küche entkam. Aber damals hatte er auch noch eine weite Öffnung zum Himmel gehabt, durch die man, poetisch gesprochen, die Sterne sehen konnte; weniger poetisch waren die Hagel-, Regen- und Rußschauer, die in der Küche niedergingen.

Deshalb hatte man, um einerseits das offene Herdfeuer und den Fußbodengrill zu behalten, andererseits aber die unerwünschten Elemente aus dem Haus zu verbannen, ein Abzugsrohr eingebaut, das die Öffnung zum Himmel wesentlich verkleinerte. Seit unseren ersten Tagen in Clare füllte sich nun die Küche jedesmal, wenn wir das Kaminfeuer anzündeten, mit Torfqualm, als säße ein Geist auf dem Dach, dem es Spaß machte, uns eins auszuwischen. Der Torfrauch roch zwar angenehm süß, trotzdem verzweifelten wir allmählich, weil wir jedesmal, wenn wir das Feuer entzündeten, aus dem Raum flüchten mußten, wobei uns die Rauchschwaden bis durch die Vordertür hinaus verfolgten. Wie es im Westen üblich ist, brachten wir das Problem eines Abends auf dem *cuaird* bei unseren Nachbarn zur Sprache. Viele Häuser in der Nachbarschaft hatten früher einen ähnlichen offenen Herd gehabt, über dem an einem Haken Kochtopf und Wasserkessel hingen. Die meisten wichen dann jedoch dem *French fireplace,* dem französischen Herd. Die Feuerstelle wurde ummauert, die übrigen Ecken des großen Kamins abgedichtet und zu Einbauschränken umgebaut. Der Rost blieb auf dem Boden, aber die Öffnung zum Kamin wurde auf zirka 75 cm mal 30 cm verkleinert. Für Chris und mich gehört das offene Herdfeuer zum Leben auf dem Land, und wir wollten es unbedingt erhalten, aber eben so, daß es nicht qualmte.

»Ein Kamin ist leicht ruiniert«, sagte Michael Dooley, als wir unsere Sache vorgebracht hatten. »Früher einmal, da hat euer Kamin phantastisch gezogen.«

Chris, mit ihrer üblichen amerikanischen Wißbegierde, fragte Michael, was er tun würde, wenn unser Kamin sein Kamin wäre. »Ich würde ihn zumauern.

J. J. Keane hatte auch so einen offenen Herd wie ihr, und er hat einen französischen Herd eingebaut, und wenn er jetzt Feuer macht, steigt der Rauch nur noch in den Kamin.«

»Aber was würden Sie tun, wenn Sie ihn nicht zumauern wollten?« Es folgte eine lange Pause, weil Michael uns bereits gesagt hatte, was er tun würde. Seiner Ansicht nach gab es nur eine Lösung.

»Also, der einzige, der einen schlechten Kamin reparieren könnte, wäre ein Steinmetz«, meinte er schließlich, und Chris dachte, damit hätte sie bereits etwas in der Hand. »Großartig. Gibt es einen Steinmetz in Kilmihil?«

Wieder ging der Antwort eine lange Pause voraus, während der seine leuchtend blauen Augen sinnend in das Kaminfeuer blickten. »Also, ich weiß nicht, ob es überhaupt noch welche gibt.«

Chris hatte eigentlich keinen Fernseher haben wollen. Sie erinnerte sich noch zu gut, wie leicht wir ihm verfallen waren, wenn wir müde aus der Stadt nach Hause kamen und zu nichts anderem mehr taugten, als uns vor die »Glotze« zu setzen. Ich machte mir weniger Gedanken wegen der Suchtgefahr, mir bangte eher vor den langen irischen Winterabenden. Wir würden einen Fernseher brauchen, dachte ich, weil wir nicht auf die üblichen urbanen Abwechslungen wie Kino, Konzerte, Restaurants zurückgreifen konnten. Außerdem wäre unserer Fernsehsucht mit nur zwei Kanälen und einem nur sechsstündigen Abendprogramm ohnehin Grenzen gesetzt. Man hatte uns einen gebrauchten Fernseher angeboten, und nach langen Diskussionen und nur unter Chris' Bedingung, daß er nichts kostete, beschlossen wir, ihn zu nehmen. Aber es war ein Flop. Als wir ihn einschalteten, kam zwar der Ton, aber kein Bild.

Eines Abends stand J. J. Keane vor unserer Küchentür. Wir hatten ihn nur kurz kennengelernt. Er war ein freundlicher Mann um die sechzig, der in dem Ruf stand, recht geschickt zu sein. Über eine Stunde saß er bei uns und trank Kaffee, ohne ein Wort verlauten zu lassen, das darauf schließen ließ, daß es sich nicht nur um einen ganz normalen Antrittsbesuch handelte. Er erzählte Anekdoten, sprach von Gärten und Mooren und weit zurückliegenden Besuchen bei Jack O'the Grove. Das alles war höfliche, freundliche Konversation; und erst, nachdem wir uns ein wenig angefreundet hatten, beugte er sich vor und sagte: »Ihr habt Probleme mit eurem Fernseher?«

Ich holte ihn aus dem Hinterzimmer, und wir begannen, daran herumzudrehen, aber das Bild wollte nicht kommen. Schließlich lehnte sich J. J. in seinem Stuhl zurück. Er legte die Hände auf die Knie und schaute das Gerät an. Dann sagte er: »Mit einer Antenne würde er gehen.«

Ich sah Chris an. Eine Antenne – Geld! Kein Fernseher. »Ich verstehe«, sagte ich zu J. J. und schaltete das Ding aus.

»Aber ihr braucht keine zu kaufen«, fügte er hinzu. »In ein paar Tagen könnte ich euch eine aufstellen.« Ein paar Tage später kam er wie versprochen mit einer Holzlatte, einer Rolle Kupferdraht, Hammer und Nägeln. »Hier ist eure Antenne«, sagte er grinsend. Und das war sie und ist es noch heute. Eine Stunde lang probierten wir herum, trugen die kostbare Antenne im Speicher von einer Ecke zur anderen, geleitet von Rufen wie »ja, das ist es . . . halt, halt, nicht bewegen, da ist es, ja, genau da«, und am Ende hatten wir ein prächtiges Bild. Es war einer jener Augenblicke, in denen wir die ganze unverfälschte Gastfreundschaft und Herzlichkeit des Westens erfuhren. Ein Nachbar war gekommen mit der einzigen Absicht, uns zu helfen, damit wir uns bei ihnen wohl fühlten; und als wir uns an jenem Abend von J. J. Keane verabschiedeten und ihn in seinem alten, zerbeulten, aber tadellos funktionierenden blauen Ford davonfahren sahen, hatten wir das Gefühl, unter guten Menschen zu leben.

Telefone waren, wie wir feststellen mußten, nicht so leicht zu beschaffen. Unser Telefon, das wir im Dezember bezahlt hatten, war am ersten Mai noch nicht installiert. Bei der Post im Dorf sagte man mir, daß ein Mann in Kilrush, der nächstgelegenen größeren Stadt, dafür zuständig sei. Er war der Aufsichtsbeamte für Telecom Eirinn, der neuen Telefongesellschaft. An einem grauen Vormittag im Mai fand ich ihn im menschenleeren Telecomgebäude in seinem Büro vor einem Sandwichpaket.

Über ihm entlud sich unser geballter Zorn. Wo war unser Telefon? Den Scheck hatte man schon lange kassiert, nicht wahr? Also, wo war das Telefon?

Ungerührt begab sich Mister Supervisor zu seinem Aktenschrank. »Lassen Sie mich mal nachsehen.« Müden Auges blätterte er in den Akten. Die meisten Seiten schienen leer zu sein. »Ah ja«, sagte er, »ich sehe schon«, und klappte schnell den Aktendeckel zu.

»Also, wir werden es dann gleich erledigen.«

Was soll man mit einem solchen Menschen machen?

»Wann?« verlangte Chris zu wissen.

»Was haben wir heute? Dienstag? Lassen Sie mich mal überlegen. Sie werden kaum vor Ende der Woche bei Ihnen draußen sein. Vielleicht schaffen sie es bis

Freitag.« Er grübelte eine Weile darüber nach, und ich glaube, er hoffte, wir würden in der Zwischenzeit einfach gehen. Aber das taten wir nicht, und so mußte er sich doch wieder mit uns beschäftigen.

»Also, es hängt davon ab, wie bald sie mit den anderen Aufträgen fertig sind. Wie wäre es mit Montag? Wäre Ihnen das recht?«

Was sollten wir darauf antworten? Es bedeutete eine weitere Woche ohne Telefon, aber für irische Verhältnisse war das nicht lang.

»Es kommt eben darauf an, verstehen Sie«, sagte er. »Es gibt nur einen Mann für den gesamten Bezirk, der die Löcher für die Telefonmasten gräbt.«

Mit diesem Bescheid und ziemlich ambivalenten Gefühlen verließen wir ihn. Hatten wir einen Sieg errungen? Hatten wir ihm Dampf gemacht? Oder hatte er uns nur mit Versprechungen abgespeist, damit er uns los wurde und sich wieder seinen belegten Broten widmen konnte?

Zehn Tage später waren wir unserem Telefon keinen Schritt näher.

Kapitel 5

Sitten und Gebräuche des Westens. Schon nach den ersten Wochen in Kiltumper Cottage begannen wir, die Lebensweise der Einheimischen zu übernehmen. Wir wollten mit möglichst vielen der alten, noch praktizierbaren Bräuche vertraut werden. Vieles davon stirbt allmählich aus. Es gibt zum Beispiel längst nicht mehr so viele *seanachais* (Geschichtenerzähler) wie früher. Traktoren haben Pferd und Esel ersetzt, und die bäuerlichen Betriebe – der Ausdruck sagt es schon – werden zunehmend mechanisiert. Die Lebens- und Arbeitsweisen jedoch, die sich gegen die moderne Technik behaupten, sind für die Menschen hier lebenswichtig geblieben. Und zwei dieser Traditionen erlebten wir wie Initiationsriten für das Leben in Kiltumper: Torfstechen und Brotbacken. In mehr als der Hälfte unserer Nachbarhäuser wurde jeden zweiten Tag ein Wecken Braunbrot gebacken; und im Mai schickt jeder Hof einen kräftigen Mann zum Torfstechen ins Moor. Immer wieder hörten wir im Dorf oder bei einem *cuaird* ein Lob auf Marys Braunbrot, auf Bredas Teebrötchen oder auf Michael Dooleys Geschicklichkeit beim Torfstechen. Andere gaben bescheiden zu, daß sie es einfach nicht konnten oder nicht die Zeit dazu hatten und ihr Brot lieber beim Bäcker kauften (beziehungsweise ihren Torf maschinell gewannen). Sie hatten nicht die »richtige Hand fürs Backen«, wie Mary eines Abends zu Chris sagte. Das Brotbacken »liegt einem in den Händen«, und manche waren einfach mit den falschen geboren.

In den Händen, genauer gesagt, in den Armen und Schultern mußte es auch der geschickte Torfstecher haben. Ich hatte schon viel über das Torfstechen gehört, noch bevor ich das erste Mal oben im Moor gewesen war. Ich wußte, daß es sich mit den Torfstechern wie mit den Bäckerinnen verhielt – es gab welche, die stachen Torf, und andere, die es ließen – und daß der Torfstecher der heimliche und vielbesungene Held des Westens war. Denn er war es, der mit dem raffinierten, auf der einen Seite rechtwinklig gebogenen Spaten umzugehen verstand, der allein in der geheimnisvollen Landschaft des Torfmoors arbeitete und in einer Woche den Torfvorrat für einen Winter stach und noch ein bißchen mehr als Extravorrat oder zum Verkaufen. Voller Bewunderung wurden die Namen von Michael Dooley und Michael Donnellan genannt, wenn die Rede aufs Torfstechen kam. (Wir hatten das Glück, daß beide angeboten hatten, einen Tag für uns im Moor zu arbeiten, als Willkommensgeschenk.) Ich hegte einige Zweifel, ob ich den Torfspaten schnell genug würde handhaben können, um unseren Jahresvorrat zusammenzubringen, aber ich fragte mich auch, ob es wirklich so schwer war, wie sie alle sagten.

Ich hätte mir meine Zweifel sparen können. Ich stand auf der Weide hinter dem Haus und schwang einen alten Torfspaten von Johnny Breen, als übte ich mit dem Golfschläger, und grub unsichtbare Torfsoden aus einer imaginären »Wand«. Die Handhabung des Torfspatens besteht in einer Art Rückhandbewegung, bei der man sich anfangs ziemlich unbeholfen vorkommt, denn jeder abgestochene Soden wird von rechts unten nach links oben geworfen. Ich versuchte, mich an diese Bewegung zu gewöhnen, und ich hatte Angst, bei dieser mystischen Kunst zu versagen. Konnte ich Torfstechen? Lag es mir?

Der rothaarige Mann vom Forstamt, der unsere Heide abbrennen wollte, ließ sich nicht blicken. Er war von seinem Vorgesetzten in Ennis zurückgepfiffen worden. Also mußte von unserem Torfstich erst einmal eine zirka dreißig Zentimeter hohe Schicht aus Heidekraut und Wurzeln abgetragen werden – eine mühselige Angelegenheit. Die ein Meter zwanzig breite und zwanzig Meter lange Torfbank war dicht bewachsen mit drahtharter Heide, die sich jedem Versuch, sie einfach auszugraben, widersetzte. Man riet mir zu Plaggenhaue und Sense. Hauend und mähend entstrüppte ich die Torfbank und legte den glatten, seidig braunen Torfboden frei.

So einsam und verlassen das Moor war, lebten darin doch unsterbliche Erinnerungen an Männer mit großen hölzernen Schubkarren, an Esel und Karren, Mahlzeiten auf der Torfbank, lauwarmen Tee aus Flaschen oder schwarzgebrannten Whiskey und dick mit Butter bestrichenes Braunbrot. Zu den seltsamsten Überraschungen im Torfmoor gehören die verwitterten aschgrauen Baumriesen, die verstreut zwischen den Torfbänken liegen. Sie tauchen nach Jahrhunderten aus den Tiefen des Moores auf und liegen wie rätselhafte Trümmer eines alten Schiffswracks auf einem weichen, dunklen Strand. Butterfässer sind im Torfwasser aufgetaucht, in denen die Butter nach Jahrzehnten noch frisch war. Eine Mahnung der kühlen Unterwelt, die frösteln läßt: Hier unten bleiben Erinnerungen lebendig. Aber woher kamen die Baumstämme? Nirgends am Horizont war auch nur ein einziger Baum zu sehen. Wie solche großen Bäume, vermutlich riesige Eichen, je dieses schwammige Moorland bewaldet haben konnten, ist ein Geheimnis.

Jene ersten Tage, an denen wir die Torfbank entstrüppten, vermittelten uns den ersten echten Eindruck, wie es im Moorland ist. Wie wild und unheimlich. Aber alles ist von einer unglaublichen Ruhe durchdrungen. Der Wind bläst langsam und stetig über die braune und purpurfarbene Öde, und die Vögel singen zwischen der grünenden und verdorrenden Heide in dieser zähen, wettergegerbten Landschaft. Torfmoos, Flechten, versteinertes Moorholz und federiges lilafarbenes Sumpfgras sind die Merkmale dieser Landschaft – eines Ortes voller Geheimnis und einstigen Lebens.

Mary sagte mir, das Moorholz gebe sehr gute Hitze. Und als ich sie fragte, woher es komme, sagte sie: »Vor vielen Jahren, Crissie, noch vor der großen Flut – ich habe es oft erzählt bekommen – da gab's dort hinten einen Wald.«

Mit der großen Flut meinte sie die Sintflut.

Neben unserer Straße lagen Telefonmasten. Jetzt konnte das Telefon nicht mehr weit sein. Wir träumten schon davon. Endlich eine Verbindung zur Außenwelt. Mittlerweile warteten wir nervös auf den Tag, an dem unser Torf so weit wäre, daß wir ihn stechen konnten. Wir warteten auf trockenes Wetter. Allmählich sah es so aus, als müßten wir noch Monate warten. Jeder Morgen war *scamalach* (wolkenverhangen), und gegen Mittag, wenn unsere von Hand gewaschene Wäsche gerade fünf Minuten auf der zwischen den zwei Platanen gespannten Leine hing, begann es zu regnen. In der Zwischenzeit versuchte Chris zum dritten Mal, die Dohlen zu überlisten, die uns bereits drei Zuckererbsensaaten gestohlen hatten.

Heute verblüffte sie unsere neugierigen Nachbarn mit einem raffinierten Zelt aus Netzen, das sie über den Sämlingen errichtet hatte. Amerikanisches Know-how. Das hofften wir jedenfalls.

Eigentlich sollte Niall heute mit Michael Donnellan Torf stechen. Wir warteten bis um elf Uhr auf ihn und fragten uns schon, ob er überhaupt noch käme und wenn ja, was wir ihm zu essen anbieten konnten. Aber wir sahen und hörten nichts von ihm. Eine alternative Verabredung gab es nicht. Torfstechen fiel heute aus. Wir warteten weiter, beobachteten das Wetter, kostbare Zeit verrann. Nach zwei Stunden Gartenarbeit beschlossen wir, wegen unseres Führerscheins nach Ennis zu fahren. Irgendwo im Hinterkopf wußte ich, daß selbstverständlich geschlossen sein würde – hier war beim ersten Mal immer alles geschlossen. Um fünf nach drei waren wir dort, und natürlich hatte man um drei Uhr geschlossen.

Ich bin so entmutigt durch dieses Land. Wir riefen den Mann bei der Telefongesellschaft an, aber der war nicht da. Ich bin niedergeschlagen und glaube, daß ich einen schrecklichen Fehler gemacht habe. Diese irische Romanze ist blanker Unsinn. Abends, in der Stille, muß ich mich zwingen, ein Lächeln aufzusetzen.

Endlich war es doch soweit. Wir erfuhren davon auf die inzwischen normale Anders-als-erwartet-Weise. Es war am späten Abend, als wir Marys Haus nach dem *cuaird* verließen.

»Oh, beinahe hätt' ich's vergessen. Michael Donnellan kommt morgen auf einen Tag zu euch aufs Moor, so Gott will.«

Ich schlief schlecht und wachte immer wieder auf, denn mein Kopf steckte voller Vorahnungen. Wir hatten so viel über den Mythos des Torfstechers gehört, daß ich fürchtete, ich würde einen ganzen Tag nicht durchhalten. Man sprach davon, wie über alle Maßen schwer diese Arbeit sei, daß aber eine gute körperliche Verfassung allein nicht genüge. Es war eine besondere, nicht genau definierbare Art von Arbeit, die sich von allen anderen Tätigkeiten unterschied – zumindest hatte man uns dazu gebracht, das zu glauben. In den Läden und Kneipen des Dorfs fragte man uns bereits: »Habt ihr schon angefangen zu stechen?« Ich frühstückte hastig an jenem Morgen und verließ das Haus mit Spaten und Gabel, um über die drei Hügelfelder zum Moor hinaufzugehen.

Chris war bereits emsig im Haus beschäftigt. Es ist üblich, daß die Frau des Torfstechers das Mittagessen bringt, damit die Arbeit wirklich nur während der Mittagspause unterbrochen werden muß. Das Essen bestand aus mehreren Flaschen Tee, belegten Broten, Zwieback und vielleicht einem Stück Kuchen. Wichtigster Bestandteil war jedoch Chris' selbstgebackenes Braunbrot aus dem eigenen, mit Torf geheizten Ofen.

Beide widmeten wir unseren Morgen ganz den Traditionen von Kiltumper, sie unten im Haus, ich oben im Moor. Michael Donnellan erwartete mich bereits. Es war ein schöner Tag, gottlob, und über den unverstellten Horizont trug der Wind von Doonbeg her den Geruch der See. Kein Geräusch war zu hören, bis auf ein verwehtes Trillern von Lerchen und Drosseln. Als ich ankam, schritt Michael die Torfbank ab und prüfte die Vorarbeit, die ich geleistet hatte. Ein ordentliches Stück Schwerstarbeit lag da vor uns; jeder Fußbreit dieser zwanzig Meter mußte ausgestochen und getrocknet werden, wollten wir genug Heizmaterial für den Winter haben.

Die Tiefe einer Torfbank wird in Irland in *bars*, in »Riegeln«, gemessen. Ein solcher Riegel ist ein Stück Torf, so hoch wie der Spatenstich und ungefähr dreißig Zentimeter lang. Eine gute Torfbank kann sechs Riegel tief sein. Bei dieser Tiefe steht der Stecher bis zu den Knöcheln im Moorwasser; er muß das gestochene Torfstück bis in Schulterhöhe heben und mit einer Drehung der Schaufel über seinem Kopf neben der Grube absetzen. Je mehr er sich den unteren Schichten der Bank nähert, um so nasser wird der Torf. Triefnaß und butterweich glitschen die Torfstüke vom Spaten, und doch – man ist versucht, die irische Logik ins Spiel zu bringen – ist es gerade dieses labberige Zeug, das am schnellsten trocknet und am besten brennt. Der Torf aus der obersten Schicht, der sich in der Hand trocken und leicht anfühlt, heißt Weißtorf, weil er beim Trocknen eine weiße Kruste bildet; er trocknet am schwersten und gibt am wenigsten Hitze.

Nachdem mir Michael dies alles erklärt hatte, begann er ohne weitere Umstände, die oberste Schicht abzustechen. Meine weniger vornehme und gewiß weniger romantische Aufgabe war es, auf der heidekrautbewachsenen Bank zu stehen und die Soden, die Michael auf die Bank warf, mit einer zweizinkigen Gabel auf einen Torfschubkarren zu laden, der ein kleines Holzrad hatte und an den Seiten offen war. Sobald der Schubkarren voll war, stieß ich die Gabel in den Boden, hob den Schubkarren an und rannte damit quer durch das Heidegestrüpp, kippte die Ladung aus und rannte zurück. Bis ich zurückkam, hatte Michael bereits eine neue Fuhre gestochen. Auf diese Weise hetzte ich unentwegt und ständig außer Atem hinter ihm her. Ich durfte auf keinen Fall mehr als ungefähr ein Dutzend Soden zurückhängen, weil sonst entweder die Soden zu ihm hinunterrutschen würden oder, noch schlimmer, er seine Arbeit unterbrechen, sich den Schweiß abwischen und auf mich warten müßte. Wenn es mir nicht gelang, den Torf rechtzeitig wegzuschaffen, würde sich meine Untauglichkeit im Torfstich in weitem Umkreis herumsprechen und in Kiltumper sowieso.

Die Kärrnerarbeit war nicht leicht. Der Boden war weich und holprig und von Buckeln übersät. In meinen Gummistiefeln glitt ich leicht aus, und manchmal kippte der Schubkarren auch ohne mein Zutun um. Es hatte jedoch keinen Sinn, wieder aufzuladen. Ich lief sofort wieder zurück, den Schubkarren hinter mir herziehend wie einst der Esel, der den Torf von der »Wand« zu der Stelle transportieren mußte, wo getrocknet wurde.

Wir stachen zuerst die obersten Riegel über die ganze äußere Länge der Bank, dann die nächste Reihe darunter und so fort. Auf diese Weise entstanden Stufen, die in die Torfgrube hinabführten. Wie zeitlos und unfehlbar die Logik der kleinen Torfstechertreppe war, die zum kühlen, nassen Inneren des grundlosen Moores hinabführte, stellte sich alsbald heraus: Die Wände der Torfgruben sind mehr als mannshoch. Eine andere Erklärung der Stufen stammt aus der Folklore. Der heilige Colmcille ging eines Tages in Donegal spazieren und stürzte in eine Torfgrube, die keine Stufen hatte. Obwohl er ein Heiliger war, kostete es ihn einige Mühe, aus der Grube herauszukommen. Seitdem, so heißt es, habe er jeden Torfstecher mit einem Fluch belegt, der es versäumte, die »Heiligentreppe« am Ende der Torfgrube stehen zu lassen.

Es scheint nahezu unmöglich, diesen ersten Tag auf dem Moor von Kiltumper zu beschreiben. Was ich hier tat, war letzten Endes meine Pflicht und Schuldigkeit: Ich schuftete im Schweiße meines Angesichts für meinen Lebensunterhalt, und doch war es eine Arbeit ohne die Kleinlichkeiten und die Langeweile von Formularen, Tabellen, Memos, Sitzungen, Büroklatsch und Krisen. Ich arbeitete unter Druck, denn jedesmal, wenn ich mit dem Schubkarren unterwegs war, hörte ich hinter mir die Soden auf die Torfbank klatschen. Ich beeilte mich vielleicht sogar genauso wie früher in Manhattan, als ich durch den Korridor hastete, um meinen Text noch vor Redaktionsschluß abzuliefern. Und doch. Hier blies mir bei der Arbeit der Wind um die Ohren, und die Ärmel hatte ich aus einem konkreten Grund hochgekrempelt. Ich fühlte das Wetter auf meiner Haut und wußte jeden Augenblick, daß die Arbeit, die ich verrichtete, nicht nur gut, sondern auch gut für mich war. Sie gab mir etwas. Der Tag war rings um uns, und wir waren ein Teil davon. Wir lernten jede Sekunde davon kennen, genauso, wie wir jeden Torfsoden, den Michael aus der Erde schnitt, kennen und handhaben lernten. Mensch und Landschaft schienen eins zu sein. Ich bin nicht imstande auszudrücken, wie tief befriedigt ich mich fühlte. Allerdings stellte sich diese Befriedigung erst etwas später ein. Zunächst gab es nur die unglaubliche Stille des winddurchwehten Moores und den stetigen Rhythmus der Arbeit. Wir sprachen wenig – es blieb uns nur wenig Atem dafür. Gegen halb ein Uhr merkte ich, daß ich immer und immer wieder über die Moorweide schaute, über die Chris mit dem Mittagessen kommen sollte. Und als ich endlich ihre farbenfrohe Gestalt durch das Farnkraut und über das Moor kommen sah (nachdem sie vorsichtig etlichen Ochsen und Jungkühen aus dem Weg gegangen war), war ich zum Umfallen müde. Daß noch weitere fünf Stunden Arbeit vor mir lagen, überstieg meine Vorstellung, und ich gestehe, ich wäre sogar froh gewesen, wenn es zu regnen begonnen hätte. Aber kein einziges Wölkchen war in Sicht. Hell und klar schien die Sonne auf uns herab.

Drunten im Haus war Chris den ganzen Morgen beschäftigt gewesen. Sie gliederte sich ein in das sublime System der Dinge, wie sie sich ausdrückte, indem sie Braunbrot buk und herauszufinden versuchte, wie man Tee bis zur letzten Minute warm hält, ohne ihn zu kochen oder ihm die vorgeschriebenen drei Minuten des Ziehens zu verweigern. Ein schwieriges Unterfangen. Und genauso verhielt es sich mit dem Braunbrot. Wie sie mir später erklärte, gibt es kein genaues Rezept dafür. Die Maßangaben sind ungefähr, eben irisch: Häufle weißes Mehl auf ein Brett, gib zwei oder drei Handvoll Kleie dazu, ein oder zwei Scheiben Butter stückchenweise darüber, eine kleine Handvoll Zucker, einen Teelöffel Backpulver, eine Prise Salz und so viel Buttermilch, daß ein fester Teig entsteht.

Oben auf dem Moor aßen Michael und ich das Braunbrot; es schmeckte herrlich wie ein Weihnachtskuchen. Nachdem wir schweigend ein paar Mundvoll gegessen hatten, folgte der Kommentar. Könnten wir ein zweites Stück haben, Crissie? Der stille Erfolg ihres Backens würde sich herumsprechen. Nachdem sie das Mehl im Dorf gekauft hatte, würde sie in drei Tagen wiederkommen und vom Kaufmann mit fröhlichem Lächeln begrüßt werden: »Wie ich hörte, hat Ihr Brot gut geschmeckt, Crissie.«

Mir fiel der Erfolg nicht so leicht in den Schoß. Ich hatte mich kaum erholt, da war die halbstündige Mittagspause schon vorbei, und während Chris auf den Zickzack-Hasenpfaden über das Moor zurückging und verschwand, war ich schon wieder mit meinem Schubkarren bei der Arbeit. Der Nachmittag war ruhig und warm und angenehm. Während meine Schweißperlen auf die Torfsoden tropften, kam in mir ein Gefühl auf, als hätte ich ein Hindernis überwunden. Ich war in den irischen Westen eingegangen. Mein Arbeitstempo wurde gelassener, natürlicher. Die Arbeit mit dem Torf schien mich zu verändern. Meine schreckliche Unbeholfenheit war verschwunden. Michael lächelte mir zwischen zwei Spatenstichen zu, denn auch er war zweifellos erleichtert. Und dann, in der unendlichen Stille, nachdem sich der Wind plötzlich gelegt hatte, hörte ich den Kuckuck. Michael hielt mitten in der Bewegung inne, zog die Mütze vom Kopf, und die ganze Welt schien plötzlich stillzustehen, um einen wunderbaren Augenblick lang dem Ruf des Kuckucks zu lauschen. Es war ein köstlicher und fast komischer Ruf, als riefe sich der Vogel selbst beim Namen. »Kuckuck ... kuckuck, kuckuck ... kukkuck.«

Die kleine Terz verklang über dem Moorland, als der graue Vogel darüber hinwegflog, und als ich kurz zu Michael hinsah, wußte ich, daß wir noch warten und länger lauschen mußten. Der süße Ton des Vogelrufs, reinstes Dur inmitten des blauen Nachmittagshimmels, versetzte mich in eine unbeschreibliche Hochstimmung, denn er klang wie ein endgültiges Willkommen.

»Er singt für dich«, sagte Michael und wies mit dem Kopf zu den Kiefern hinüber. »Er singt ganz sicher für dich.«

Als ich mit frischem Mut und neuer Energie meinen Schubkarren anhob, wer hätte da an meiner Stelle gesagt, daß er nicht für mich sang?

Kapitel 6

Endlich kam unser Telefon – ein plumper schwarzer Apparat ohne Wählscheibe oder Tasten, der senkrecht an unserer Küchenwand hing. An der Seite ragte wie ein verkümmertes Ärmchen eine kleine Kurbel heraus, mit der wir die Vermittlung im Dorf rufen konnten; die wiederum kurbelte Kilrush an, und dort würde man uns mit Dublin und der Welt verbinden. Aber noch gab das Telefon keinen Laut von sich, denn noch waren wir nicht angeschlossen. Es gab Gerüchte, daß wir als Kilmihil 201 nicht an das Amt von Kilmihil angeschlossen werden könnten. Die Schaltkästen, hieß es, ermöglichten jeweils hundert Anschlüsse, und Kilmihil habe nur eine Kapazität für zweihundert Anschlüsse. Inzwischen saßen wir unter dem toten schwarzen Ding an der Wand und blickten durch das Fenster hinaus auf den grünen Flickenteppich aus Wiesen und Feldern und zu den fernen Hügeln, hinter denen, irgendwo im Telefonland, Manhattan lag.

An den Fuchsienstauden, die unseren Garten so markant umrahmen, haben sich winzige rote Tropfen gebildet. Ein Zeichen, daß der Sommer beginnt? Seit wir hier sind, hat man uns immer wieder erzählt, der letzte Sommer sei phantastisch gewesen. Sonne von Mai bis Oktober. Ich hoffe, daß dieser Sommer genauso wird. Aber der Mai mit seinem aufsässigen Wind und den täglichen Regengüssen war sehr enttäuschend. Die Maiblüte – der Weißdorn mit seinen weißen Blütensternchen, der so wundervoll ist, wenn er überall in der Landschaft blüht – ist in diesem Frühjahr ausgeblieben. Kaum irgendwo ein Hauch von Blüte. Im Radio hörten wir, ein alter Bauer in Mayo habe einen langen, nassen Sommer vorausgesagt. Insgeheim bereite ich mich auf das Schlimmste vor.

Ich habe einen Strauß Frühlingsblumen gepflückt: roter Klee, Holunderblüten, Günsel, Hahnenfuß, Traubenhyazinthen, Gänseblümchen, Kuckuckslichtnelken, Ehrenpreis, Storchenschnabel, Veilchen und Schlüsselblumen. Diese Blumen halten mir im Augenblick das ungeheure Gefühl der völligen Abgeschiedenheit vom Leib, das mich befällt, wenn der Himmel grau und regenverhangen ist.

Um der Düsterkeit und dem Gefühl, im Regen eingeschlossen zu sein, zu entfliehen, stellte ich mir die Aufgabe, einige der großen Fichten zu fällen, die an der Straße vor dem Haus stehen und uns den größten Teil der Aussicht nehmen. Ohne den Luxus einer Motorsäge war es ein Tagesjob, und da das Holz bis zum Winter bestimmt nicht trocknen würde, sägte und hackte ich einzig und allein zum Wohl und Frommen unseres Gemütszustands. Chris verfolgte meine Fortschritte vom Küchenfenster aus und brach in lauten Jubel aus, als in einer Ecke des abgeschirmten Gartens das Licht durchbrach und sie endlich über die Weiden mit den Schafen und Kühen bis an den von Bäumen gesäumten Horizont blicken konnte. Und es war wirklich ein Unterschied! Jetzt würden wir jeden Tag einen freien Ausblick auf Wetter, Himmel und Wiesen haben.

Riesige Wolkenfelder zogen über das Land. Im Süden sahen wir ein Stückchen Himmelsblau. Je mehr Land wir von unserem Fenster aus sehen konnten, um so weniger isoliert fühlten wir uns. Es erscheint vielleicht sentimental, aber die überwältigende Schwermut dieser totalen Einsamkeit, die über dem ländlichen Irland hängt, übt auf Chris genauso wie auf mich eine ungeheure Wirkung aus. Diese Schwermut ist das Positivste, aber auch das Negativste in dieser Landschaft, ihr verdankt das Leben hier seine Friedlichkeit und die unbestreitbare Neigung der Menschen zum Spirituellen, aber auch die sich daraus ergebenden dunkleren Dinge wie Verzweiflung und Wahnsinn.

An jenem Abend machten wir einen Spaziergang auf der nach Westen führenden Straße nach Cree. Das Wetter hatte sich inzwischen so eingespielt, daß es am frühen Abend eines grauen Regentags aufklarte; und während wir dahinschlenderten, versammelten sich in den restlichen Wolken die roten und goldenen Farben eines hinreißenden Sonnenuntergangs. Es war eine märchenhafte Abendstimmung. Und als wir zu dem verfallenen alten Haus kamen, dem Haus, das dem unseren am nächsten lag, stiegen wir über das rostige Tor, um es uns näher anzusehen. Vor uns erstreckte sich eine lange, anmutig geschwungene und von Weißdorn gesäumte Allee, überwuchert von Brombeerranken und Brennesseln. Zwischen den Pflastersteinen, über die einst elegante, von Pferden gezogene Kutschen zu dem großen Haus gerollt waren, wuchsen Unkraut und Gras. Weiter hinten, abseits der Straße, lagen die Felder, säuberlich durch Steinmauern unterteilt; ein halbes Dutzend Ställe mit eingefallenen Dächern zeugte von einer Zeit, als hier Pferde gehalten wurden. Auf der Vorderseite des ramponierten Steinhauses befand sich eine Art Veranda mit Stufen, die zur Eingangstür führten. Einst war dieses Haus, so hatte man uns erzählt, das größte und vornehmste Haus in Kiltumper gewesen. An Fest- und Feiertagen waren die Menschen hierhergekommen, um Musik zu hören, denn es war das erste und vielleicht einzige Haus in der Gegend mit einem Klavier. Als wir an jenem Abend darauf zugingen, war es unmöglich, nicht von der Traurigkeit berührt zu sein, die es umgab. Kathleen, die Dame des Hauses, war das einzige Kind gewesen. In dem großen eleganten Haus wird sie der sonderbaren Wirkung kaum entkommen sein, die die Einsamkeit hier im Westen an regnerischen Tagen ausübt, diese Einsamkeit, die auch uns allmählich belastete. Wenn sie auf dem Klavier Mozart spielte oder wenn sie mit dem Fahrrad ins Dorf fuhr, hatte auch sie die Traurigkeit des Alleinseins gefühlt. Es hieß, sie sei »gebildet« gewesen. Jeden Tag sei sie nach Kilrush in die Klosterschule geradelt. Kathleen wußte viel. Sie las Bücher und lebte allein in ihrer eigenen Welt. Von den Nachbarn wurde sie wegen ihrer Gelehrsamkeit gemieden.

Während die Sonne langsam hinter dem Horizont verschwand, machten wir einen vorsichtigen Rundgang um das Haus. Es war nicht schwer, sich in dem sterbenden Licht vergangene Herrlichkeit vorzustellen. Der Abendwind war kaum mehr als ein Hauch, und auf den angrenzenden Feldern galoppierten zwei Pferde, ein Rappe und ein Schimmel, wild und frei durch den Ginster. Aus dem Haus drang ein unheimlicher Chor von kleinen Geräuschen, so schwach, daß man nicht sagen konnte, was es war – das Rascheln von Mäusen? Huschende Fledermäuse? Wir forschten nicht weiter nach. Ein Blick durch ein offenes Fenster zeigte uns den schief stehenden, wurmstichigen Flügel, daneben den Rahmen eines alten Fahrrads. Uns fror bis ins Mark, als wären wir an eine Stätte des Wahnsinns gelangt. Ein Luftzug ließ die Geräusche im Haus anschwellen, der Dachstuhl knarrte, und wir hatten beide das Gefühl, es sei jemand anwesend. Der Schatten eines Geistes bewegte die Spinnweben, und wir eilten die verwilderte, dunkle Allee entlang, im Rücken das leise Geräusch – raschelnde Blätter, huschende Fledermäuse oder der Nachklang vergessener Melodien in den morschen Saiten des Flügels.

Von Geistern zu Feen ist nur ein kleiner Schritt. Der Glaube an Feen und Elfen ist in manchen Teilen des Westens noch heute so lebendig, daß eines der Felder auf der Ostseite unserer Farm nie bestellt wurde. Der Grund dafür war, wie wir später erfuhren, daß sich dort eine Feenfestung befand, und wer die Feen störte, dem drohte wer weiß welches Unglück. Unsere Feenfestung liegt auf einem Erdhügel, ein Kreis mit einer kleinen Mulde in der Mitte, aus der ein eigenartig (soll ich sagen feenhaft?) schiefwinkliger Weißdorn hervorwächst. Er hat eine gewisse geheimnisvolle Schönheit, und da man, nach der Feenlegende, von einer Feenfestung aus immer eine zweite sehen kann, blickt man von der unseren hinab in ein weites Tal, aus dessen Grün sich ein ebensolcher Erdhügel erhebt.

Es gibt viele Geschichten, die in halb ungläubigem Ton erzählt werden, über merkwürdige Menschen, seltsame Käuze, die angeblich »mit den Feen fort« sind.

Michael Donnellan erzählte mir, einer seiner Verwandten sei in Wahrheit der erste Mensch gewesen, der weiter als einhundert Meter flog, dank der Feen. Dieser Mann saß rittlings auf dem First eines Reetdachs, das er ausbessern wollte, und blickte hinunter auf die Wiesen, wo das Heu gemäht wurde. Da taten sich plötzlich die Feen, von denen man weiß, daß sie sich gern einen Jux erlauben, mit einem Wind zusammen und ließen das Dach mit dem Mann darauf von dem Haus abheben und wie ein Flugzeug über die Wiese fliegen.

»Das komische dabei war«, sagte Michael, »daß ihm kein Haar gekrümmt wurde.«

Meine direkte Begegnung mit den Feen war weniger dramatisch. Es geschah an einem der seltenen schönen Tage. Wir arbeiteten auf dem Moor, Michael an der Wand, ich mit dem Schubkarren. Über allem lag vollkommene Stille.

»Pst, Niall, hörst du die Feen?« fragte Michael plötzlich. Er wirkte völlig ernst, hielt den Spaten in beiden Händen und horchte mit einem Ohr nach Westen. »Die Feen ziehen vorbei. Schau hin, dort drüben kommen sie.«

Und dort drüben, fünfzig Meter von uns entfernt, an einer abgelegenen Stelle des Moors, war der blaue windstille Tag wie verwandelt. Ein wilder Wirbelwind fuhr über Gras und Heidekraut. Doch wo wir standen, regte sich nicht das leiseste Lüftchen. Wir hörten nur ein seltsames Murmeln, als ob Tausende winziger Füße im Kreis durch das Heidekraut tanzten. Der Wind bewegte sich auf uns zu. Wo er eben noch gewesen war, herrschte wieder völlige Ruhe. Und plötzlich hatte er uns erfaßt. Wir befanden uns mitten in einer ganz und gar unglaublichen, wirbelnden Bö, hielten Spaten und Torfgabel fest, und die Feen zogen vorbei. Der Wind ließ unsere Haare senkrecht nach oben stehen, und als wir uns anblickten, konnte sich keiner sein albernes Kichern verkneifen.

»Eine Perücke wärst du jetzt los«, rief Michael.

Ich wußte nicht, was ich sagen sollte. Weder zuvor noch später habe ich etwas Ähnliches erlebt. Ich stand nur verblüfft und wie vom Donner gerührt da, bis es

– bis *sie* das Heidekraut genug geschüttelt hatten und uns an einem wieder völlig unbewegten, windstillen Ort zurückließen.

»Das ist ein sicheres Zeichen für schönes Wetter«, sagte Michael.

Sechs piepsende gelbe Küken. Eine Woche sind sie alt, diese niedlichen Flaumfederbällchen. Aus einer Apfelsinenkiste habe ich ihnen einen kleinen Stall gebastelt, mit Tür und Futtertrog. Wir haben beschlossen, sie ein paar Tage im Haus zu behalten, bis sie sich an das kühle Maiwetter gewöhnt haben und in ihren eigenen, weiß gekalkten Stall zu den Hühnern ziehen können. Ich muß mir immer wieder sagen, daß diese Küken keine Haustiere sein werden, daß sie anders als die Hühner Audrey, Henrietta, Morgan und Thornton keine Namen bekommen werden, denn in zehn Wochen werden sie groß genug sein, um geschlachtet und gebraten zu werden. Werde ich je imstande sein, sie zu schlachten? Sie sind so entzückend, wenn sie sich wärmesuchend aneinanderkuscheln, keines größer als ein Säuglingsfäustchen. Sie piepsen den ganzen Nachmittag und lösen fürsorgliche, liebevolle Gefühle bei uns aus. Wir benehmen uns wie junge Eltern, die sich bei ihnen einschmeicheln wollen. Sie sind wie alle Neuzugänge auf unserer Farm ein weiterer Beweis für unser Hiersein, für unser tatsächliches, endgültiges Hiersein. Kaum zu glauben, daß wir Manhattan erst vor zwei Monaten verlassen haben.

Während ich heute über die enorme Umstellung in unserem Lebensstil nachsann, riß mich ein schrilles Kling-klang jäh aus meinen Gedanken: Das Telefon läutete! Wir sind angeschlossen!

Behutsam nahm Niall den Hörer ab, und am anderen Ende ertönte die Stimme von Gregory, unserer Telefonvermittlung im Dorf.

»Willkommen an Bord«, war alles, was er sagte.

Kilfenora und Corofin, Lisdoonvarna und Miltown Malbay. In diesen Namen klingt Musik. Überall im Land, von Killaloe bis Kilkee, von Carrigaholt bis Ballyvaughan hört man die Jigs und Reels, die auf Pfeifen, Flöten und Fiedeln auch in den kleinsten Schenken entlang der Atlantikküste von Clare gespielt werden. Sagt man Doolin, weiß jeder, man spricht von Musik.

Clare ist berühmt für irische Volksmusik. Wir hatten schon so viel darüber gehört, und doch hatten wir nach drei aufregenden, arbeitsreichen Monaten noch nicht die Zeit gefunden, zu einem *seisiun* zu gehen, einem formlosen Treffen von Musikanten. Wir steckten mit Haus und Garten bis zum Hals in Arbeit, so daß uns Musik als ein Luxus erschien, der es nicht rechtfertigte, daß wir am frühen Abend das Haus abschlossen und uns im Peugeot auf den Weg machten, während unsere Nachbarn die wenn auch nassen, aber doch immer länger werdenden Sommerabende fleißig nutzten. Aber schließlich waren wir auch nach Irland gekommen, um typisch Irisches wie diese *seisiuns* aufzuspüren.

Eines Donnerstags erschien im *Clare Champion* eine große Anzeige, die die Scoil Samhraidh Willie Clancy ankündigte mit Vorträgen, Kursen und Konzerten im Gemeindesaal von Miltown Malbay. Das war es. Wir mußten unbedingt hin.

Obwohl Willie Clancy nicht mit den international berühmten Clancy Brothers verwandt ist, gilt er als der gefeiertste Pfeifer und Bläser aus Clare. Er wurde 1918 an Heiligabend geboren. Mit seiner Mutter begann er zu musizieren und beherrschte schon bald die schwierige Kunst, auf der *tin whistle,* einer kleinen, hoch und scharf klingenden Flöte, zu spielen. Später zog er auf der Suche nach Arbeit von Clare nach Dublin und von dort nach London, wo er unter vielen anderen irischen Musikern als Pfeifer Berühmtheit erlangte. Er war Mitbegründer von Na Piobairi Uilleann, den Irischen Pfeifern, und als er nach dem Tod seines Vaters nach County Clare zurückkehrte, war er einer der angesehensten Musiker in Clare, ja, im ganzen Land. Sein Name und seine Musik lebten auch nach seinem Tod im Jahr 1973 weiter. In der *scoil sambraidh* oder Sommerschule, die jedes Jahr in Miltown stattfindet, kommen für eine Woche einige der besten Volksmusiker zusammen, aus Irland, Europa und sogar aus Amerika. Sie musizieren zur Erinnerung an Willie Clancy und geben dabei die traditionelle Musik an die jüngere Generation weiter. Eine Woche lang erklingt im Juli in Miltown Malbay Tag und Nacht irische Musik.

Der Abendhimmel war bewölkt – die vorherrschende Wetterlage, die uns in zunehmendem Maße beunruhigte. Chris trieb unsere jüngste Erwerbung, drei schnatternde Enten namens Larry, Darrell und Durrell, im Gänsemarsch in den Stall. Wir sperrten die Hühner und Küken ein und stopften den Stanley bis obenhin voll Torf, damit die Küche während unserer Abwesenheit warm blieb. Schon als wir losfuhren, hatten wir Musik im Kopf. Die Abkürzung nach Miltown war ein graues Band, das sich unter einem düsteren Himmel vor uns abspulte. Es ist eine Straße der spezifischen Hinweisschilder: Dalys gewaltiger Charolais-Bulle – rechts; die falsche Abzweigung, die nach Mullagh führt; die Senke, nach der es plötzlich hinaufgeht, und dann der Blick auf die schimmernden weißen Brecher der See. Wenn man auf dieser Straße fährt, spürt man die Stimmung des Meers schon von weitem. In Miltown waren die Straßen von Autos gesäumt. Die Menschen, die an Wiesen und Straßenrändern aus ihren Autos stiegen und in den Ort strebten, hatten alle den gleichen Ausdruck in den Augen. Die ganze Hauptstraße entlang bis hin zur Kirche spielten Fiedler und Pfeifer, und in beinahe jedem Hauseingang und hinter jedem offenen Fenster wurden Hornpipes und Reels getanzt. Wir hatten das Gefühl, ein wundervolles Fest zu besuchen. Und es war wirklich ein Fest. Vier junge Frauen, die offensichtlich in keinem Lokal mehr Platz gefunden hatten, begannen aus dem Stegreif mitten auf dem Fußweg einen Clare-Kontertanz zu tanzen. Viele Leute, junge und alte, trugen einen Geigen- oder Flötenkasten, und sie schienen stets dicht davor, aus purer Freude und ganz spontan irgendwo mitspielen zu wollen.

Im Gemeindesaal zahlten wir zwei Pfund *cead steach* – Eintrittsgeld – für die Hauptvorstellung, ein Pfeifen- und Flötenkonzert, bei dem die Elite der Clare-Volksmusiker mitwirkte. Im Saal herrschte spürbare Erregung. Männer und Frauen mit ihren Kindern und Studenten mit Kassettenrecordern blickten erwartungsvoll dem Auftritt der großen Könner entgegen.

Nach einer kurzen Ansage betrat Michael Tubridy aus Kilrush mit seiner Flöte das Podium. Er kniff die Augen zu, ließ die Finger über die Blaslöcher huschen, und unter den Zuhörern trat völlige Stille ein, als die traurig-schönen Airs und zauberisch-lebhaften Jigs den Saal in einen nächtlichen Mittsommerwald zu verwandeln schienen, wo unter den Sternen scheinbar mühelos Feenmusik gespielt wurde. Hier gab es keine besonderen Effekte, keine Lichtspots, keine Kostümierung, nur eine Parade hervorragender Musiker – Brid O'Donoghue, Bill MacNamara, Seamus MacMathuna aus Cooraclare, Mick Gavin aus Doonbeg – und jeder spielte alles, was er konnte, zur Freude und Unterhaltung seiner Zuhörer. Während wir verzückt lauschten, begriffen wir das »traditionelle« Element der traditionellen Musik erst richtig. Bevor ein Pfeifer oder Flötist zu spielen begann, wurden das Stück sowie Ort und Zeit seiner Entstehung angesagt.

»Ich lernte diesen Reel von einem Mann aus Donegal. Er hieß Micko Dea, und er spielte das Stück auf der Konzertina. Es heißt ›The Road to Sligo‹.« Nahezu jeder Reel und jeder Jig hatte eine ähnliche Geschichte; der Name des Komponisten wurde genannt, manchmal hieß sogar das Stück nach ihm, so daß im Lauf der Zeit Musik und Musiker eins wurden. Die Überlieferung blieb lebendig. Die Zuhörer lauschten ehrfürchtig, und nur manchmal, wenn ein allzu mitreißender Hornpipe erklang oder ein besonders lebhafter Reel, tappten die Füße den Takt dazu.

Die schönste Musik des Abends bescherte uns Donnacha O'Brien, der im Rollstuhl auf die Bühne getragen wurde. Nach einer langen Pause setzte er die Pfeife an die Lippen, und während seine Finger wie Schmetterlingsflügel auf dem Instrument flatterten, spielte er ein Air, das so traurig klang, daß alles im Saal verstummte. Die Melodie weinte und klagte. Uns schnürte sich die Kehle zu. Wir hörten den Wind wehen und den Regen auf dem Dach, aber worauf es wirklich ankam in diesem Moment, war der Mann auf der Bühne, der auf seiner Pfeife »The Lament of Gavin Wallace« spielte. Langsam und melancholisch klang die Weise durch den Saal und führte uns mit jedem Ton die zerklüftete Landschaft von Clare vor Augen, die brodelnde See, den Regen und jede einzelne meilenweit leere Straße.

Wir konnten nicht traurig nach Hause geschickt werden. Micko Russell sollte den Abend beschließen. Munter kam er auf die Bühne, und unsere Stimmung sprang sofort um. Er war über siebzig, und sein Ruf war ihm vorausgegangen. Groß, mit einem dicken Bauch und fröhlichem, spitzbübischem Gesicht, war er ein Genie auf der *tin whistle*, die er seit seiner Kindheit spielte. Als er sich mit seinem mächtigen Körper auf einem kleinen Hocker niederließ, wirkte die Pfeife in seiner Hand winzig und leblos. Seine Augen tränten, er atmete schwer. Wir warteten. Dann hob er ganz plötzlich die Pfeife an den Mund, als steckte er einen Schlüssel in ein Schloß. Micko Russell erwachte zum Leben. Ein wundervoller schneller Jig tänzelte daher, und Mickos gewaltiger Körper hüpfte und schaukelte im Rhythmus dazu. Er schien richtig »angetörnt«, wie man im Zeitalter der Popmusik sagt, denn solange er spielte, war er selbst ein Tanz, wippendes Fett und spielende Muskeln, und seine Blicke flitzten wie Vögel im Saal hin und her. Und als er aufhörte zu spielen und die Pfeife absetzte, war Micko Russell wieder zurückverwandelt in den alternden Mann, der vor vierhundert Zuhörern auf einem kleinen Hocker auf dem Podium sitzt. Es war, als wäre ein Zauber von ihm gewichen. Und dann war er wieder wie eine lustige Marionette, die von einem Puppenspieler bewegt wurde. Als er die Pfeife ansetzte, schwangen die heiteren, unbekümmert wirbelnden Hornpipes, Jigs und Reels der Hochzeits- und Mitternachtstänze oder *ceilis* das Zepter. Es gab kein Halten mehr. Micko spielte und spielte, bis auch die phlegmatischste Schuhspitze klopfte, alle Gesichter vor Freude strahlten und alle Sorgen vergessen waren.

In dieser fröhlichen Stimmung ging das Konzert zu Ende. Die Menge strömte hinaus auf die Straßen von Miltown, wo wieder und immer noch gespielt und getanzt wurde. All diese Musik schien Teil einer nie endenden Melodie zu sein, die aus dem Land aufstieg.

Leute mit Krügen in der Hand eilten an uns vorbei. Ein Reel vermischte sich mit dem anderen, sobald sich eine Wirtshaustür öffnete und die dort gespielte Musik herausdrang. An der Straßenecke hatte jemand einen Grill nach amerikanischem Vorbild improvisiert. Chris stieß einen Schrei des Entzückens aus, und wir eilten darauf zu, während der Mond zaghaft aus seiner Wolkendecke hervorlugte.

Kapitel 7

Dem Zauber von Musik und Tanz stand eine ernüchternde Realität gegenüber: das Wetter. Das irische Wetter ist berüchtigt. Regen, Nebel und orkanartige Stürme sorgen für seinen schlechten Ruf. Dennoch habe ich in diesem Land dreiundzwanzig Sommer erlebt, in denen die Sonne bis elf Uhr nachts schien und wir so viele Tage am Meer verbrachten, daß wir sie nicht zählen konnten. Die Hitzewellen des Sommers 1984 brachen alle Rekorde. Warum sollten wir uns vor dem diesjährigen Sommer fürchten? Nach ein paar sonnigen Maitagen auf dem Moor wurde der Himmel grau, und es verging kein Tag ohne Regen. Der Juni war mit Ausnahme von drei sonnigen Tagen ein einziger Reinfall. Jeden Morgen trat Chris ans Küchenfenster und blickte hinaus, nur um festzustellen, daß Hayes' Hill vom Nieselregen verschleiert war. Es regnete Tag für Tag, von morgens bis kurz vor Sonnenuntergang. An Gartenarbeit war nicht zu denken. Da wir keine Arbeit mehr hatten außer der, die draußen auf uns wartete und die wir unter diesen Umständen nicht tun konnten, fühlten wir uns mehr denn je als ein Teil des Wetters. Wir konnten nicht einfach in den Zug nach Manhattan steigen, in Gummistiefeln und im Schutz des Regenschirms in eine geheizte Vorhalle flüchten, ins Büro hinauffahren, uns umziehen, hinsetzen und auf Kaffee und Krapfen warten. Wir waren auf trockene oder zumindest halbwegs trockene Tage *angewiesen.* Unser Torf lag oben auf dem Moor, und er würde nicht trocknen, wenn es nicht aufhörte zu regnen. Ein kühler Juni bedeutete außerdem, daß jeden Morgen als erstes Feuer gemacht werden mußte, was unseren Torfvorrat rapide schrumpfen ließ. Wie unsere Nachbarn warteten wir allabendlich gespannt auf den Wetterbericht, und jeden Morgen saßen wir am Fenster und hielten Ausschau nach einem Anzeichen für besseres Wetter.

Die üblichen Meinungsäußerungen und Prophezeiungen der Einheimischen ließen nicht lange auf sich warten. Von bösen Omen war die Rede. Seit Mitte Mai habe man den Kuckuck nicht mehr gehört; und einer erinnerte sich an den Beginn eines Sommers wie diesen – den Schwarzen Sommer von 1947, den schlimmsten seit Menschengedenken.

Als sich die regengrauen Tage auch im Juli fortsetzten, begannen die Leute vom heiligen Swithin zu sprechen. Am 15. Juli ist in Irland St.-Swithins-Tag, und jeder weiß, wenn es an St. Swithin regnet, regnet es weitere vierzig Tage lang. Woher die Legende stammt, berichtet das *Journal of the Cork Historical and Archaeological Society*:

> Als St. Swithin nach der Totenwache beerdigt wurde, meinten die Mönche seines Klosters, das schlichte Haus der Erde zieme sich nicht für ihren Herrn Abt, und sie beschlossen, ein prächtiges Mausoleum zu bauen, das seiner Bedeutung eher entsprach und der Welt zeigen sollte, wie sehr sie ihn sogar im Tode liebten. Aber der Heilige, dem schon zu Lebzeiten Prunk und Protz zuwider gewe-

sen waren, bat seinen göttlichen Herrn (wie einem der Mönche später offenbart wurde) zu verhindern, daß so viel Zeit und Geld verschwendet würde, da beides sehr viel sinnvoller für die Armen und Bedürftigen aufgewendet werden könne.

Als seine Mönche das schöne und teure Mausoleum fertiggestellt hatten, bestimmten sie einen Tag (den 15. Juli), an dem die sterblichen Überreste des Heiligen exhumiert und öffentlich zu ihrer neuen und, wie sie glaubten, angemesseneren Ruhestätte überführt werden sollten. Aber Gott hatte die Bitte seines bescheidenen Dieners erhört. Am frühen Morgen jenes 15. Juli öffneten sich die Schleusen des Himmels wie einst in biblischer Zeit, und es regnete und regnete ohne Unterlaß mehrere Tage. Meilenweit war das Land überflutet, was allen Beteiligten, einschließlich dem heiligen Swithin, große Sorge bereitete. Sie beteten zu Gott, daß er seinen Zorn von ihnen abwende, und erflehten Fürbitte von ihrem guten und frommen Abt Swithin. Darauf erschien St. Swithin einem seiner Mönche und offenbarte ihm, wie sehr dem Vater im Himmel ihre nutzlose Protzerei mißfalle und daß er selbst sich jegliche Störung seiner Grabesruhe verbitte, ein für allemal. Die Mönche gehorchten, aber zur Erinnerung an St. Swithin sind die vierzig Tage nach einem verregneten St.-Swithins-Tag für den Landwirt eine sorgenvolle Zeit geblieben.

Deshalb also warteten wir auf den St.-Swithins-Tag. Am 14. Juli lagen sechs Wochen Regen hinter uns, und nachdem wir die Legende von vielen Leuten gehört hatten, warteten wir wie alle hier nervös und gespannt. Das Wetter war inzwischen Thema eines jeden Gesprächs. Die Zeitungen brachten eine Spalte mit den Niederschlagsmengen, Almanache wurden zu Rate gezogen. Aber entlang unserer kleinen Straße war nichts so entscheidend wie der St.-Swithins-Tag. Das Heu mußte geerntet, der Torf eingefahren werden. Der Mann, der die Wettervorhersage am Vorabend von St. Swithin machte, erwähnte die Legende mit keinem Wort, gab aber auch keinen Anlaß zur Hoffnung. Wir wurden überflutet von Tiefdruckgebieten. Gedrückter Stimmung gingen wir zu Bett.

Am Morgen regnete es. Es regnete ohne Unterbrechung den ganzen Tag und weitere vierzig Tage lang ohne einen einzigen trockenen Tag.

Aus meinem Garten, von dem ich an meinem Schreibtisch in Manhattan mit so törichtem Optimismus geträumt hatte, wird nichts werden. Nur das Unkraut wächst. Tomaten, Paprika und Zucchini kümmern dahin in diesen kühlen, sonnenlosen Tagen; Kartoffeln, Karotten und Kohl macht dieses Wetter anscheinend nichts aus. Meine Zuckererbsen, armselige Waisenkinder des Gartens, sind vom Sturmwind zerzaust. Wir bauten die Rankstützen in Erwartung milden Sommerwetters. Statt dessen wirft ein böiger Wind aus schwarzen Wolken das ganze Gestell hin und her und läßt es flattern wie ein killendes Segel. Immer wieder bin ich im Juli in Gummistiefel und Regenmantel hinausgegangen und habe versucht, die Ranken hochzubinden, die Stützen fester im Boden zu verankern, dem Wind die Stirn zu bieten. Inzwischen kommen Woche für Woche Briefe aus New York, in denen von Hitzewellen und Dürre die Rede ist, von Klimaanlagen und Wasserknappheit, von staubigen Gärten, die nicht genügend gegossen werden können, von früh reifenden roten Tomaten ...

Regen. Elend. Ich bin niedergeschlagen und gräme mich.

Eines stürmischen grauen Morgens saßen wir nervös in der Küche – auf dem Herd summte ein großer Kessel voll Wasser – und warteten auf Mary, die über kurz oder lang die Straße heraufkommen würde mit einem langen Fleischmesser in der einen und einer weißen Porzellanschüssel in der anderen Hand: Zwei von unseren Hühnchen waren schlachtreif.

Weil keiner von uns je etwas Größeres als eine Fliege getötet hatte und weil unser Ratgeberbuch vor den Gefahren solchen Tuns warnte, baten wir Mary, uns zu helfen. Das heißt, wir fragten, ob wir ihr helfen dürften. Am Abend zuvor hatten wir die beiden unglücklichen fetten Hühnchen von den übrigen getrennt und ihnen nichts mehr zu fressen gegeben. Als wir die anderen am Morgen fütterten, hörten wir ihr gedämpftes Gegacker aus der Gefängniszelle. Schuldbewußt kehrten wir ins Haus zurück. Wir bereuten beide die ganze Geschichte, versuchten jedoch, unsere Nachbarn nichts merken zu lassen, damit sie uns nicht für Feiglinge hielten. Und wir hegten beträchtliche Zweifel. Würde Chris ein solches Hühnchen überhaupt essen können, nachdem sie es seit Wochen gehegt und gepflegt hatte? Ein Hühnchen aus dem Supermarkt zu essen, war kein Problem – aber ein eigenes?

Doch zum Philosophieren blieb keine Zeit. Mary kam durch den Regen den Gartenweg herauf, das lange Schlachtermesser vor sich hertragend. »Der Schlächter von Kiltumper ist da!« rief sie vergnügt. Hatten wir alles vorbereitet? Zeitungen ausgebreitet? Einen Eimer? Kochend heißes Wasser? Gut. Chris blieb im Haus, um das Wasser am Kochen zu halten, während ich mit Mary zum Hühnerstall ging.

Wie viele gerupfte und tiefgefrorene Hühnchen hatte ich schon gesehen? Das lebende Ding erschien mir jetzt völlig anders. Als wir den Stall betraten und die Tür hinter uns schlossen, hörten wir aufgeregtes Gegacker. Ich stellte mir vor, daß die Hühner Bescheid wußten, als wir uns ihnen im Halbdunkel näherten.

Mary hatte das Messer, ich die Porzellanschüssel, und ich war so angespannt, als stünde mir ein Kampf bevor. Ich hatte keine rechte Vorstellung davon, was mich erwartete, nur vage Erinnerungen an grausige Geschichten von kopflosen Hühnern, die, ihr Blut verspritzend, in einer Art Totentanz umhersprangen. Ich konnte kaum atmen. Plötzlich hatte Mary ein Hühnchen erwischt. Sie packte es an den Beinen und hielt es mit dem Kopf nach unten, während das Tier mit den Flügeln schlug und die Federn flogen. Ich stellte die Schüssel auf den Boden.

»Paß auf, Niall. Fühl mal hier. Spürst du die kleine Kuhle?«

Sie riß dem Hühnchen am Hals ein paar Federn aus und legte ein Stückchen rote Haut frei. Ich legte meinen Finger darauf und fühlte eine warme kleine Höhlung.

»Da«, sagte sie, »siehst du?« Und schon fuhr das Messer darüber. Vier saubere, kräftige Schnitte und der Kopf baumelte herab wie ein Sack. Ich hielt die Beine und Flügel, Mary den Kopf, und als das Blut zu fließen begann, zielte sie genau in die porzellanweiße Schüssel. Die Flügel zuckten krampfartig, das Hühnchen wand sich unter meinem Griff, und etwas Blut spritzte neben die Schüssel ins Stroh und färbte es dunkel. Die Schädelhöhle füllte sich mit Blut und wurde, bevor sie überlief, wie eine Tasse über der Schüssel ausgeleert. Es stank im Stall, daß man kaum zu atmen wagte, und ich dachte, mir würde gleich schlecht.

Neben mir stülpte Mary sachkundig eine Tüte über den baumelnden Hühnerkopf.

»Eines wäre geschafft«, sagte sie, als sie den Kadaver in den Eimer legte, zum Messer griff und sich dem zweiten Opfer zuwandte. Der Vorgang wiederholte sich. Aus dem in der Schüssel aufgefangenen Blut wollte Mary Blutwurst machen. Ein zweiter Kopf erbleichte, lose an einem Hautfetzen baumelnd; ein zweiter kleiner Plastikbeutel wurde darüber gestülpt, und dann waren wir fertig. Ich öffnete die Stalltür und trat ins Freie. Es regnete noch immer, und wir rannten mit unseren zwei toten Hühnern so schnell wir konnten ins Haus – ins Leichenschauhaus.

Chris steckte den Kopf zur Küchentür heraus. »Ist es erledigt?«

»Erledigt«, erwiderte ich schwach. »Bring das Wasser.«

Plötzlich, wie aus heiterem Himmel (in unserem Fall wie aus düsterem Himmel), brach auf den Wiesen Betriebsamkeit aus. Wir wußten nichts über den bäuerlichen Jahresrhythmus, die kritischen Zeitpunkte in der Landwirtschaft. Eigentlich hatten wir noch nicht richtig begriffen, warum die Bauern so über das Wetter klagten. Ihre Wiesen waren in den tagelangen Regenfällen braun geworden, und nichts geschah. Und dann, ganz plötzlich, an einem etwas milderen, halbwegs trockenen Tag, dröhnten die Traktoren, die Ballenpressen und Mähmaschinen. Die Bauern riskierten es. Die Heuernte begann.

In West Clare macht man Heu wie eh und je. An einem trockenen Hochsommertag wird das Gras geschnitten, mehrmals gewendet, je nach dem »Wetter«, das darin steckt, und dann zum weiteren Trocknen zu kleinen Haufen zusammengerecht oder an Heureutern aufgehängt, bevor es glücklich eingefahren werden kann. Drei aufeinanderfolgende trockene Tage braucht man dazu. Bei schönem Wetter ist Heuen eine befriedigende Arbeit. Die sauber abgemähten goldgrünen Felder mit den Heureutern darauf sind ein wohltuender Anblick. Ein Kreis ist geschlossen. In diesem Jahr verzögerte das feuchte Wetter die Heuernte, und unsere Nachbarn trommelten ungeduldig mit den Fingern auf den Tisch, bis eines Tages, beim ersten Anzeichen für einigermaßen trockenes Wetter, nicht mehr länger gewartet werden konnte. Vom frühen Morgen bis zum späten Abend tuckerten die Traktoren. Männer, Frauen und Kinder waren mit Heugabeln unterwegs und wendeten Heu, stets mit einem Auge nach dem milchweißen Himmel schielend. Würden sie es schaffen? Oder würde sich gutes Heu in schlechtes verwandeln?

Auf der anderen Seite gab es die Silomacher. Die landwirtschaftlichen Berater empfehlen den Bauern heute, Silo statt Heu zu machen. Bei Gärfutter ist die Abhängigkeit vom Wetter längst nicht so groß, und ein guter Landwirt kann von einer Wiese statt einmal Heu dreimal Silofutter ernten. Die Silogrube muß auszementiert und so angelegt werden, daß das giftige Silowasser nicht in Entwässerungsgräben oder Bäche gelangen kann. Das eigentliche Problem sind jedoch die teuren Maschinen. Um Silo zu machen, was in der Tat wesentlich einfacher ist, als Heu zu ernten, braucht ein Bauer eine Mähmaschine, einen Ladewagen sowie zwei weitere Traktoren, um das geschnittene Gras, das abgeladen und zu großen rechteckigen Haufen ausgebreitet wird, zu pressen, indem sie immer wieder darüber fahren, bis ein möglichst luftdichter »Keil« entsteht. Diese Keile sind ungefähr 17 m lang, an der höchsten Stelle 4 m hoch und 5 m breit. Der Silagekeil wird mit einer schwarzen Plastikplane so abgedeckt, daß möglichst keine Luft zirkulieren kann.

Die meisten unserer Nachbarn bleiben beim Heu, obwohl die Heuernte zeitraubender und häufig Glücksache ist. Wir leben in einem traditionsbewußten Dorf. Aber auch hier halten die modernen Methoden Einzug. Während die Heubauern auf den Wiesen arbeiteten, konnten die Silobauern in aller Ruhe auf besseres Wetter warten. Sie fühlten sich nicht vom Wetter unter Druck gesetzt. Sie konnten im Traktor hinausfahren, eine begonnene Heuernte, die andere verzweifelt zurücklassen mußten, im strömenden Regen liegen sehen und Gott danken, daß sie sich für Silofutter entschlossen hatten.

Sag mir, wie es dort sein wird, Niall.

Wer hätte dies vorhersehen können? Diese eisengrauen Tage, die tiefhängenden Wolken, diesen ewigen trostlosen Regen? Wie hätten wir uns vorstellen sollen, daß wir im Nieselregen Tumper's Hill hinaufstapfen würden, um mit gebeugtem Rücken und durch Pfützen patschend unseren Torf aufzuschichten? Der Kampf um die Einbringung des Torfs begann in den ersten Julitagen. Es genügte nicht, den Torf zu stechen und auf dem Moor auszulegen. Die zweite Arbeitsphase hieß schichten. Drei Torfsoden wurden aufrecht gegeneinander gelehnt zu *grogans,* die aussahen wie winzige Indianertipis; ein vierter Soden kam quer oben drauf. Auf diese Weise soll der Torf langsam in Wind und Sonne trocknen. Als wir jetzt hier oben arbeiteten, um Brennmaterial für den Winter zu haben, fegte der Wind über uns hinweg, und es herrschte eine andere Atmosphäre als während der frohgemuten, hemdsärmeligen Tage des Torfstechens. Kein Kuckuck, kein Picknick mit Braunbrot und heißem Tee. Wir stöhnten über wunde Hände, denn die

Soden waren härter und rauher geworden; mit schmerzendem Rücken fragten wir uns, ob wir den Torf jemals trocken und schön gestapelt in unsere Scheune bekommen würden. Wir arbeiteten drei Stunden. Über völlig aufgeweichte Wiesen kehrten wir nach Hause zurück. Das Moor war bei diesem Wetter unbegehbar.

»Habt ihr euren Torf im Haus?«

»Nein.«

»Ist er trocken?«

»Nein.«

»Es ist wirklich ein ganz schreckliches Jahr.«

An jedem trockenen Tag und immer, wenn es Anzeichen gab, daß es sich aufheitern würde, gingen von den Familien, die Torf stachen, Mann und Frau ins Moor. Wenn wir in die Läden kamen, wurden wir gefragt, ob wir im Moor oben waren oder gerade hinaufgingen. *Winning the turf* die Torfgewinnung –, wie es so passend heißt, ist auch Frauenarbeit, und so sind die Torfmoore Orte, wo Paare gebeugt und schweigsam den sich ewig wiederholenden Kampf gegen das Wetter führen. Das leise mahnende Gefühl, sich auf den Winter vorbereiten zu müssen, scheint im bäuerlichen Leben zwischen Heuernte und Torfgewinnung stets gegenwärtig zu sein.

Sag mir, wie es dort sein wird, Niall.

Der feuchte Sommer hatte Chris bis jetzt wenig Licht zum Malen gegönnt. Die erträumten Sommerlandschaften waren ausgeblieben: Statt dessen hatte Chris ihre Staffelei in der Küche aufgestellt und malte Aussichten von drinnen nach draußen – Bilder, die ebenfalls auf anderes Wetter zu warten schienen. Sehnlich erwartet wurden die Tage am Meer, schwimmen, joggen, T-Shirts, Badeanzüge, all die leichten, heiteren Dinge, die zum Sommer gehören. Unter dem Druck der grauen Wolken dachten wir öfter an frühere Sommer; wie wir uns nach einem Tag im Büro in den Swimmingpool gestürzt hatten; wir dachten an Maiskolben, Picknicks im Grünen und Sonnenbräune. Ich dachte an Sommerkleidung und die süße, schwüle Üppigkeit im August. Chris redete von zu Hause, von vertrödelten Tagen, im Freien schlafen, vom Zirpen der Grillen in einer klaren Nacht und wie sie, mit einem riesigen Glas frischen Orangensaft neben sich und einem Krapfen, wenn ihr danach war, auf der Veranda sitzend die Sonntagsausgabe der *New York Times* las.

Es waren die schwierigsten Tage unseres Jahres. Eine Reise nach Dublin? Das wäre ein Gegenmittel, das zumindest eine gewisse Erleichterung bringen würde. Mit etwas schlechtem Gewissen, weil wir nicht genug auf unserem Hof zu tun hatten, ließen wir unsere Tiere unter Marys Obhut und machten uns auf den Weg in die Großstadt. Wir fuhren durch Limerick, Tipperary, Laois und Kildare; Dublin winkte als Urlaub am Horizont. Dublin bedeutete Dinge, die man an Regentagen tun konnte. Dublin bedeutete Kinos und Restaurants, Geschäfte und Ausstellungen, Theater und Museen, sechs Kanäle im Farbfernseher und Direktwahl nach New York. Alles, was wir in New York zurückgelassen hatten.

In Dublin ärgerte man sich auch über das schlechte Wetter, aber es war kein wirkliches Problem. Es verdarb einem die Ferien, aber nicht das Leben. Plötzlich erkannten wir ganz deutlich die zwei Gesichter Irlands, das neue und das alte, den Osten und den Westen, die Großstadt und das Bauernland; irgendwo dazwischen, zwischen dem modernen, nach europäischem Muster ausgerichteten Staat und dem alten traditionellen Irland, befindet sich das Land heute.

Als wir durch St. Stephen's Green spazierten, die Grafton Street hinunter und am hohen grünen Eisengitter von Trinity College entlang, wurde uns erst richtig bewußt, daß wir jetzt vom Land kamen. Selbst kleine Menschenmengen waren wir nicht mehr gewöhnt, ganz zu schweigen vom Lärm. Das ganz normale Leben und Treiben einer Stadt – es war nicht einmal Hauptverkehrszeit – kam uns plötzlich furchtbar hektisch vor.

Trotzdem genossen wir es zwei Tage lang. Wir rannten wie tausend andere auch von einem Geschäft zum anderen, wollten dies und das kaufen und begnügten uns schließlich mit Anschauen. An diesem Tag hätte Dublin für uns auch London oder Paris sein können. Chris ergänzte ihren Vorrat an Malutensilien, die sie sonst nirgends bekam. Wir stöberten durch alle Buchhandlungen. Und als die Sonne über den Straßen und georgianischen Hauseingängen schien, dachten wir voller Sorge an Kiltumper. Ob mit den Tieren alles in Ordnung war? Irgendwie war uns höchst unwohl bei dem Gedanken, daß wir Haus und Hof sich selbst überlassen hatten. Nicht, daß jemand etwas stehlen würde – aber wir hatten einfach kein sicheres Gefühl. Warum? Das ist schwer zu sagen. Es war das Gefühl, als würden wir unseren neuen Lebensstil preisgeben, ja verraten.

Wir hatten neue Energie getankt, und gegen Abend des dritten Tages packten wir den Wagen mit ein paar Leihgaben voll – eine kleine Kommode (bislang hatten wir für unsere Wäsche und Kleider nur zwei offene Bretterregale), etliche Läufer und einen Kupferkessel – und fuhren wieder gen Westen.

Als wir um elf Uhr abends von der Straße Ennis-Kilrush in die vertraute kurvige Fruar Road einbogen, erlosch gerade das letzte Tageslicht. Wir waren wieder daheim in unserer friedlichen Welt. Chris wandte sich zu mir und sagte: »Die Ruhe hier täuscht. Es ist genauso, wenn wir mittags durchs Dorf fahren, wenn alles Leben erstarrt zu sein scheint. Und doch spielt sich hinter jeder Tür etwas ab.«

Sie hatte recht. An den unwahrscheinlichsten Orten, hinter den alltäglichsten Türen konnte man die merkwürdigsten Dinge finden. Erst nach Monaten erfuhren wir, daß es einen Mann gab, der für die Dorfbewohner abends, in seiner Freizeit, Radios und Fernseher reparierte. Jeder hatte das offenbar gewußt, nur wir nicht. Oder daß die Molkerei im Dorf, wo die Bauern des Sprengels ihre Milch ablieferten, auch Kunstdünger, Kälberfutter und Plastikplanen für Silofutter verkaufte.

Wir fuhren auf einer schmalen Nebenstraße, auf der keine zwei Autos nebeneinander Platz hatten und die nur von Einheimischen befahren wird. Plötzlich tauchten vor uns auf der Straße ein paar Männer auf und eine Maschine. Ich bremste scharf. Die Scheinwerfer fingen Gesichter ein, die uns mitternächtlichen Reisenden fragend entgegenblickten. Einige hatten aber bereits die »Yanks« erkannt. Anweisungen wurden gerufen, hektische Betriebsamkeit setzte ein. Gegenstand der ganzen Aufregung war ein mitten auf der Straße umgestürzter Traktor. Einige besonders tüchtige Bauern versuchten, ihn trotz stockfinsterer Nacht wieder aufzurichten, während andere, im Sonntagsstaat, zigarettenrauchend und betont gleichgültig an die Steinmauer gelehnt, die Galerie der Zuschauer bildeten.

Es war eine lebhafte kleine Szene, die sich dort um Mitternacht abspielte. Straßenbeleuchtung gab es nicht. Zoll für Zoll wurden wir um den gestürzten Traktor herumgewinkt. Ich hatte das Gefühl, als wären wir Teil einer geschickt vorbereiteten nächtlichen Veranstaltung.

»Genau das habe ich vorhin gemeint«, flüsterte Chris, als uns die Männer zunickten. Andere hatten sich mit der Nachricht von dem Unfall bereits auf den Heimweg gemacht. Im Licht unserer Scheinwerfer tauchten sie am Straßenrand auf, die Überbringer der Neuigkeit, Männer in braunen Anzügen und Mützen, die in die Nacht hinausgegangen waren, um zu sehen, was passiert war, und die jetzt zum Kaminfeuer zurückkehrten, um ausführlich zu berichten. Instinktiv wußten wir, wie die Gespräche ablaufen würden; auf jeden Fall wußten wir genug, um zu vermuten, daß auch wir in der Geschichte vorkommen würden: »Die wären beinahe nicht durchgekommen!«

Was wir nicht wußten, war, daß in Kiltumper bereits eine andere Neuigkeit kursierte, mit uns in den Hauptrollen.

Wir fuhren zu Mary, um den Hausschlüssel abzuholen. Sie kam im Morgenrock an die Tür und sagte atemlos: »Niall, ich habe den Schlüssel oben gelassen ... aber ihr könnt nicht ins Haus.«

»Warum nicht, Mary?«

»Ihr habt Probleme! Es sind die Bienen!«

Was meinte sie?

»Sie sind im Schlafzimmer«, sagte Mary. »Joe und ich waren drüben, um die Tiere zu füttern, und da hörten wir dieses komische Summen, und Joe ging rüber und sagte: ›Komm her, Mary, schnell, sieh dir all die Bienen in dem Zimmer an!‹ Und Niall, wirklich,

ich hab' noch nie so viele Bienen gesehen. Oh, es sind bestimmt Hunderte! Ihr könnt da heute abend nicht hin.«

Sie gewährte mir eine Pause, damit ich mich fassen konnte.

»Sie müssen durch den Kamin gekommen sein oder so, Niall. Im hinteren Zimmer standen außerdem Blumen und Obst.«

Ich erinnerte mich, daß Chris am Freitag abend vor unserer Abreise am Fenster ein Stilleben zusammengestellt hatte, mit Zitronen, Orangen und einer Vase voll Kapuzinerkresse.

Marys Gästezimmer war belegt. »Wollt ihr im Wohnzimmer auf dem Boden schlafen? Eine Matratze ist da.«

Es war der einzige Hafen, in den wir uns flüchten konnten; wieder einmal waren unsere freundlichen Nachbarn unsere Rettung. Ich ging zum Wagen, um Chris möglichst schonend beizubringen, daß sie heute nacht nicht in ihrem Bett schlafen konnte, weil es vorübergehend von einem Bienenschwarm belegt war. Leider war ich nicht gelassen genug, um ihr ins Ohr zu flüstern: »Ist es das, was du gemeint hast?«

Nach einer Nacht, in der wir von kribbelnden Bienen träumten, standen wir am folgenden Morgen vor der Frage, wie wir sie loswerden konnten. Inzwischen schien ganz Kilmihil Bescheid zu wissen.

»Ihr habt Bienen, Niall«, sagte der Kaufmann.

»So ist es, und nicht zu knapp«, witzelte ich, damit die Welt nicht auf den Gedanken käme, wir fürchteten uns.

Wie immer gab es zahlreiche Ratschläge. »Häng dir ein Laken über, geh ins Zimmer und warte, bis sich alle Bienen auf dich draufgesetzt haben, und dann schlägst du das Laken über ihnen zusammen«, lautete einer. Und ein anderer: »Du läufst schnell in das Zimmer und stellst eine große Schüssel Rübensirup auf den Boden. Sie werden am Sirup kleben bleiben!«

Ich überließ es meinem Publikum, sich weitere Gedanken über unsere mißliche Lage zu machen, und ging schnurstracks zum Apotheker, um seine Meinung einzuholen.

»Sprühen«, sagte er, ohne eine Sekunde zu zögern, und zehn Minuten später stand ich mit vier Dosen Wespenkiller vor dem Hintereingang unseres Hauses, wo Mary kaum lesbar auf ein Stück Schiefer gekritzelt hatte: CRISSIE, VORSICHT BIENEN!

In Erwartung eines Bienenangriffs öffnete ich die Tür. Nichts. Ich ging in die Küche. Nichts. Keine Bienen. War es ein Jux? Vielleicht sind sie ja freundlicherweise ausgezogen, dachte ich und öffnete hoffnungsfroh die Tür zur Stube. Ein ungeheures Gesumm setzte ein, und ich erstarrte. Noch nie hatte ich etwas Ähnliches gehört. Ich öffnete die Tür etwas weiter und sprühte wie ein Wahnsinniger auf vielleicht hundert Bienen, die sich am Fenster wie an einem Bienenstock versammelt hatten. Dann beruhigte ich mich. So viele waren es gar nicht.

Doch dann begann das Gesumm erst richtig. Sie waren im Schlafzimmer! Die paar Bienen, die ich erledigt hatte, waren nur eine Vorhut des eigentlichen Schwarms. Ich ging nach draußen und schaute durchs Schlafzimmerfenster. Dort, in einer großen, aufgeregt schwärmenden schwarzgelben Masse, waren mehr Bienen als ich je auf einem Fleck gesehen hatte. Im ganzen Zimmer wimmelte es. Krabbelnd, summend, alles bedeckend – ein Berg wuselnder Beinchen und Körperchen auf Fotos und Schreibpapier –, hatten sie sich den Raum zu eigen gemacht. Zwei Stunden lang lief ich, die Jacke über den Kopf gezogen, mit der Sprühdose ein und aus, bis überall, auf dem Teppich, dem Bett, dem Fensterbrett und im Kamin tote Bienen lagen. Sie summten nur noch harmlos und sanken reihenweise ohnmächtig zu Boden, während ich immer wieder aus dem Zimmer rannte, um Luft zu schnappen. Ich öffnete das Fenster und bot ihnen die Flucht an, aber sie wollten nicht. Und allmählich überkam mich ein unangenehmes Schuldgefühl. War das eines echten Landwirts würdig? Nachdem sich mein erster Schreck gelegt hatte, erkannte ich, daß ich sie vielleicht zu eilfertig vergiftet hatte. Dumpf und feucht hing das Insektenvertilgungsmittel in der Luft.

Was hätte ich tun sollen? Hätte ich wissen müssen, daß es im Dorf einen Bienenzüchter gab? Für jede überraschende Krise schien es eine ebenso überraschende Abhilfe zu geben, nur daß wir diesmal zu spät davon erfuhren. Ich fühlte mich plötzlich völlig erschöpft und ging hinunter zu Mary und Chris und zu einer Tasse Tee. Meine Heldentat wurde hochgelobt, und außerdem war ein Brief von Chris' Schwester Deirdre gekommen, in dem sie ihren Besuch ankündigte! In Bälde!

»Sag mir«, begann der fröhliche Brief, »was *genau* hast Du heute gemacht?«

Deirdre kommt! O Gott, ich kann es kaum erwarten. Was wird sie jetzt von uns denken? Daß wir uns in den fünf Monaten, seit wir zum letzten Mal in Manhattan in den Zug zum Flughafen stiegen, um nach Irland zu fliegen, verändert haben? Ich fange an, mir Sorgen zu machen. Habe ich deutlich genug auf die etwas strenge Ruhe des hiesigen Lebens hingewiesen? Vielleicht habe ich übertrieben. Dann wird sie denken, wir wären arm wie die Kirchenmäuse und wird uns bedauern. Und der Garten! In ihrem Brief schrieb sie, sie freue sich darauf, diesen »inzwischen bestimmt schon wundervollen Garten« zu sehen. Aber wenn ich zum Fenster hinausschaue, sind die traurigen Pflanzen und das fröhliche Unkraut alles andere als die Gartenpracht, von der ich träumte.

Wir waren sehr gespannt auf unseren ersten Besuch aus Amerika. Welches Bild hatten unsere Briefe vom Leben hier vermittelt? Kilmihil hatte einem Besucher nicht viel zu bieten. Wir fuhren ins Dorf und betrachteten es unter dem Gesichtspunkt eines Neuankömmlings. Wir waren inzwischen natürlich daran gewöhnt! Für uns war Kilmihil beinahe »zu Hause«. Deirdres angekündigter Besuch verschaffte uns schon im voraus Minderwertigkeitskomplexe der schlimmsten Art. Das Haus, der Garten, die nicht gemalten Bilder – all das Unfertige eines Neuanfangs. *Wir* kannten die Wahrheit. Wir wußten, daß uns der nasse Sommer kaum eine Chance ließ, der Wildnis Herr zu werden, die noch von allen Seiten die Beete bedrohte. Wir wußten, daß vier oder fünf Monate nicht reichten, um einen fünf Jahre alten Dschungel in einen Garten zu verwandeln ... Aber würde ein Besucher dafür Verständnis haben?

Unsere Verlegenheit trieb uns auch bei Regenwetter hinaus, um zwischen Kohlköpfen und unter Sonnenmangel leidenden Blumen Unkraut zu jäten. Die Nachbarn, die unsere Sorge spürten, lobten uns: Ihr habt wirklich viel getan.

Aber hatten wir wirklich so viel getan? Ein Besucher würde es beurteilen können, jemand, der uns von früher kannte, als wir noch zwischen Büro und Wohnung, zwischen Supermarkt und Bank hin und her jagten und an den Wochenenden vor einem Berg von Unordnung im Haushalt standen. Durch Deirdre würden wir uns sehen, wie wir hier, hier in Kiltumper Cottage waren. Wir zählten die Tage, und in einem Anfall von Panik bestellten wir in Kerry für zwei Nächte ein Zimmer mit Frühstück.

Als sie ankam, verflogen unsere Sorgen wie Spreu im Wind. Wir hatten unterschätzt, wie anders unser Leben geworden war. Für eine so wißbegierige und fröhliche Person wie Deirdre war alles bezaubernd. Überall in unserer Straße schüttelten ihr die Nachbarn die Hand und begrüßten sie mit »Willkommen zu Hause«. Sie wurde in alle Häuser zum Tee eingeladen und unumwunden gefragt, wie ihr Irland gefalle. Hatten sich Niall und Crissie verändert? Zu ihrem Vorteil? Sie nickte zustimmend: Jedermann nickte zustimmend. Die leckersten Teebrötchen und Kuchen wurden für den Besuch auf den Tisch gebracht.

Zu Hause im Cottage packte Deirdre heimlich Taschen voller Geschenke für uns aus, darunter einige schmerzlich vermißte Dinge aus New York – die Buchbesprechungsseiten der *New York Times*, zwei Paar Jeans, zwei große Gläser Erdnußbutter und viele Päckchen *pesto*-Sauce. Eine Woche lang hatten wir das Beste von beiden Welten.

In Deirdres Gesellschaft sahen wir Irland mit neuen Augen. An einem Tag mit sonnigen Abschnitten und Regenbogen zwischen vereinzelten Schauern fuhren wir nach Westen, wo auf den Wiesen am Meer Mädesüß und rosa Baldrian wuchsen, Flockenblumen, Hundskamille und Glockenblumen, und wo wir alle drei die Farben des irischen Sommers bewunderten, die innerhalb eines einzigen Sonnentages erwacht waren. Nach dem Regen am Morgen hatte es aufgeklart, ein tiefblauer Himmel strahlte über grünen Hügeln und goldenen, von Heureutern getüpfelten Wiesen, über frischem Grün, altem Gras, Schafen und Kühen;

dazwischen schwarz glänzende Siloabdeckungen und brummende Traktoren, die bis in die Nacht hinein unterwegs waren. Der Peugeot schnurrte über Clares kurvenreiche Straßen, von Kilkee nach Lahinch, von Lisdoonvarna nach Ballyvaughan. Und jeder Ausblick, der sich uns bot, erschien uns in der Gegenwart eines Dritten wie eine neue Entdeckung.

Vor uns lagen die Cliffs of Moher kristallinisch und glitzernd in der Nachmittagssonne. Von dort, von O'Brien's Tower, hat man einen der schönsten Ausblikke im ganzen Westen von Irland. Wir kannten ihn bereits, hatten ihn auf zahllosen Postkarten gesehen, und trotzdem waren wir überwältigt. Man steht dort oben in Gischt und Wind am äußersten Rand des Landes und überblickt die gesamte Küste von Clare, die sich felsig und schroff nach beiden Seiten erstreckt. Steil und furchteinflößend stürzt die Felsklippe zum hellgrünen Wasser des Ozeans ab. Auf halber Höhe sitzen Seevögel in luftiger Höhe. Weiter draußen im Meer schimmern die Konturen der Aran-Inseln – Inisheer, Inishmaan, Inishmore, Namen so karg und poetisch wie alles auf dieser Seite des Atlantischen Ozeans. Die Szenerie ist hinreißend, und es bedarf keines Besuchers, um ihren Zauber heraufzubeschwören.

Von den Cliffs of Moher fuhren wir landeinwärts in eine völlig andere Landschaft: The Burren. Statt Meer und Gischt ist hier plötzlich alles Kalkstein und Schiefer, sobald einen Irlands höchst ungewöhnliche Geographie den schwindelerregend steilen Corkscrew Hill hinabführt. Hier, in den Ritzen und Spalten eines natürlichen Steingartens, gedeihen zahllose Pflanzen, die nirgends sonst im Land vorkommen. Chris nannte uns ihre Namen: Blauer Enzian, Bachnelkenwurz, roter Reiherschnabel, wilde Orchideen. Ich erinnerte

Deirdre an die unwirtlicheren Seiten dieses Landstrichs. The Burren galt als so öde und karg, daß Cromwells Soldaten behaupten konnten, es gebe dort weder Bäume, um einen Mann zu hängen, noch Wasser, um ihn zu ertränken, noch Erde, um ihn zu begraben.

Deirdre starrte aus dem Wagenfenster. Schweigend fuhren wir weiter.

Mit der Fähre setzten wir von Kilimer nach Tarbert über und kamen nach County Kerry. Die Küstenstraße führt an dem märchenhaften Sandstrand und dem bekannten Golfplatz von Ballybunion vorbei. Dann ging es weiter nach Tralee City und über die Slieve-Mish-Berge – Kerry grün und Kerry golden. Das Wetter wird milder, je mehr wir uns den höheren Bergen von Kerry, den MacGillycuddy Reeks, nähern. Majestätisch erheben sie sich im gebrochenen Licht der Sonne, die Gipfel in Wolken gehüllt. Wir denken beide an Nonnie O'Connell, als wir an einer hochgelegenen Stelle anhalten, die uns einen atemberaubenden Blick über die MacGillycuddies gewährt. Man hat das Gefühl, sich an einem Lieblingsplatz altehrwürdiger Geister zu befinden, der Geister von Adelsherren und Häuptlingen. Hügel, von Farn überwuchert, und Wiesenskabiosen, Heide und grüne Kuppen. Der Ring of Kerry. Es ist ein Ort, um still zu werden.

Rings um die Seen fuhren wir durch die friedliche, dunkle Schönheit wild wachsender Rhododendren und Stechpalmen. In Glenbeigh, wo die Hügel nach Süden hin ansteigen, machten wir Station. Der große flache Sandstrand von Rossbeigh erstreckt sich sechs Meilen nach Westen. Und nirgends ein Mensch.

»Ich habe ihnen doch gesagt, daß es herrliche Strände in Irland gibt!« rief Deirdre triumphierend mit schußbereiter Kamera. Am nächsten Morgen machte sie den *beach gallop*, während Niall und ich an dem sechs Meilen langen, menschenleeren Strand schwimmen gingen, in Unterhosen . . . und sie in den eiskalten Wellen verloren!

Und weiter ging es nach Derrynane, wo Daniel O'Connell lebte, der »Liberator« (Befreier), der 1829 die Katholikenemanzipation in Großbritannien durchsetzte – Derrynane, wo über einer entzückenden stillen Bucht die Sonne hervorbrach. Es war der beste Tag des bisherigen Jahres. Der Zauber von Kerry tat seine Wirkung.

Die Nachricht kam über das Telefon, als wir wieder zu Hause waren: In Kiltumper gab es Fälle von Kartoffelfäule. Mary meinte, sie habe auch an ihren Pflanzen Blattflecken gesehen. Über das Radio waren wir bereits vor einiger Zeit gewarnt worden, und wir hatten bereits zweimal gespritzt. Im Anschluß an die Mittagsnachrichten hatte der Nachrichtensprecher verkündet: »Das schlechte Wetter der kommenden Tage wird mit hoher Wahrscheinlichkeit zum Auftreten von Kartoffelfäule führen.« Und so war es dann auch. Sie kam mit den verregneten Sommertagen und den dunstigen Abenden, und plötzlich hatten die Wettervorhersagen eine neue Dringlichkeit.

Kartoffelfäule entsteht durch einen Pilz, dessen Sporen sich durch den Wind ausbreiten und in feuchtem Klima gedeihen. Die Krankheit beginnt mit dunklen Flecken auf den Blättern und dringt schließlich durch die infizierten Stengel in die Knollen. Innerhalb weniger Tage wird das Kartoffelkraut schwarz und stirbt ab. Sind die Knollen ernsthaft infiziert, ist die Ernte verloren. In diesem Sommer waren bereits ganze Gemüseernten verfault, und in einigen Gärten entlang der Straße sah man verwelktes Kartoffelkraut, gespenstisch und schwarz, oder vorzeitig ausgegrabene Kartoffeln, deren Kraut in einer Ecke des Gartens verbrannte.

Spritzen ist nur eine Abwehrmaßnahme. Damit es hilft, muß das Kraut trocken sein. Von dem Augenblick an, da wir von der Kartoffelfäule in unserer Umgebung hörten, waren wir wieder zurück auf dem Boden der Tatsachen; alle Gedanken an Ausflüge und Bilder von schönen Landschaften rückten in den Hintergrund. Wir untersuchten die Stengel und Blätter, gruben ein paar Knollen aus, aber es war alles in Ordnung. Und dann saßen wir mit Deirdre in der Küche, beobachteten die Wolken und warteten auf den richtigen Moment.

Ein trockener Morgen. Für Skrupel war keine Zeit. Es war nicht einmal genug Zeit, um die verschiedenen Argumente für oder gegen die Anwendung von Dithane 405 abzuwägen. Im Augenblick war uns nichts wichtiger, als die Kartoffeln zu retten. Sie waren das erste, was wir an unserem ersten Morgen in Kiltumper pflanzten. Die Vorstellung, daß sie faulten und sich in nichts auflösten, daß der ganze Garten vor unseren Augen verschwand, war zu entsetzlich. Nein, wir konnten sie jetzt nicht verlieren! Nach all dem Regenwetter hätte uns ein solcher Schlag vernichtet.

Mit dem gleichen Vertrauen, mit dem wir die Kartoffeln in die mit Dünger gefüllten Furchen gebettet hatten, besprühten wir sie nun. Ich dachte: So beginnen Hungersnöte – wenn das Wetter nicht mitspielt; unsichtbar kommen sie durch die Dunkelheit, geschwind, heimlich und über Nacht. Der Sprühnebel stieg uns in die Nase und durchnäßte unsere Hosen, als wir durch die Furchen wateten. Lagen dort unter der Erde überall Kartoffeln? Wir traten so vorsichtig auf, als schritten wir über Juwelen. Mir fielen ein paar Zeilen eines Gedichts aus meiner Schulzeit ein – aus Patrick Kavanaghs *Spraying the Potatoes* (Beim Kartoffelspritzen):

He turned my way. »God further the work.«
He echoed an ancient farming prayer.
I thanked him. He eyed the potatoe-drills.
He said: »You are bound to have good ones there.«

* Er wandte sich zu mir. »Gott laß dein Werk gedeihen.«/Es war ein alter Bauernsegen./Ich dankte ihm. Sein Blick glitt über die Kartoffelreihen./Er sagte: »Hier wird es sicher eine gute Ernte geben.« (Anm. d. Ü.)

Ob diese Ernte hier auch gut würde? fragten wir uns im stillen und spritzten wie besessen, während uns Deirdre vom Fenster aus zusah. Am selben Tag setzten wir uns zu einem Festessen an den Tisch, bereitet aus den Früchten unserer Arbeit: Erbsen, Zwiebeln, Möhren, Himbeeren, eines der selbstgeschlachteten Hühnchen und – jawohl, unsere ersten Kartoffeln. Als wir mit dem Spritzen fertig waren, brachte Chris eine Handvoll Kartoffeln in die Küche, und während sie sie wusch, standen wir alle um sie herum. Diese selbstgeernteten Kartoffeln, dachte ich, zeigen mehr als alles andere die Entfernung, die wir von Manhattan bis hierher zurückgelegt haben. Als wir uns später zu Tisch setzten, begann es wieder zu regnen. Hatte die Zeit gereicht? War das Pilzvertilgungsmittel auf dem Kraut getrocknet, oder war die ganze Spritzerei für die Katz?

Im Augenblick spielte es keine Rolle. Unser liebster Besuch war hier, um an unserem ersten Festmahl mit Lebensmitteln aus eigener Ernte teilzunehmen, und wir schoben den Gedanken an Kartoffelfäule in die hinterste Ecke unseres Bewußtseins. Statt dessen konnten wir uns nicht genug auslassen über die schöne Mehligkeit unserer neuen Kartoffeln, die Süße unserer Erbsen und den »ganz anderen« Geschmack unseres selbst aufgezogenen, biologisch ernährten Hühnchens. Es war ein Mahl der Köstlichkeiten, eine heitere Stunde, auf die wir zurückblicken konnten und die uns getrost in die Zukunft schauen ließ. Chris lächelte mir über den Tisch hinweg zu.

Sag mir, wie wird es dort sein, Niall?

Kapitel 8

Irgendwann im Juli, als der verregnete Sommer dem Land langsam die Ferienlaune verdarb und im Radio immer häufiger von einer Krise der Landwirtschaft die Rede war, ereignete sich etwas Außergewöhnliches. Zunächst war es nur ein kleiner Artikel im Innenteil der *Irish Times*, der das seltsame Vorkommnis beschrieb – die Art von Zeitungsmeldung, die man beim ersten Mal überliest und erst später bewußt aufnimmt, wenn man sie im Badezimmer liest oder wenn die Zeitung gefaltet neben dem Torfkasten liegt. Die merkwürdige Episode spielte sich in West Cork ab. Der Ort hieß Ballinspittle, ein bis zum Sommer 1985 weitgehend unbekanntes Dorf. Es stand für ein Phänomen, das in Irland zunehmend an Tragweite gewann.

Als wir das erste Mal in der Zeitung darüber lasen, entlockte uns die Geschichte nicht mehr als ein flüchtiges Lächeln. Irgendwie erwartete man derlei Dinge in Irland. In der kleinen Mariengrotte am Dorfrand von Ballinspittle hatten zehn Menschen beobachtet, wie sich eine Marienstatue bewegte.

Den Iren sind wunderbare Ereignisse nicht fremd. An dem heute berühmten Wallfahrtsort Knock im County Mayo hatten 1879 fünfzehn Menschen die Muttergottes gesehen, und nach langem Hin und Her wurde die Erscheinung vom Vatikan anerkannt. Aber eine sich bewegende Statue! Es war absurd. An jenem Morgen jedenfalls war sie (ausgenommen für die fünfzehn Leute in Ballinspittle) das Scherzthema Nummer eins. Im nahe gelegenen Cooraclare zum Beispiel klebte an einer Marienfigur ein Zettel mit der Aufschrift: AUSSER BETRIEB!

Unten in Kilmihil pfiffen die Schuljungen zur Statue des Erzengels Michael hinauf und forderten ihn auf, sich zu bewegen. Doch im allgemeinen wurde das Thema mit Vorsicht und Staunen behandelt. Manche behaupteten, die Madonna habe sich bewegt, weil in diesem Jahr auf dem Filmfestival von Cork der umstrittene Film von Godard über das Leben Marias gezeigt werden sollte. Es sei ein Zeichen. Für andere hing das Ereignis eindeutig mit dem Fall der sogenannten Kerry-Babys zusammen, der gerade am Hohen Gerichtshof in Dublin untersucht wurde. In der Nähe der Küste von Kerry hatte man zwei ermordete Säuglinge gefunden, und der Mord empörte die ganze Nation. Frohsinnige Charaktere hielten die sich bewegende Madonna für einen Trick des Bord Failte, der Tourismusbehörde; immerhin war Hauptferienzeit, und es goß unablässig und wie aus Eimern. Eine Woche lang geschah nichts. Dann erschien erneut die Meldung in der *Irish Times:* Die Marienfigur in Ballinspittle hat sich bewegt. Ein längerer Bericht schloß sich an. Offenbar versammelten sich jeden Abend Hunderte von Gläubigen vor der bewußten Grotte, sangen Marienlieder und beteten den Rosenkranz. Bei einer Befragung gaben achtzig Prozent von ihnen an, sie hätten gesehen, wie sich die Statue bewegte. Sie drehe den Kopf von einer Seite zur anderen, sie öffne und schließe die Hände, oder – und das war das Mysteriöseste überhaupt – es erschienen Bilder von Jesus Christus und Pater Pio vor ihr. Die Geschichte wanderte vom Innenteil in die Schlagzeilen der zweiten Seite. Ballinspittle und die Leichtgläubigen mußten für unzählige Witze herhalten über die Leute von Cork, den feuchten Sommer und die Kirche.

Es gab jedoch Leute, die ernsthaft an die Erscheinung glaubten – die Leute aus Ballinspittle. Sie hatten es gesehen, und ihr Leben sollte nicht mehr so sein wie früher. Täglich sendete der Rundfunk Interviews mit ihnen. Was genau hatten sie gesehen? Darauf folgte immer wieder die gleiche Geschichte: Die Figur bewegte den Kopf von einer Seite zur anderen; sie öffnete ein paar Zentimeter die Hände und schloß sie wieder; sie schien etwas zu sagen, aber was sie sagte, war nicht genau zu verstehen.

Bereits eine Woche später rieten die Bischöfe zur Vorsicht. Auf dem Land griff eine religiöse Hysterie um sich. Vierzehn Tage, nachdem die Nachricht von Ballinspittle in den Medien aufgetaucht war, gab es weitere Erscheinungen. Auch andere Marienstatuen bewegten sich. In einem Bogen rings um die westliche Küstenregion, von Waterford nach Cork, quer durch Kerry und Clare und hinauf bis nach Sligo, begannen die Menschen, sich singend und betend um Mariengrotten und Marienaltäre zu scharen. Und als Antwort darauf bewegten sich die Statuen.

Für Chris und mich überstieg dies alles, was wir in Irland für möglich gehalten hatten. Fernsehteams reisten nach Cork, Mayo und Sligo; für Kameras bewegten sich die Madonnen nicht, wohl aber für die *Kameramänner* und *Reporter*. Leute, die sich als Zweifler und Agnostiker bezeichneten, schlossen sich den Wundergläubigen an. Das Land stand kopf. Fast täglich gab es Erscheinungen. Auf einer kleinen Landstraße in Coolens im County Mayo sahen vier Schulmädchen abends auf dem Heimweg am Himmel eine Erscheinung der Muttergottes. Am nächsten Tag versammelten sich an der Stelle Tausende von Gläubigen. Das staatliche Fernsehen RTE bekam eines Abends nach Sendeschluß über ein Dutzend Anrufe, und alle Anrufer behaupteten, sie hätten auf dem leeren Fernsehschirm die Umrisse des Gesichts von Jesus gesehen. Das Land wurde von einer religiösen Leidenschaft erfaßt wie schon seit Jahrzehnten nicht mehr. Es gab keinen, der nicht gewußt hätte, was Ballinspittle bedeutete.

In einem Schaufenster in Kilmihil tauchte ein handgeschriebenes Schild auf: Ab sofort sollte jeden Sonntag ein Bus nach Ballinspittle fahren – und für den ganzen restlichen Sommer war dieser Bus bis auf den letzten Platz besetzt.

Eines Sonntagabends im Juli schritt die rundliche Gestalt eines jovialen Fünfzigers über den vorderen Gartenweg zum Haus. Er sagte, er sei Paddy Cotter, und kam ohne weitere Umstände in die Küche. Wir kannten inzwischen die ländliche Art, sich allmählich an das eigentliche Thema der Unterhaltung heranzutasten, und so saßen wir eine Weile zu dritt in der Küche, tranken Tee und redeten über alles mögliche, nur nicht über den Grund für Paddys Besuch. Wir wußten, zum richtigen Zeitpunkt würde er selbst damit anfangen, und während wir warteten und zusahen, wie seine Augen immer wieder zu Chris' Bildern an der Wand glitten, fiel uns etwas ein, wovon wir bereits gehört hatten: »Paddy Cotter, das ist ein Mann, der an allem, was mit Kunst zu tun hat, sehr interessiert ist.«

Und das war es. »Wissen Sie, daß man hier in Kilmihil jedes Jahr ein Festival veranstaltet, einen *fleadh?«* fragte er schließlich. Ja, und wir waren schon sehr gespannt darauf. Es war *das* musikalische Ereignis des Jahres in Kilmihil und sollte in den folgenden Wochen zum wichtigsten Gesprächsthema werden. Ja, wir wußten Bescheid. Genau vor einem Jahr waren wir bei einem Zeitungshändler in der 42. Straße auf eine Ausgabe des *Clare Champion* gestoßen, der das Programm für das Ceol Kilmihil, wörtlich übersetzt »Musik Kilmihil«, veröffentlichte.

»Gut«, sagte Paddy. »In diesem Jahr, habe ich mir gedacht, könnten wir zum *fleadh* vielleicht auch eine kleine Kunstausstellung machen – und vielleicht hat Crissie ja Lust mitzumachen?«

Chris hatte sich nie im Leben vorgestellt, daß sie ihre erste Ausstellung in Irland in solcher Eile und mit soviel Mühe vorbereiten würde. Die Galerie – so mußte man es ja bezeichnen – war Matty Melicans unbewohntes Haus am unteren Ende der Hauptstraße von Kilmihil. Bei dieser Ausstellung waren die Künstler nicht nur Künstler; sie mußten auch als Handwerker antreten. Fußböden mußten gescheuert, Wände gestrichen werden. »Crissie, haben Sie vielleicht einen alten Eimer?«

Meine erste Ausstellung. Und welch tolle Galerie! Die Dielenbretter sind gefährlich lose; von mehr als einer gemauerten Wand bröckelt der Putz, und die grün, rosa und gelb gestrichenen Holztäfelungen sind fleckig von Fett und Ruß. In der Küche, wo noch ein alter Herd steht, ist das Licht schlecht, und die Wände müssen gestrichen werden. Aber Paddy ist kein Mann, der sich entmutigen läßt. Er zuckte nur die Achseln über die Arbeit, die uns hier erwartete. »Na ja, es wird nicht New York sein«, sagte er zu mir, »aber es wird trotzdem etwas sein.«

Ein paar Tage nach Paddys Besuch fand sich Chris mit Pinsel, Hammer und Nägeln in der Galerie ein. Das ganze Haus mußte zumindest etwas hergerichtet werden. Während Paddy begeistert von den anderen einheimischen Künstlern sprach, die an der ersten Kilmihil-Kunstausstellung teilnehmen würden, seufzte Chris in ihrem Herzen: Was würde ein New Yorker dazu sagen? Das Licht war schlecht, das ganze Haus muffig. Und wer würde schon in Matty Melicans Haus kommen, um Bilder anzuschauen, wenn in jedem Lokal des Dorfes Musik spielte? Die ganze Idee erschien fragwürdig. Aber wie alles in Kilmihil war auch dieser Plan, kaum daß er gefaßt war, durchgesickert. »Du wirst beim *fleadh* Bilder ausstellen, Crissie?« Ein Zurück gab es nicht mehr.

Bei dem ständigen Regen konnte Chris ihre Staffelei nicht im Freien aufstellen. Ihre Landschaften blieben halb ausgeführt, sie waren die Waisenkinder der untergegangenen Jahreszeit. Nun aber beeilte sich Chris, während die Arbeit in der Galerie voranschritt, das erste große Bild, das sie hier begonnen hatte, fertig zu malen – ein großes farbenfrohes Bild, das von unserer schiefwinkligen Küche mit der ständig offenen Tür und dem Suganstuhl für den Besuch hinausblickt auf die Landschaft. Dieses Bild – es war noch nicht einmal trocken – sollte Chris' wichtigster Beitrag zur Ausstellung sein, und sie hoffte, daß das Schlichte und Fröhliche darin den Menschen zu verstehen gab, wie sie sich in Kiltumper fühlte.

Dorfauf, dorfab flatterten grün, weiß und orangefarben gestreifte Plastikfähnchen im Regen. Sie zierten den Gemeindesaal, wo die *ceilis* stattfinden sollten, und die zwei großen fahrbaren Fish-and-chips-Stände, die sich dem Eingang gegenüber rechtzeitig für das

Wochenende etabliert hatten. An den Kreuzungen hingen altmodische Lautsprecher, aus denen irische Musik rieselte, knisternd und knackend begleitet von statischen Störungen. Es war Freitag nachmittag drei Uhr. Drei Stunden später sollte der *fleadh* beginnen.

Die Programme hatten wir bereits gesehen. Sie hingen in den Läden aus und klebten an den Fenstern der Häuser. Am Freitag abend: *seisiuns* in Lokalen und auf der Straße; um elf Uhr Tanz an der Straßenkreuzung; täglich um Mitternacht *ceilis* im Gemeindesaal. Die Musiker waren bereits eingetroffen; mit Flöten- und Geigenkästen sah man sie durch die Straßen laufen. Die Mitglieder der berühmten Liverpool Ceili Band hatten sich auf verschiedene Häuser verteilt, wo immer sich die Leute bereit erklärt hatten, ihnen Logis zu geben. An diesem Freitag nachmittag schien in Kilmihil kein Mensch auf den Beinen zu sein außer Chris, Paddy Cotter und ein paar jungen Künstlern, die bei Matty Melican Bilder aufhängten. Die Galerie wurde gerade rechtzeitig zum Eröffnungstermin fertig, und die achtundsechzig Bilder, die die Wände bedeckten, machten alles in allem einen recht guten Eindruck. Chris hatte noch schnell einen Katalog getippt mit Titeln und Preisen, und Larry Blake, der Leiter der Berufsschule von Kilmihil, hatte Abzüge davon gemacht. Alles war fertig und bereit. Dann rauschte der Regen nieder.

Am Freitag abend goß es. Mit der üblichen schüchternen Neugier der Iren – ich geh' da nicht rein, wenn keiner drin ist – trauten sich erst wenige, dann immer mehr Besucher in Matty Melicans Haus. »Es ist ein Erfolg«, flüsterte Paddy und lächelte, denn obwohl kaum einer etwas verlauten ließ, betrachteten alle die Bilder mit Interesse. Der *fleadh* hatte durch die Bilder eine neue Dimension erlangt. Chris stand scheu in einer Ecke und nahm lächelnd die herzlichsten Glückwünsche und lobenden Worte unserer Nachbarn entgegen. »Es sind schöne Bilder, Crissie.« Und auf eine besondere, unschuldige Weise war auch die Ausstellung schön. Zwischen dem Gemurmel der Besucher einer New Yorker Vernissage, die in raffiniert aufgemachten Hochglanzkatalogen blättern, und dem unvermittelten und befriedigten Ausruf: »Sieh mal, das ist bei Kathleen! Und das ist drüben bei den Downes!« lagen Welten.

Inzwischen regnete es weiter. Autos parkten in Zweierreihen im ganzen Dorf. Die Musik aus den Lautsprechern an den Kreuzungen spielte praktisch umsonst. Der kurze Weg vom Auto ins Pub wurde schnell zurückgelegt, man nickte nur diesem oder jenem Bekannten, den man entdeckte, kurz zu. In den Lokalen lief der *fleadh* an wie geplant. Viele Musiker hatten sich eingefunden, und jede geöffnete Tür enthüllte das gleiche Gedränge. Pfeifer, Fiedler, Konzertinaspieler saßen an Tischen voller Bierkrüge, und sie waren umringt von roten Gesichtern und stampfenden Füßen. Gegen elf Uhr regnete es so unmäßig, daß die vorgesehenen Straßen-*seisiuns* für diesen Abend abgesagt wurden; auch der Tanz an der Kreuzung fiel ins Wasser. Als Chris und ich die Galerie zusperrten und uns auf den Heimweg nach Kiltumper machten, waren die Straßen menschenleer; nur die kreuz und quer geparkten Autos verrieten, daß hier ein Musikfestival im Gang war, das sich bis in den frühen Morgen hinziehen würde.

Es regnete am darauffolgenden Tag und immer weiter. Es war das verregnetste Ceol Kilmihil seit langem. Bei dem zunehmend schlechten Wetter stapften immer seltener nasse Stiefel durch Matty Melicans Haus. Ein Jahr wie dieses, sagte man uns, habe es noch nie gegeben. Immerhin hatte Paddy schon vor dem *fleadh* gesagt: »Wenn es regnet, kommt bestimmt keiner, und wenn die Sonne scheint, erst recht nicht.« (Bei schönem Wetter würden die Bauern bis Sonnenuntergang auf den Feldern sein, denn bis zu diesem Zeitpunkt hatten sie noch keine einzige Fuhre Heu eingebracht.) Alle Straßenveranstaltungen mußten abgesagt werden; nur in den warmen, rauchgeschwängerten Pubs lebte der *fleadh* weiter, manchmal etwas beeinträchtigt durch zu viele Stunden an der Bar und zu viel Alkohol ohne frische Luft. Wir litten das ganze Wochenende an einem nicht genau definierbaren Gefühl der Enttäuschung.

Zwei Veranstaltungen standen jedoch noch aus, der Kontertanzwettbewerb um Mitternacht und erstmals eine Parade, die für Sonntag vormittag nach der letzten Messe angesetzt war. Marys Frisiersalon war eine Woche vor dem *fleadh* völlig ausgebucht; anscheinend brauchte jede Frau im Ort *a new do* – eine neue Frisur. Am Abend des Kontertanzwettbewerbs versammelten sie sich im Gemeindesaal. Es war wundervoll. Die Männer, schüchtern und frisch rasiert, hatten zur Feier des Tages ihre bäuerliche Kluft abgelegt und kamen als Kavaliere und rechtschaffene Clare-Männer, die immer aufgelegt waren zu einem Jig oder Reel. Auf dem Podium schmetterten die Liverpooler und Tulla Ceili Bands ihre Tanzmusik. Die Spannung, die in der Luft lag, war fast mit Händen zu greifen. Hier herrschte endlich doch jene Fröhlichkeit, die wir mit dem Wort *fleadh* verbunden hatten. Es war mehr als ein Musikfestival, es war ein Feiertag für die Bauern. Während wir den Tänzern zuschauten – diesen Männern und Frauen, die ihre Schritte so geschickt setzten, daß es aussah, als liefe ein Uhrwerk ab, Schritte, die sie seit ihrer Kindheit kannten –, vergaßen wir für eine Weile den strömenden Regen, den verdorbenen Garten und den verlorenen Sommer.

Am Sonntag war offensichtlich, daß sich das Wetter für den Rest des festlichen Wochenendes nicht ändern würde. Wir hörten nach der letzten Messe, daß wahrscheinlich auch die Parade ausfallen würde. Wir waren in der Galerie. Es goß. Minuten später war Paddy Cotter, stets emsiger Organisator, unten auf der Straße mit Blaustift und einer Handvoll Blättern. Es mußte bekanntgemacht werden: Die Parade wird auf Montag verschoben. Die Anschläge hingen in den Läden von Johnston, Daly, Cotter und Saunders sowie an einer Reihe von Telegraphenmasten; im übrigen verbreitete sich die Nachricht wie gewöhnlich von Mund zu Mund. Zehn Minuten später war die Straße leergefegt. Kein Mensch wartete mehr auf die Parade.

Aber am Montag nachmittag standen wir alle an der Kreuzung auf der gegenüberliegenden Seite des Friedhofs. Der Regen hatte tatsächlich aufgehört. Es war keine große Menge, die sich dort auf den Stufen zur Kirche drängte, ohne eine genaue Vorstellung zu haben, was sie erwartete. Chris dachte an New Yorker Paraden, an Fanfaren und St. Patrick's Day. Aber das sollten wir bestimmt nicht zu sehen bekommen. Eine halbe Stunde nach dem angesagten Beginn erschien die Parade – hinter uns! Sie zog an uns vorbei und hinunter zum eigentlichen Ausgangspunkt. »Nicht hinsehen!« flüsterte ich der verblüfften Chris zu. »Wir müssen so tun, als hätten wir sie nicht gesehen.« Sie wollte sich ausschütten vor Lachen. Dann machte die Parade kehrt und kam die Straße zurück auf uns zu.

Sie bestand aus sechs langen Anhängern, die als Festwagen hergerichtet waren, Mitgliedern des Turnvereins, elegant kostümierten Damen der Irish Countrywomen's Association; ein junger Barry McGuigan; ein unsichtbarer Mann; ein Festwagen des Jägerclubs mit gemaltem Bach und Wasserfall und ausgestopften Fasanen; und ein fröhlich grinsender Paddy Cotter, der vorübergehend eine allseits bekannte Figur aus Irlands Seifenoper *Glenroe* darstellte. Unter Beifall und Gelächter zog die Parade vorbei; alle bewunderten sie und winkten auch noch dem letzten Festwagen nach, obwohl der Regen bereits wieder eingesetzt hatte.

Man kann ihn für eine Weile vergessen. Für eine Weile ist er nur dort draußen, rinnt an den Fensterscheiben herab und pladdert aus der verstopften Regenrinne. Man kann sich im Haus beschäftigen und versuchen, das Wetter Wetter sein zu lassen. Aber so einfach ist das nicht, wenn sich der Wind zu einem regelrechten Sturm auswächst. Es ist August. Was zum Teufel ist das für ein Wetter?!

Der Wind ließ Chris in der vergangenen Nacht nicht schlafen, und als wir heute morgen die Fensterläden öffneten, schwante uns nichts Gutes. Der Erbsenzaun war umgeweht, das zarte Rankengeflecht der Zuckererbsen geknickt und gerissen. Monatelange Mühe – erst der Kampf gegen die Dohlen, bis die Samen keimten, dann der Kampf mit den Rankstützen, die während des stürmischen Juli immer wieder neu aufgestellt und befestigt werden mußten – und nun das! Es war das Ende unserer diesjährigen Zuckererbsenernte.

Irgendwann am Vormittag, während der Wind den Regen vor sich hertrieb und die Baumwipfel beutelte, brachten wir den Mut auf, hinauszugehen und den

Schaden vor Ort zu untersuchen. Die Erbsen mußten vorzeitig geerntet werden. Doch während wir die zerquetschten und geknickten Ranken aufhoben und die Schoten pflückten, stellte sich heraus, daß wir trotz allem eine recht ordentliche Ernte bekommen hatten. Dieser Morgen war nicht nur das Ende der Gartenerbsenzeit; mit ihm endeten auch jene frühen Tage in Kiltumper Cottage, als wir gläubig und unbedarft unseren Garten bestellt hatten und auf den Sommer hofften. Was wir hier ernteten, waren nicht nur die Früchte unserer Arbeit, sondern auch die Lehren des irischen Westens: die rauhen Jahreszeiten, die unverhofften Stürme und die unverhofft gute Ernte.

Kein Auto, kein Traktor kam vorbei. Der Regen fiel unbemerkt. Chris und ich füllten Plastiktüten mit Erbsen, brachten sie in die Küche und wogen sie.

Gegen Mittag brachen wir in Jubel aus: Aufgehäuft auf unserem Tisch lagen zwölf Pfund Erbsen.

Das Telefon schrillte. Laut ertönte Marys fröhliche Stimme: »Da ist ein Mann zu euch auf dem Weg. Er kam erst hierher, aber ich hab' ihn wieder zurückgeschickt. Er sucht Tumper's Grave.«

Chris bestand darauf, also zog ich meine Gummistiefel an und ging über die hintere Wiese hinauf, um nach dem Fremden zu sehen. Er sei aus Dublin, hatte Mary fast überflüssigerweise hinzugefügt, denn in dieser Gegend suchen nur Dubliner oder Amerikaner nach Gräbern von Riesen. Aber schließlich hätten wir auch gern gewußt, wo es war; nach Tumper's Grave hatten wir schon bei einem unserer ersten Spaziergänge hier in Kiltumper gesucht. Soweit wir wußten, gab es für den Namen unseres Dorfes keine stichhaltige Erklärung. Es kursierten zwei Versionen – die heidnische und die christliche. Bei der christlichen Herkunftserklärung wird die Tatsache erwähnt, daß *cill* auf irisch *Kirche* und *tuimpe* wörtlich *Buckel* heißt. Also könnte Kiltumper bedeuten: Kirche auf dem Berg. Und da das Land wirklich dramatisch ansteigt zu einer Hügelkuppe, die einen großartigen Ausblick über die Südwestspitze von Clare bietet, war diese Herkunftserklärung am verbreitetsten. Allerdings gibt es auf diesem ständig dem Wind ausgesetzten Hügel kein Anzeichen dafür, daß hier einmal eine Kirche oder ein ähnliches Gebäude stand.

Die heidnische Erklärung ist viel hübscher und phantasievoller. Tumper war nämlich ein Riese, und er war berüchtigt als wilder Krieger, konnte er doch einen Mann von durchschnittlichem Wuchs mit einer Hand umfassen und hochheben und mit der anderen Hand Wasser aus einem Stein pressen. Und es gibt für diese Geschichte einen gewissen Beweis; denn auf dem Hügel von Kiltumper erhebt sich ein grasbewachsener Wall von ungefähr vier Metern Länge und knapp zwei Metern Breite, und er ist umgeben von einem losen Kreis aus Steinen. Dieser Erdhügel soll Tumpers Grab gewesen sein.

Ich ging die hintere Wiese hinauf in der Erwartung, einen Touristen zu treffen, der vielleicht gehört hatte, hier hätten Riesen gelebt. Schließlich hatte Kilmihil seinen Feriengästen nicht allzuviel zu bieten; abgesehen vom Angeln im zwar schönen und ruhig gelegenen Knocklough Lake konnte man sich kaum vorstellen, womit sich hier jemand die Zeit vertreiben könnte. Auf halber Höhe des Hangs sah ich ihn, einen jungen Dubliner, der vorsichtig die Pfützen in den Traktorspuren zu umgehen suchte. Er trug keine Stiefel, nur leichte Halbschuhe, und die sahen entsprechend aus. Als ich ihn anrief, blieb er stehen und sah mit einem unsicheren Blick zu mir herunter, als hätte er Angst, ich würde ihn von meinem Land jagen.

»Man sagte mir, ich dürfe herkommen«, sagte er. »Ich will mir nur Tumper's Stone ansehen.«

»Sie meinen Tumper's Grave«, sagte ich. »Es ist ganz oben auf diesem Hügel.«

»Nein, ich meine schon Tumper's Stone. Das Grab habe ich schon früher gesehen, aber nicht den Stein. Ich arbeite an einem Artikel über irische *cromlechs,* Steinkreise, und einer davon – Borlase erwähnt ihn in seinem Buch *The Dolmens of Ireland* – muß hier um Tumper's Stone sein.« Er hielt inne und sah mich an. »Er beschreibt die Stelle ganz genau; demnach sollte es hier irgendwo sein.«

Ich war etwas verblüfft, aber auch angenehm überrascht.

»Na, dann wollen wir mal hinaufgehen und nachsehen.«

»Entschuldigung«, sagte er plötzlich, als wir uns bergauf in Bewegung setzten. »Ich heiße Conor Newman.«

Und wie es der typisch irische Zufall wollte, fiel mir ein, daß ich ihn kannte. Er war der Bruder eines Kommilitonen. Wir waren Nachbarn gewesen in Dublin.

Unter dem finsteren Himmel und einem zerrenden, zausenden Wind stiegen wir den Hügel hinauf auf der Suche nach Riesen. Der nasse Boden schmatzte bei jedem Schritt, die Kühe wichen träge vor uns zurück. Beim Anblick der welligen Landschaft, die sich meilenweit ringsum erstreckte, konnte man sich leicht die Gestalten von Riesen vorstellen, die mit großen Füßen durch die Moore stapften und oben auf Kiltumper's Hill brüllend ein Lied anstimmten.

Wir erreichten den Grabhügel, und Conor schritt ihn ab, trat gegen die Steine, die die Stelle umringten, schaute den Hügel hinab und hinüber nach Westen, wo die Klippen von Kilkee in die Gischt des anstürmenden Atlantik hinausragen. Die Richtung stimme, sagte er. Die Häuptlinge wurden in Ost-West-Richtung begraben, wie hier, und häufig unmittelbar unterhalb einer Hügelkuppe. Tumper's Stone und der Steinkreis sei aber vielleicht nur die Markierung eines Ortes, der religiöse oder gerichtliche Bedeutung gehabt habe. Vielleicht lag Tumper ganz woanders begraben. Aber es sehe doch irgendwie ganz richtig aus, fügte Conor hinzu und verschwand zwischen Ginsterbüschen und wucherndem Farn. Das Wort *chieftain,* Häuptling, hatte mich einen Augenblick lang verzaubert, und ich stand da und sah Krieger aus alter Zeit, Lehmhütten und Torffeuer. Der Kopf eines Riesen lag unter meinen Füßen. Vor Jahrhunderten war *er* über diese Wiesen geschritten.

Ich überließ Conor seinen Streifzügen auf dem Hügel – er würde später zu uns herunterkommen und mit uns essen – und eilte nach Hause zu Chris, stolz wie ein Ritter, der mehrere Drachen auf einmal besiegt hat. Wir waren Tumper auf der Spur; wir würden einen Steinkreis finden, eine Grabkammer. Dort oben lag ein Riese begraben. Minuten später war Chris ebenso aufgeregt wie ich. Sie machte Suppe und belegte Brote zurecht, und als Conor in pitschnassen Schuhen und durchweichten Socken ankam, schlangen wir unser Essen hinunter, um sofort danach auf unseren Hügel zu laufen. Wohlgemerkt: Man mußte wirklich wissen, wonach man suchte, denn man sieht dort oben, ehrlich gesagt, nichts anderes als Gras und Steine und Kühe.

Aber erst einmal gab es weitere Neuigkeiten.

»Tumper's Stone habe ich nicht gefunden«, sagte Conor, »aber ich habe auf Ihrem Land etwas gefunden, von dem ich ziemlich sicher bin, daß es ein Megalithgrab ist. Außerdem habe ich einen Handmühlstein gefunden. Ich konnte ihn allein nicht tragen, sonst hätte ich ihn mitgebracht. Vielleicht gehen wir nach dem Essen noch einmal hinauf. Zu zweit könnten wir es schaffen.«

Das Ausmaß unserer Aufregung wurde nur noch von dem unserer Unwissenheit übertroffen. Wir hatten keine wirkliche Vorstellung von einem Megalithgrab oder einem Handmühlstein, und so wurde unser Mittagessen zu einer Lektion in Vorgeschichte.

Ein Megalithgrab in seiner schlichtesten Form ist ein Kammergrab aus einer Zeit ungefähr 2500 vor Christus. Es besteht aus einem oder mehreren Decksteinen und hochkant gestellten Tragsteinen unter der Erde. In solchen Gruften wurden Menschen bestattet, die irgendwie Bedeutung erlangt hatten, und meistens wurde ihnen ein irdener Topf oder ein Becher ins Grab mitgegeben als Geschenk für die Götter am Tor zum Leben nach dem Tod. Der Handmühlstein, ungefähr 500 Jahre jünger, war im wesentlichen ein Reibstein zum Mahlen von Getreidekörnern. Auf seiner Oberfläche waren noch die glatten Rillen zu erkennen, die durch die Hin-und-her-Bewegung von Stein auf Stein entstanden waren.

Wir ergänzten Conors Informationen mit unserem Wissen von der »Feenfestung«, die in Wirklichkeit ein Ringwall war. Die Iren der Vorzeit führten ein Wanderleben, und in Zeiten der Gefahr flüchteten sie hinter die Einfriedung ihrer Festungen. Die Überreste dieser Ringwälle, die manchmal aus Steinen, gewöhnlich aus

Erde oder Lehm errichtet wurden, sehen aus wie niedrige Hügel.

Alles, was wir uns für diesen Tag vorgenommen hatten, wurde zurückgestellt, denn die Suche nach den Riesen konnte nicht warten. Wir liehen Conor ein Paar Gummistiefel, und mit dem letzten Sandwich in der Hand marschierten wir bereits wieder über die Wiesen.

Früher, in alter Zeit, war Kiltumper eine dicht besiedelte Gegend. Heute ist es, im Gegensatz zum blühenden Kilmihil, klein, entweder durch eine Verschiebung der Gemarkungen oder weil das Gebiet einfach verödete durch Auswanderung und Not. Kiltumper hat nur noch sechs Häuser. Als wir über die Wiesen den Hang hinaufstiegen und uns vorstellten, daß es in grauer Vorzeit rings um diese ständig vom Wind bestrichene Hügelkuppe möglicherweise eine ansehnliche Siedlung gegeben hatte, erfaßte uns das unheimliche Gefühl, von Schatten und Geistern umweht zu sein. Der Handmühlstein war nicht von irgendeinem vorüberfahrenden Karren gefallen; eine menschliche Hand hatte ihn dort, wo zweitausend Jahre lang ein Moor gewesen war, hingelegt, und dort war er liegengeblieben, bis ihn die Hand von Conor aufgehoben hatte. Conor erklärte uns, der Fund des Handmühlsteins sei keineswegs unerheblich; gab er doch Zeugnis von einer Zeit, in der hier in der Gegend Händler, Dörfler und Bauern gelebt hatten. Der Ringwall war ein weiterer Beweis, daß Kiltumper von prähistorischer Zeit bis zu den Hungerjahren 1846-1850 ein bevölkerter Ort gewesen war.

Handmühlstein und Megalithgrab. Chris ließ ihre Finger über die feuchten Texturen gleiten, als wären es Puzzleteile, als wollte sie die vergangene Zeit *erta-*

sten. Zu dritt, uns am schweren Ende abwechselnd, trugen wir den Mühlstein ein Stück den Hang hinab und legten ihn neben die Stelle des neu entdeckten Steingrabs. Conor zeigte uns den Deckstein und den Fersenstein, und als er ein paar Grasbüschel ausriß, kam ein mehr als armtiefer Spalt zum Vorschein, der hinunter in die geheimnisvolle Kammer reichte.

Unser Megalithgrab blieb jedoch ungestört. Im Westen zogen Regenwolken auf, und uns zog es, mit dem Handmühlstein als Trophäe, nach Haus. Wir wußten, *er* war dort oben, unser Tumper, und wir hatten nicht vor, ihn zu stören. Während wir uns den Hügel hinabmühten und uns der Wind die Regenschleier ins Gesicht trieb, genügte es zu wissen, daß wir einen Riesen entdeckt hatten. Wir hatten mit unseren Händen Geschichte berührt.

Und es regnete und regnete weiter. Der nasseste Juni wurde zum nassesten Juli und zum nassesten August. Der Sommer war verloren. Berichte von einer inzwischen verheerenden Krise der Landwirtschaft beherrschten die Schlagzeilen. Die Regierung hatte sich an den Katastrophenhilfsfonds der Europäischen Gemeinschaft gewandt, und Austin Deasy, der Landwirtschaftsminister, der mit dem Hubschrauber über die unter Wasser stehenden Felder Westirlands flog und für die irische Landwirtschaft das schlimmste Jahr seit dem Anfang des Jahrhunderts diagnostizierte, war zu einer im ganzen Land bekannten Figur geworden.

Das Heu war verdorben, die Kartoffeln verfault. Das Wetter schien es genau auf jene lebenswichtigen Dinge abgesehen zu haben, von denen die Existenz der kleineren Bauernhöfe abhing. Ein Artikel in der *Irish Times* berichtete über einen sechzig Jahre alten unverheirateten Bauern in Mayo, der einen Hof mit zwölf Hektar Land besaß. Er war auf seinem Traktor hinausgefahren auf seine beste Wiese, und als er sah, daß das geschnittene Gras verschimmelte, war er nach Haus gefahren, hatte sich in seiner Kate eingeschlossen und sich aus Verzweiflung erhängt. Wir lasen davon im Regen von Kiltumper, voll stummen Mitgefühls – eine kleine Tragödie des Sommers 1985. Über viele weniger dramatische Geschehnisse wurde nicht berichtet. Das ganze Land blickte zum Himmel. Wann endlich würde die Sonne wieder scheinen?

Auch wir, die wir keine richtigen Bauern waren, blieben von der düsteren Stimmung nicht verschont. Jeden Morgen trommelte der Regen gegen das Schlafzimmerfenster, und wir wollten es nicht wahrhaben und drehten uns noch einmal um. Vom Garten waren wir in dem alles ertränkenden Regen völlig abgeschnitten. Chris mußte zusehen, wie das Unkraut wucherte, wo eigentlich Blumen blühen sollten. Hilflos rang sie die Hände, bis die Wut sie hinaustrieb und sie ohne Rücksicht auf Wind und Wetter draußen herumwühlte. Von meinem Fensterplatz hinter der Schreibmaschine sah ich zu, wie sie das verkümmerte, keinerlei Früchte tragende Gewirr unserer Tomatenstauden hochhob und darunter, wie eine frische Wunde, ein Stück schwarzer nackter Erde bloßlegte. Im Fernsehen, in der Sendung *Gardener's World,* zeigten sie Bilder von wunderbaren Ernten und gepflegten Rasenflächen – für uns der reine Hohn, genauso wie ein Tag, der mit Sonne begann.

Aber wesentlich schlimmer als die verlorene Gartenpracht war der Zustand des gestochenen Torfs, der oben im Moor in knöcheltiefen Pfützen lag. Wir hatten ihn vor Monaten zu Häufchen gestapelt. Dreimal hatten wir inzwischen jeden einzelnen von diesen Hunderten von Torfsoden, die wir als Brennmaterial für den kommenden Winter brauchten, in die Hand genommen. In einem normalen Sommer wäre der Torf jetzt trocken gewesen, und mit einem Traktor hätte man den ganzen Vorrat in einem halben Tag eingefahren. Aber in diesem Jahr war nicht daran zu denken. Der Torf hatte in der Sintflut, in der wir uns befanden, nie eine Möglichkeit, richtig zu trocknen. Nur die Stücke, die oben auf den Torfmännchen balancierten, waren so weit, daß man sie einfahren konnte. Der restliche Torf, der größtenteils auf nassem Untergrund lag, wo er sich wie ein Schwamm mit Wasser vollsaugte, war fast noch so naß wie an dem Tag, als er gestochen wurde. Ähnlich verhielt es sich auf den Mooren. Grabenübergänge und Feldwege standen unter Wasser. Kein Traktor konnte nah genug an unsere Torfbank heranfahren, um den Torf an Ort und Stelle zu laden. Wir würden ihn »einsacken« müssen. Bepackt mit einem halben Dutzend leerer Kunstdüngersäcke, die ich bei den Ställen gefunden hatte, verließ ich Chris eines Morgens und stieg zum Moor hinauf. Ich nahm nur die oberen trockenen Stücke von den Torfmännchen, und während ich sie in meine Plastiksäcke füllte, überkam mich plötzlich die wilde Hoffnung, es könnte vielleicht doch nicht so schwierig sein, den Torf heimzuschaffen. Ich schleppte jeweils einen Sack vom Moor zum großen Graben, vom großen Graben über die Moorwiese, von dort über Upper Tumper und an Tumper's Grave vorbei bergab über die Kuhweide von Lower Tumper, über die Mauer hinein in die Große Wiese, und dort endlich leerte ich den Sack auf den Boden des Heuschuppens. Sechsmal legte ich diese Reise zurück, denn wir hatten keinen Traktor, und ich hatte nicht den Mut, unsere Nachbarn um Hilfe zu bitten zu einer Zeit, in der sie, wie ich wußte, selbst alle Hände voll zu tun hatten. Nach einem halben Tag Arbeit und sechs Touren zum Moor und zurück – im Regen, wie könnte es anders sein – lag ein lächerliches Häufchen Torf im Heuschuppen. Er würde nicht einmal für drei Wintertage reichen.

Natürlich hatten wir die Hilfsbereitschaft unserer Nachbarn unterschätzt. Schon einen Tag nach diesem ersten Versuch sagte uns Michael Downes unten an unserer Straße, wir sollten bei Sean sechzig Säcke abholen, sie füllen und nur bis über den Moorgraben schleppen; von dort könne er sie mit dem Traktor hinunterbringen. Michael Donnellan wollte ebenfalls eine Fuhre übernehmen. Und plötzlich, als wir nicht mehr an einzelne Säcke, sondern an Fuhren denken konnten, sahen Chris und ich wieder einen Hoffnungsschimmer am Horizont.

Gemeinsam arbeiteten wir mehrere Tage dort oben auf dem Moor, das uns so rasch vertrautes Land geworden war (wir kannten die Hasenpfade, das Dikicht aus Büschen und Farnkraut, die Abschneider zwischen den Torfbänken und die von Heidekraut überwachsenen Sumpflöcher), und packten den Torf in Säcke. Es war Schwerstarbeit. Die Säcke waren unhandlich und glitschten uns aus den feuchten Händen, wenn wir sie auf den Rücken nahmen und an den Sumpflöchern vorbeitrugen. Stumm unter einem grauen, nieselnden Himmel vor uns hin arbeitend, sammelten wir unseren Torf für den Winter. Weiter drüben, hinter unserer Torfbank, taten Mary und Joe dasselbe. In leuchtend grünen und gelben Säcken stapelten sie ihren Torf am Rand des Moors. Ich erinnerte mich, daß ich als Kind, während eines Sommers an der Küste von Clare, diese einsamen Stapel unnatürlich bunter Plastiksäcke in einer sonst nur braunen Landschaft gesehen hatte. Damals hatte ich keine Ahnung, was es damit auf sich hatte; ich hielt sie für die Hinterlassenschaft eines schlampigen Bauern. In diesen und anderen Tagen, in denen ich mit Chris im Moor arbeitete, lernte ich den Stoff des Westens gründlicher kennen, als ich es mir je hätte träumen lassen. Die Arbeit selbst war alles andere als schön, und die Befriedigung, die sie einem verschaffte, hielt sich in Grenzen. Denn selbst nachdem man sechzig Säcke voll Torf auf trockeneres Land geschafft hatte, lag noch fast zehnmal soviel im sumpfnassen Moor, und daß das Zeug jemals trocknen würde, erschien unvorstellbar. Die Aufgabe, jedes einzelne Torfstück gleichsam von Hand zu trocknen, indem wir es immer und immer wieder wendeten, die Torfmännchen umbauten und die Soden mit der Innenseite nach außen dem Westwind zukehrten, war in unseren Augen, zumal auf dem völlig aufgeweichten Moorboden, nicht zu bewältigen. Auf irisch heißt *bog* (Moor) wörtlich »Weichheit«. Eine Gedankenverbindung zwischen diesem weichen Laut und einem zähen, harten Stück trockenen Torfs war in diesen Tagen eine Meisterleistung der Phantasie.

Nachdem wir eine methodische, unseren körperlichen Fähigkeiten entsprechende Arbeitsteilung vereinbart hatten, füllte Chris die Säcke, und ich lud sie mir auf den Rücken. Es war eine Arbeit von Mann *und* Frau, bei der jeder seine spezielle Aufgabe erfüllte – eine ruhige und primitive Arbeit, die eine tiefe Verbundenheit herstellte, wie wir sie köstlicher nicht kannten. Von Kopf bis Fuß mit Schlamm bespritzt, müde und sorgenvoll trotteten wir an den

Kühen vorbei im Regen nach Hause und träumten von einem Bad.

> So viele hatten versprochen, uns zu besuchen. Wo sind sie? Wo sind all die hilfreichen Hände, die sich bei unserer Abschiedsparty im März angeboten hatten? Jetzt, da wir mehr denn je Hilfe bräuchten, um den Torf heimzubringen, ist keiner da. Absagen. Irland ist dieses Jahr nicht »drin«.

Chris stöhnte, als sie wieder einen Brief aus Amerika öffnete. Allein würden wir es nie schaffen, sagte sie, denn selbst in zwei regenfreien Tagen hätten wir erst die Hälfte des Torfs in der Scheune. Und plötzlich, als wir durch die regennassen Scheiben des Küchenfensters über das wirre Durcheinander im Garten und die überschwemmten, morastigen Felder blickten, traf uns die Erkenntnis, daß dies hier kein Spiel und kein Ferienspaß war, sondern das Leben. Ein paar Hände mehr wären uns eine echte Hilfe gewesen.

15. September. Die Madonnenfiguren bewegten sich noch immer. Die *Sunday Times* brachte eine Liste mit dreißig Erscheinungsorten aus allen Ecken des Landes. Fast täglich wurden neue ungewöhnliche Vorfälle und Visionen gemeldet, so auch aus Clare. In Glenbrien behaupteten zwei Frauen, sie hätten gesehen, wie sich eine Statue Unserer Lieben Frau bewegte. In Cratloe sahen zwei andere Frauen eine andere Statue, die sich bewegte, und dreihundert Pilger, die sich nächtens versammelt hatten, behaupteten, sie hätten dasselbe gesehen und außerdem sei vor dem Marienbild das Gesicht von Pater Pio erschienen. Und es gab noch Dutzende nichtöffentlicher Erscheinungen. Als auch eine Statue aus Ennis auf die Liste kam, fragten wir uns nach den Chancen für unsere Statue. Sie war

blau-weiß und befand sich nur hundert Meter vom Haus entfernt hinter der Hofmauer an einer geweihten Quelle. Im Mai, dem Marienmonat, hatte Chris Mary geholfen, den kleinen Heiligenschrein zu weißen und für die Ankunft der Wallfahrer zu schmükken, die wie jedes Jahr am letzten Sonntag des Monats erwartet wurden. Vielleicht handelte es sich ebenfalls um eine Wundermadonna? Vielleicht bewegte sie sich?

Vielleicht. Aber wenn, dann hat sie sich nicht für uns bewegt.

Die Sonne scheint! Ein morgendlicher Schauer verhüllte das Land, zog davon, und dann brachte uns ein breiter Sonnenstrahl ganz schnell auf die Beine. Hastig entwarfen wir einen Tagesplan: Niall sollte zum Moor hinauf und Säcke füllen, Chris sollte auf der hinteren Wiese malen. Wir liefen hinaus, um noch schnell die Hühner und Enten zu füttern. Das Flimmern des Lichts über dem Heuschober war der erste wirkliche Eindruck, den uns der Sommer in diesem Jahr von sich gönnte. Überall tuckerten die Traktoren. Die Männer waren draußen auf den Feldern, Landmaschinen holperten über die Straßen, sogar die Kühe wirkten zufriedener. Es war nur ein Augenblick in einem verlorenen Sommer, aber jeder empfand ihn wie eine Belohnung. Die große hölzerne Staffelei wie einen Fahnenmast vor uns hertragend und bepackt mit Farbkasten, Marmeladengläsern voll Terpentin, Lappen und Leinwand, boten wir ein Bild der Hoffnung, als wir unter einem selten blauen Himmel über die Wiesen stapften.

Chris ließ sich für ihr Tagewerk auf einer Wiese nieder, von der aus sie Kathleens Land und die Ruine des

Geisterhauses überblicken konnte. Zum ersten Mal seit einem halben Jahr trug sie ein Kopftuch als Schutz gegen die Sonne. Das Bild, das sie malte, drückte die Freude aus, die sie in dieser wilden Landschaft empfand, aber auch die Feindseligkeit von Kathleens Haus und die Angst, die die heraufziehenden Wolken am Nachmittagshimmel auslösten. Als wir am Abend Leinwand und Staffelei nach Hause trugen, fühlten wir eine tiefe Befriedigung: Chris hatte mit einem Bild begonnen, Niall hatte vierzig Säcke Torf geschleppt. *Carpseramus diem.*

Kapitel 9

Einen Tag, bevor er eintraf, hatten wir erfahren, daß er kommen würde. Father Linnane, der Kurat, war in Kiltumper. Er war bereits bei den Conways und den O'Sheas gewesen und würde wahrscheinlich am Freitag im Lauf des Vormittags bei uns vorbeischauen. Als neue, vom Ausland zugereiste Pfarrkinder, die dort nicht zu den eifrigsten praktizierenden Katholiken gezählt hatten, waren wir auf der Hut. In Irland ist ein Priester eine so hochangesehene Persönlichkeit, daß sich in unserer Küche tatsächlich ein Hauch von Angst spüren ließ, während wir auf ihn warteten. Konnten wir ihm sagen, daß Chris die hiesige Aussprache bestimmter Wörter oft nicht verstand und daß wir uns noch nicht an den ländlichen Geruch gewöhnt hatten, der während der gut besuchten Messe am Samstagabend durch die Kirche zog? Und daß wir, nun ja, nicht regelmäßig zur Kirche gingen? Wir hätten uns nicht zu ängstigen brauchen. Father Linnane war liebenswürdig und freundlich, ganz anders als seine Amtsbrüder in der irischen Literatur.

Im Westen von Irland sind über neunzig Prozent der Bevölkerung katholisch. Und meistens kennt der Pfarrer des Ortes fast alle Gemeindemitglieder persönlich. Vor der Messe am Samstagabend oder vor dem Hochamt am Sonntag steht er am Portal und begrüßt die Kirchgänger, jung und alt. Er kennt sie alle, ihre Lebensumstände und wie es um ihre Frömmigkeit bestellt ist. Zweimal im Jahr versucht einer der beiden Priester des Sprengels, jedem Haus im Dorf und im Umland einen Besuch abzustatten. Irgendwann im Lauf des Vormittags tuckert das Auto des Priesters durch Kilmihil, verschwindet in einem der schmalen *botharins* und hält vor modernen Bungalows ebenso wie vor den heruntergekommenen Katen lediger oder verwitweter Bauersleute, in denen die Beleuchtung schlecht ist und der Komfort gering. Die Tatsache, daß er in jedem Haus, auch wenn die Leute noch so arm sind, mit einer Tasse Tee bewirtet wird, zeigt, wie bedeutend seine Stellung in der Gemeinde ist.

Als Father Linnane um zwei Uhr nachmittags immer noch nicht aufgetaucht war, dachten wir, er sei vielleicht an unserem Haus vorbeigefahren; vielleicht hatte er das Haus hinter der hohen Fuchsienhecke, die es von der Straße abschirmte, gar nicht gesehen. Aber so war es nicht. Es war einfach die Gastfreundschaft von Kiltumper, die ihn mit Keksen und unzähligen Tassen Tee so lange aufgehalten hatte. Gegen halb drei kam er den Gartenweg herauf und begrüßte uns mit gefalteten Händen und dem Segen.

»Ein schönes Plätzchen haben Sie hier. Gott segne alles«, sagte er und trat in die Küche.

Von der Kanzel herabgestiegen und mit uns auf gleicher Höhe vor dem Feuer sitzend, schien er voll guten Willens und eitel Freundlichkeit. Nachdem er sich nach unserer Gesundheit erkundigt hatte, brachte er das Gespräch auf das wichtigste Thema: »Und wer sind nun die Verwandten Ihrer Frau?«

Vettern, Basen, Tanten, Nichten, Neffen, Großväter,

Großonkel und selbst nichtverwandte Nachbarn sind im Westen der Schlüssel, um jemanden kennenzulernen. Seit dem Tag, an dem ein Bauer nicht weiter als bis in die Nachbargemeinde ging, um eine Frau in seinem Eselskarren heimzuführen, ist jeder mit jedem verwandt. Die Dörfer sind voll von Vettern, Basen, Schwagern und Schwägerinnen. Jedesmal, wenn wir auf der Straße nach Kilrush oder Ennis anhielten, um einen Einheimischen, der zu Fuß unterwegs war, mitzunehmen, lautete die erste Frage: »Sie sind von Kiltumper – kennen Sie den Soundso? Es ist ein Verwandter von mir, wohnt ganz in Ihrer Nähe.« Die ganze Gemeinde ist auf diese Weise eng miteinander verknüpft. Verwandte sind die Koordinaten, mit denen eine Person definiert wird – sie stellen ihre Verbindung zur Allgemeinheit dar. Selbst wenn jemand nach Amerika oder England geht, um dort zu leben, sind es Verwandte und ehemalige Nachbarn, mit denen man sich zuerst trifft.

Father Linnane kannte uns besser, sobald er wußte, wer Chris' Verwandte waren und wie Chris in die hiesige Landschaft paßte. Nach jeder Antwort fühlte er sich heimischer bei uns. Er schien es richtig zu genießen, hier, in der Küche des Geburtsorts von Chris' Großvater, ihre verwandtschaftlichen Verbindungen herauszufinden, ihre persönliche Geschichte wie ein Puzzle zusammenzusetzen. Wir hörten wieder die fragmentarischen Geschichten über »die großen Breens«, über Big John und Jack O'the Grove, die üppig tragenden Apfelbäume, die einst im vorderen Garten wuchsen und über die Nächte mit Tanz und Musik, die über hundert Jahre zurücklagen. Während er erzählte, wurde Chris' Platz in der Gemeinde ein rechtmäßig angestammter, und durch die Heirat mit ihr bekam auch ich meinen Platz. Ich hatte, auch wenn sich Father Linnane große Mühe gab (»Williams? Haben Sie was mit den Williams in Kilrush zu tun?«), kein Recht in Kiltumper, ausgenommen die Rechte der Freundschaft, die ich mir erworben hatte, weil ich meine Welt aufgegeben hatte, um hier zu leben. Chris war unser Berechtigungsschein für Kiltumper.

Der Besuch dauerte eine Stunde und hätte vielleicht noch länger gedauert, wären da nicht drei weitere Häuser an der schmalen Straße nach Westen gewesen, in denen ein siedender Teekessel auf den Priester wartete. Als uns Father Linnane beim Abschied noch einmal segnete, fühlten wir uns noch inniger in seine Gemeinde aufgenommen. Jetzt kannte er uns. Wir waren ein weiteres Glied in der Kette der miteinander verwandten Menschen. Wir gehörten dazu.

Um die wahre Geschichte des irischen Westens kennenzulernen, sollte man einen Tag am Flughafen von Shannon verbringen, am Fuß der Treppe, die zur Abflughalle führt. Sie kommen in kleinen Gruppen, Familien vom Land in ihren besten Kleidern; einen halben Schritt voraus, in ängstlicher Erwartung des Augenblicks des Abschieds, geht ein Sohn oder eine Tochter. Die Gesichter der Mütter sind tränenfeucht, die der Väter unbeweglich. Alle klammern sich an das Geländer der Rolltreppe. Es ist komisch und traurig zugleich. Abschiedsszenen sind in Irland nach all den Jahrhunderten, in denen die Menschen auswandern mußten, ein vertrautes Bild – heute so wirklich und herzzerreißend wie eh und je. Halbherzig und leise spricht man davon, daß er oder sie »in eine bessere Welt« unterwegs sei; und später, auf dem Heimweg, werden Leute erwähnt, die bereits »drüben« sind – aber ja, und bestimmt werden sie sich großartig amüsieren. Manchmal wird man ein bißchen prahlen und vom großen Geld und den vielen Möglichkeiten reden; aber es wird immer Tränen geben, wenn der Junge aus der Bronx anruft und fragt, ob das Kalb gesund ist, oder wenn die verwitwete Tante ihre fröhliche Nichte vermißt, die in die Staaten geflogen ist, um dort als Kellnerin in einem Restaurant an der 35. Straße in Manhattan zu arbeiten.

Shannon Airport ist für die Menschen im Westen ein mit vielen Emotionen befrachteter Ort; es ist mehr als ein Flughafen. Für die jungen Menschen ist Shannon Airport der Notausstieg nach Amerika. Shannon Airport ist das Symbol für die anhaltende hoffnungslose Arbeitslosigkeit in Irland. Häufig fliegen nagelneue Koffer *one way* nach New York, deren Besitzer noch nie in Dublin gewesen sind.

Wir waren in Shannon Airport, um ebenfalls Abschied zu nehmen. Chris flog für zwei Wochen nach New York, um ihre Familie zu besuchen. Es war beschlossene Sache: Sie sollte reisen, während ich hierbleiben und mich um den Hof und den bevorstehenden Winter kümmern sollte.

Und da war ich plötzlich allein in Kiltumper. Es war Nacht, der Wind rüttelte an den Fenstern und heulte im Kamin. Das Haus kam mir viel größer vor als sonst. In der Küche zog es von allen Seiten. Zum ersten Mal merkte ich, wie kalt das Haus ist. Ich rückte mit meiner Schreiberei dicht ans Feuer und stellte mir vor, wie Chris innerhalb eines einzigen kurzen Nachmittags im Herzen des herbstlichen Westchester landete, wo laut Wetterbericht der *Irish Times* eine Temperatur von zweiundzwanzig Grad Celsius herrschte. Ich schrieb ein paar Sätze, und wieder überfiel mich die Stille im Haus. Ich ging hinaus und sah nach den Ställen. Tumper's Hill war unheimlich dunkel. Zwei, drei Hoflichter blinkten in pechschwarzer Ferne. Vor ein paar Tagen hatten wir auf der Straße nach Westen einen Fuchs gesehen; deshalb sicherte ich die Tür des Hühnerstalls doppelt. Dann hastete ich, während mir der Sturm den Regen ins Gesicht schlug, ins Haus zurück. Es war die übelste Art von irischer Nacht. Allein in dem stillen Haus empfand ich die Einsamkeit intensiver denn je. Obwohl mir die Häuser sämtlicher Nachbarn offen standen und Pauline und Michael und Mary mich bereits eingeladen hatten, blieb ich zu Haus und las, und ich glaubte, in einem flüchtigen Gedanken die Gründe zu entdecken, warum der Westen Irlands soviel Musik hervorgebracht hat.

Aus einem kleinen Hinweis auf trockenes Wetter wurden Mitte Oktober drei ganze aufeinanderfolgende regenfreie Tage, und wieder wimmelte es überall von Traktoren. Kein Wort von Chris. Michael Donnellan wollte noch ein paar Fuhren Torf für uns übernehmen, wenn ich genug Säcke füllen und bereitstellen würde. Zwei Tage arbeitete ich allein auf dem Moor, sackte Torf ein und schleppte ihn zur Abholstelle. Inzwischen war es merklich kälter geworden. Schneidend fegte der Wind von Glenmore her über den offenen Horizont des Moors. Das Heidekraut war verblüht. An vielen Stellen sah man noch die Verwüstungen des Sommers, große Pfützen und verstopfte Gräben, aus denen das Wasser in die Felder sickerte. Aber der Torf trocknete in der bleichen Sonne und im Wind, und nach zwei Tagen lag ein ordentlicher Stapel in unserem Heuschober. Was wird Chris heute tun? dachte ich, während ich mit einem Armvoll Plastiksäcken Tumper's Hill hinaufstieg. Madison Avenue lag in weiter Ferne.

Eines Tages saß ich mit zwei Nachbarsjungen, Peter und Francie, in der Küche. Es war ein ruhiger Sonntag morgen. Später war ich bei den Downes zum Essen eingeladen. Wir spielten Karten, als Francie plötzlich aufschrie: »Niall, da draußen ist ein Taxi!« Und bevor ich etwas sagen konnte, schossen die Jungen aus dem Haus und hinter den Ställen vorbei zur Straße. Es war das erste Mal, daß sie ein Taxi auf der Straße nach Kiltumper sahen. Wir hatten keine Ahnung, wer in dem Taxi sein könnte, und gut eine Minute hingen wir am Gartentor und warteten ab. Eine eindeutig amerikanische Stimme scherzte mit dem Taxifahrer, und als sich die Wagentür öffnete, kam jemand zum Vorschein, den ich nie im Leben erwartet hätte: Jane, die unermüdliche Büroleiterin der Firma, für die ich in Manhattan gearbeitet hatte. Sie und ihr Mann waren auf einer Spritztour durch Irland, Schottland und England. Um acht Uhr morgens waren sie in Shannon gelandet. Sie hatten sich in ein Taxi gesetzt, das sie nach Kiltumper bringen sollte. Nach vier Stunden und zwei Reifenpannen hatten sie die Suche, die eigentlich nur eine knappe Stunde hätte dauern sollen, beinahe aufgegeben. Aber Jane hatte im Büro versprochen, daß sie mich besuchen und ein Foto mitbringen würde. Und hier war sie.

Jane und ihr Mann sagten, Haus und Landschaft seien genau das, was sie sich vorgestellt hätten. Ich fand mich plötzlich wieder in der Welt, die wir hinter uns gelassen hatten. Ich hörte aufgeregt, wer neu dazugekommen war, wer gegangen, wer entlassen war und wie das Verlagsgeschäft ging. Was war geplant? Wer tat was? Ich erinnerte mich wieder, wie es war, Teil einer

Gesellschaft von Menschen zu sein, eines Teams grundverschiedener Persönlichkeiten, an das freimütige Lob und das Gezischel hinter dem Rücken, an die gute Zusammenarbeit und die Eifersüchteleien. Ich las *Publishers Weekly* nicht mehr. Ich hatte keine Ahnung, welche Bücher auf der Bestsellerliste standen, und während wir in der Küche saßen und Tee tranken, vermißte ich ein wenig die Spannung, mit der wir auf das Vorausexemplar der *New York Times Book Review* mit der Bestsellerliste gewartet hatten und auch den Jubel auf dem Gang, wenn *unser* Buch die Nummer eins war. Das Wiedersehen mit Jane stellte den Traum auf den Prüfstand. Für mich war dieser Sonntag morgen eine Bestätigung. Ich war dankbar, daß Jane gekommen war, aber im stillen fragte ich mich, ob auch für Chris in New York der Traum noch da war. Vielleicht graute ihr vor der Rückkehr?

Ich hatte Angst, Chris könnte sich in New York wieder an den Luxus gewöhnt haben. Wenn der Winter früh einsetzte, würde sie aus Sonnenschein und goldener Laubfärbung in tiefhängende graue Wolken und Nässe kommen. An einem anderen trockenen Tag blickte ich aus dem Fenster, und ich wußte, in dem Augenblick, in dem sie zurückkehrte, würde es regnen oder gar schneeregnen. Mir wurde zum ersten Mal bewußt, daß von unserer Küche fünf Türen abgingen: ins Bad, in die Trockenkammer (begehbarer Schrank, in dem sich der Warmwassertank befindet), hintere Haustür, vordere Haustür und die Tür zur Speichertreppe. Wenn wir das große Feuer nicht ordentlich brennen ließen, würden wir diesen Raum im Winter niemals warm bekommen. Tagelang lief ich im Haus umher und versuchte, es heimeliger wirken zu lassen, und jeden Augenblick fragte ich mich, wie sich

Chris in New York fühlte. Ich versuchte, Kiltumper mit Manhattan-Augen zu sehen. Ich machte mir ernstlich Sorgen.

Ich bin tatsächlich überrascht. Daß ich einen Kulturschock erleiden könnte, hätte ich nicht gedacht. Schließlich bin ich nur sieben Monate weg gewesen.

Was mich am meisten überrascht, sind die gewöhnlichen Dinge des Alltags, *nicht* die erwarteten Gegensätze – die Rennbahnatmosphäre von New York, oder wieder rechts zu fahren oder einfach der riesige Unterschied zwischen unserer abgelegenen Farm in Kiltumper und den wohlhabenden Vororten von New York City. Nein, ich stelle fest, ich bin schockiert über schlichte Haushaltsgepflogenheiten. Ich ertappe mich bei der Frage: Wohin mit dem Abfall? In Kiltumper werfe ich Verbrennbares in den Stanley; was nicht brennt, kommt in die Tonne, die wir einmal in der Woche zur Müllkippe fahren. Viele genießbare Abfälle bekommen die Hühner. Alles hat seinen Platz, und ich weiß, wo alles hingehört. Wieder daheim in New York zucke ich innerlich zusammen, wenn ich sehe, was an Speiseresten in den Mülleimer wandert; ich sehe mit neuem Bewußtsein die unnötige Verschwendung.

Mittags denke ich plötzlich: Werden wir genug heißes Wasser haben für ein Bad oder für das Geschirr oder für die Wäsche? Natürlich, in New York gibt es zu jeder Tageszeit genug heißes Wasser. Es gibt auch Heizkörper, die sofort Wärme spenden. Ich ging wieder barfuß über die knöcheltiefen Teppichböden meiner Mutter. Ich trug ein loses Baumwoll-T-Shirt und fühlte die warme Luft auf meiner Haut. All diesen Luxus habe ich erst jetzt in seinem ganzen Ausmaß schätzengelernt.

Ich kann meine Sachen in einer Maschine waschen – nach all den Monaten, in denen ich unsere Wäsche in der Badewanne gewaschen habe und sie zum Trocknen auf die Leine hängte, ohne den Luxus einer Wäscheschleuder oder gar eines Trockners. Es ist nicht so, daß man in Irland keine Waschmaschinen hätte. O doch! Nur *wir* können uns keine leisten, und zum Waschsalon müßte ich über eine halbe Stunde fahren.

Und das Essen! Das herrliche Essen! Alles Sachen, die ich in Kiltumper nicht bekomme: Spargel und frischen Brokkoli, Pizza und italienische Kräutersoße, frische Maiskolben, Joghurteis, echte Fruchtsäfte. In Kiltumper gibt es keine große Auswahl an Fruchtsäften: Orange-, Ananas-, Apfel- und manchmal Grapefruitsaft. Hin und wieder taucht Traubensaft in den Regalen von Quinnsworth in Ennis auf, aber Himbeer- oder Maracuja-, Aprikosen- oder Birnensaft sind dort unbekannt. Wieder in einem Supermarkt einzukaufen und alles vorzufinden!

Ich habe jetzt alles einmal gehabt: einen Schinken-Cheeseburger, chinesisch essen, Brownies, Pizza mit Pilzen von Dinardo. Ich aß bergeweise Gemüse zu Mittag und zu Abend und Krapfen am Sonntagmorgen zur *New York Times.* An die langweilige, phantasielose Kost der Iren werde ich mich weder gewöhnen, noch werde ich sie akzeptieren. Aber es gibt immerhin einen Lichtblick: In Ennis soll demnächst eine Pizzeria eröffnen. Oder ist es nur ein Gerücht?

Das Leben in Kiltumper ist manchmal der Inbegriff von Ruhe und Frieden (wenn ich mich mit dem Regen und der Feuchtigkeit abfinden kann). Etwas davon ist tatsächlich auf mich übergegangen und ein Teil von mir geworden. Als ich heute morgen den Vorortzug nach Manhattan nahm und mich in die drängelnde Menschenmenge schob, entdeckte ich zweierlei: Erstens, daß es mir ganz leicht fiel, im gewohnt flotten Tempo die Madison Avenue entlangzulaufen und andere wie ein Rennfahrer zu überholen; und zweitens, daß der ganze Lärm, die vielen, in alle Richtungen strebenden Menschen, die qualmenden Auspuffgase der Lastwagen und die hupenden Autos *nicht* über mich herfielen wie einst. Kiltumper hat mir inneren Frieden gegeben.

Der blaue Oktoberhimmel und die wunderbare Laubfärbung heben meine von der vielen Nässe schwerfällig gewordenen Lebensgeister. Die Bäume und die Landschaft sind so einladend und bunt wie nichts und nirgends sonst. Nichts auf der Welt ist mit einem Oktober im Nordosten der Vereinigten Staaten zu vergleichen! Ich werde die Schneestürme vermissen. Aber ich frage mich: Hat in Kiltumper bereits der Winter eingesetzt? Ich schiebe das Gefühl, etwas zu entbehren, beiseite, ebenso meine Unschlüssigkeit, ob ich nach Irland zurückkehren will oder nicht und verbringe soviel Zeit wie möglich mit Spaziergängen.

Bevor ich abreise, muß ich mir noch Malutensilien besorgen, die leicht in meinem Koffer Platz haben werden. Ich kaufe einen Rollkragenpullover, etliche Boxershorts und Socken für Niall; Skiunterwäsche und Flanellschlafanzüge für mich. Meine Mutter beschenkte mich mit Kosmetika, die in Kilmihil und Umgebung schwer aufzutreiben sind. Ich war jetzt viermal im Kino und wurde etliche Male zum Dinner ausgeführt.

Ich genoß in diesen zwei Ferienwochen eine ordentliche Portion des so schmerzlich vermißten *American life-style.* Nun bin ich bereit, nach Irland zurückzukehren.

Ein fremdes Geräusch zerriß die Stille von Kiltumper: das Kreischen einer Motorsäge. Nach dem verheerenden Sommer hatten nur wenige Leute im Westen genug Torf für den Winter, und der Torf, den man heimgebracht hatte, war nicht der beste. Er würde nur wenig Hitze geben. Deshalb hallte das zornige Geheul der Motorsäge durch die Landschaft, deshalb wurden auf unserem Feld hinter dem Haus drei Eschen gefällt.

Esche, hat man uns gesagt, sei in dieser Gegend das beste Brennholz.

Ash, fresh and green
makes a fire
*fit for a queen.**

Esche braucht nicht erst längere Zeit zu liegen wie anderes Holz, sondern brennt bereits einen Tag, nachdem der Baum gefällt wurde, sehr gut. Ein Hof mit eigenem Eschenbestand überlebt auch den schlimmsten Sommer seit hundert Jahren. Aber zu welchem Preis?

Holz ist heute in Irland Mangelware. Früher war das Land dicht bewaldet. Aber die Engländer hatten während ihrer Herrschaft in Irland jahrhundertelang abgeholzt, um die britische Admiralität mit Bauholz für die Royal Navy zu versorgen. Britische Schiffe aus irischem Holz eroberten die Meere, während die Iren in ihren *coineadhs,* Klageliedern, die Verwüstung ihres

* Esche, frisch und grün,/gibt Feuer/würdig einer Königin. (Anm. d. Ü.)

Landes beweinten. Jedes Schulkind lernt das Gedicht, in dem der verzweifelte Aufschrei vorkommt:

Cad a dheanamaid fast gan adhmaid?
*ta deire na coilte lar...**

In Irland reicht alles zurück in die Geschichte. Und ob wir es wahrhaben wollten oder nicht – das mißtönende Kreischen der Motorsäge rief traurige Geschichten in Erinnerung.

»Unten in Kilmurry lebt ein Mann, der das Gekreisch einer Motorsäge nicht aushält. Er ist davon wahnsinnig geworden. Er kommt raus und schreit, du sollst aufhören, bevor der Baum fällt. Und ein Mann in der Nähe von Cahermurphy läßt dich nicht näher als eine Meile an seinen Hof heran. Wenn irgendwo in seiner Umgebung Holz gefällt wird, ist er da und paßt auf, daß keiner seine Lieblingsbäume umschneidet und daß die Feen nicht gestört werden oder sonstwas. Oh, die Leute hier können sehr heikel sein, wenn es um Holz geht. Sie mögen es nicht, wenn man Bäume umsägt. Es ist bestimmt ein schlechtes Zeichen, wenn man Bäume fällen muß.«

Ein schlechtes Zeichen in einem schlechten Jahr. Das Holz – wie es sich anfühlt, wie es riecht – wirkt hier fremd, wogegen Moor und Torf in dieser Gegend zu Hause sind. Ist das nur so eine Idee von uns? Ich glaube nicht. Torf, nicht Holz, ist der Stoff des irischen Westens, und die Moor- und Heidelandschaft scheint alles zu prägen – die gesprenkelte, grobe Textur der Tweedstoffe ebenso wie die wettergegerbten Gesich-

2)* Was werden wir tun ohne Holz?/Der letzte Wald ist geplündert... (Anm. d. Ü.)

ter der Bauern. Nur der Torf erzählt die Geschichte des armen Landes und wie schwer es ist, sich von diesem Land zu ernähren. Als ich die großen Klötze spaltete und Chris das Holz im Stall aufschichtete, fühlten wir uns reich, weil wir Bäume besaßen, die wir fällen konnten. Unsere Nachbarn hatten keine. Und während die Axt durch die Luft sauste und mit einem lauten, scharfen Schlag in das Eschenholz fuhr, waren wir Chris' fürsorglichen Vorfahren dankbar, daß sie die Bäume gepflanzt hatten, denn sie lieferten uns jetzt, nach dem schlimmsten Sommer in unserer Geschichte, das Brennholz.

Die Marienstatuen bewegten sich immer noch, wenn auch nicht mehr so häufig wie zu Beginn des Sommers. Eines Morgens hörten wir in den Frühnachrichten von einer Gewalttat, die das Land erschütterte. Die berühmteste der sich bewegenden Statuen, die Madonna von Ballinspittle, war von drei Männern aus Dublin mißhandelt worden. Während eine Menschenmenge vor der Grotte betete, schwangen sich die drei über die Absperrung und gingen mit Eisenstangen auf die Madonna los, wobei sie ihr eine Hand abschlugen und eine Gesichtshälfte völlig zerstörten.

Als wir die Nachricht erfuhren, hatte man die Täter bereits gefaßt.

Samhain. Oiche Shamhna, Hollantide oder Halloween – ein Fest, das seit alters in Irland mit vielen alten Bräuchen gefeiert wird. Seit Tagen hatten wir die Kinder davon reden hören. Für sie war das wichtigste, daß sie verkleidet von Haus zu Haus ziehen und um Äpfel und Nüsse bitten durften; danach würden sie heimgehen und Apfelschnappen oder Schwimmende-Äpfel-Essen spielen. Diese Samhain-Spiele gehen auf eine Zeit bis vor zweihundert Jahren zurück und sind noch heute der größte Spaß der Kinder während der Allerheiligenfeiertage.

Aber Halloween ist mehr als Spiel und Spaß. Es ist traditionell der letzte Tag, bevor am 1. November der Winter beginnt. Es ist ein Tag, an dem es etwas Besonderes zu essen gibt, und ein Tag der Vorausschau auf das kommende Jahr. Als Hauptmahlzeit gibt es in vielen Häusern *colcannon* und *pandy* oder *champ*, ein Gericht aus Kartoffelbrei, gemischt mit gekochtem Grünkohl und rohen gehackten Zwiebeln. Es wird in einer großen runden Schüssel mit einem Klacks Butter in der Mitte serviert, und damit die Kinder nicht nur tüchtig essen, sondern auch ihren Spaß haben, stecken in Alufolie eingewickelte Ein- und Zweipennystücke darin. Ein anderes beliebtes Halloweengericht ist *boxty*, Küchlein aus gestampften Kartoffeln und Milch. Am längsten gehalten hat sich jedoch der *bairin breac*, ein großer Früchtekuchen. Der *breac* enthält einen Ring, eine Münze, einen Knopf, einen Fingerhut, ein Stückchen Holz, ein winziges Stückchen Stoff oder eine Erbse – alles Dinge, die dem Finder die Zukunft voraussagen. Der Ring bedeutet baldige Heirat, die Münze Wohlstand, der Knopf den Junggesellenstand, eine Spindel die alte Jungfer. Das Hölzchen droht dem Finder, daß er unter der Fuchtel des Ehepartners stehen wird. Der Stoff oder die Erbse prophezeien ein Leben in völliger Armut. Früher steckte man diese Dinge auch in den *colcannon*, wenn man sich einen Früchtekuchen nicht leisten konnte. Heutzutage gibt es in jedem Haus einen *breac*, selbstgemacht oder gekauft, und am Tag nach Halloween erzählen sich die Kinder auf der Straße, wer was darin gefunden hat.

Mary erinnert sich an Halloweenspiele aus ihrer Kindheit, die allmählich auszusterben scheinen, seit es immer mehr Fernsehen und anspruchsvollere Freizeitbeschäftigungen gibt.

»Früher«, erzählte sie, »nahmen wir zwei alte Nüsse und nannten sie nach einem Jungen und einem Mädchen, von denen es hieß, sie gingen miteinander. Dann legten wir die zwei Nüsse nebeneinander auf den Rost in die Torfasche. Und dann paßten wir auf. Wir wußten natürlich, welche Nuß der Junge und welche das Mädchen war. Und nach einer Weile ist vielleicht eine der Nüsse aus dem Feuer gesprungen, und dann sagten wir: Das bedeutet, daß sie ihn verlassen wird oder daß er mit ihr streiten wird, je nachdem, welche Nuß herausgesprungen war. Und manchmal sprang keine der beiden heraus. Sie verbrannten ganz einfach still und lautlos, und das bedeutete, daß die beiden heiraten und glücklich miteinander leben würden.«

Zu einem anderen Spiel brauchte man vier Teller. Sie wurden auf den Tisch gestellt; in den einen kam Wasser, in den anderen ein Ring, in den dritten Erde und in den letzten Stroh. Einem Mitspieler wurden die Augen verbunden; er wurde an den Tisch geführt und mußte blind einen Teller wählen. Wasser bedeutete eine Reise übers Meer, der Ring die Ehe, die Erde bedeutete Tod und das Stroh Wohlstand und Glück. »Den Teller mit Erde ließen wir immer weg«, fügte Mary geschwind hinzu. »Wir hatten Angst zu hören, daß wir sterben würden.« Und sie brachte damit etwas von der eigenartigen Mischung aus Jux und Aberglauben zum Ausdruck, die in den Halloweenbräuchen steckt.

Neben den Spielen, die sich bis heute gehalten haben, gibt es Samhain-Bräuche, bei denen der Glaube an die allgegenwärtigen Feen eine Rolle spielt. An Hallows Eve, dem Vorabend von Allerheiligen, sind die Feen überall draußen in der Dunkelheit, und die Leute hatten so große Angst, versehentlich den Zorn der Feen auf sich zu ziehen, daß jeder, der in dieser Nacht Wasser oder Abfälle zur Haustür hinausschüttete, erst einmal *»Seachain!«* (Vorsicht!) rief, damit die Feen beiseite springen konnten.

Solche und ähnliche Geschichten erzählt man sich in unserer Gegend noch heute. »O ja«, sagte Pat, einer der besten Geschichtenerzähler, und zog seine Kappe etwas tiefer über ein Auge, »früher glaubten die Leute einen Haufen komisches Zeug. Da gab's den *puca*, ein böses schwarzes Tier, das sich in der Nacht von Halloween auf den Straßen herumtrieb, und viele Leute sagten, sie hätten ihn sogar gesehen. An diesem Abend, wißt ihr, konnte einen der *puca* mitnehmen, zu den Feen, und danach wurde man vielleicht nie wieder im Land der Lebenden gesehen. Als wir noch zur Schule gingen, erzählte man uns natürlich, daß der *puca* an Halloween auf alle Beeren spucke, die noch an den Sträuchern hingen, und daß man sie danach auf gar keinen Fall mehr essen dürfe.« Er legte eine Pause ein und schaute uns aus großen verwunderten Augen an. »Natürlich gibt's viele, die das nicht glauben. Aber damals, wißt ihr, gingen viele Geschichten um von Leuten, die sagten, sie seien mit den Feen fort gewesen, und von anderen, die sagten, sie hätten ein Haus voll toter Seelen gesehen oder die Felder und Hügel und überhaupt alles sei bedeckt gewesen mit heimgekehrten Geistern. Und dann erzählte man sich Geschichten von merkwürdigen Ereignissen und von Geräuschen und so. Dort draußen an der Straße steht ein Haus – ihr habt das komische Ding vielleicht gesehen –, bei dem die Giebelwand direkt neben einem Fenster hochsteigt. Zwischen diesem Fenster und dem Ende des Hauses ist kein Zoll Platz vergeudet. Und wißt ihr, warum? Als dieses Haus gebaut wurde, war es ungefähr um drei Fuß breiter. Aber bald nachdem die Leute eingezogen waren, wurden sie vom Unglück verfolgt. Das Vieh ging ihnen ein, die Kinder wurden krank. Also, jedenfalls mußten sie etwas unternehmen, denn so war das kein Leben in diesem Haus. Irgend jemand sagte ihnen, und ich weiß nicht, woher die das wußten, sie hätten ihr Haus so gebaut, daß es den Feen den Weg verstellte.«

Pat hielt inne und stieß einen Seufzer aus.

»Versteht ihr? Sie mußten drei Fuß breit von ihrem Haus abreißen, damit die Feen vorbeigehen konnten ... Und von dem Tag an blieben sie von Unheil verschont. Oh, es gab massenhaft großartige Geschichten! Da gab's einen Bauern, der ständig Pech mit seinem Vieh hatte. Er ging zum Priester und fragte ihn, was er dagegen tun könnte. Früher haben die Leute an Geister und solche Sachen geglaubt. Der Priester versprach, er würde im Haus des Bauern eine Messe lesen, und am Schluß der Messe sollte der Bauer alle seine Kühe durch das Haus treiben. In den alten Häusern, seht ihr, da lagen Vorder- und Hintertür genau gegenüber, und – jedenfalls, wenn der Bauer seine Kühe durch die Küche trieb, wo der Priester die Messe las, sollte er ihm Bescheid sagen, sobald die letzte Kuh durchkam. Versteht ihr? Der Priester wollte das ganze Unglück, das auf dem Haus lag, auf das letzte Tier laden, und dieses Tier sollte sterben, damit der Bann der bösen Geister gebrochen würde. Nun war dieser Bauer ein Geizhals und wollte seine Kuh nicht verlieren. Er sagte dem Priester also nicht Bescheid, als die letzte Kuh ins Haus kam und es durch die Hintertür wieder verließ. Und wißt ihr, was geschah? . . . Als die letzte Kuh das Haus durchquert hatte, fiel der Priester tot um!«

Warum sind wir hier?

Chris stellte die Frage in aller Ruhe an einem regnerischen Abend, nach einem Tag, der fast nur Enttäuschungen gebracht hatte. Sie verlangte nach einer tröstlichen Stimme, die antwortete: Wir sind hier wegen der besseren Lebensqualität; wir sind hier, um zu schreiben und zu malen. Ihre Frage und meine Antworten führten unvermeidlich zu einer Bestandsaufnahme. Was hatten wir, seit wir hier waren, geleistet? Sind wir »kreativ«? Inspiriert uns die viele Freiheit tatsächlich mehr als die hastig genutzten Augenblicke, die uns in New York übrigblieben? Was haben wir geschaffen?

Das große farbenfrohe Bild von der Küchentür und dem Fenster mit den Feldern dahinter hängt wie eine Rechtfertigung in der guten Stube, die gleichzeitig Studio ist; auch die sommerliche Landschaft der hinteren Wiese mit den Steinmauern und Kathleens verfallendem Haus hing dort. Auf dem Küchentisch türmen sich Chris' halbvolle Skizzenblöcke. Sie zeugen nicht nur von ihrem Fleiß; sie sind auch ein vielversprechendes Kompendium von Impressionen. Chris' Selbstporträt, das sie für einen nationalen Wettbewerb eingereicht hatte, war jedoch mit dem Ausdruck des Bedauerns an sie zurückgeschickt worden.

Mein erster Roman, an dem ich – mit Unterbrechungen – über fünf Jahre in Manhattan gearbeitet hatte, war während der feuchten Sommertage endlich fertig geworden und, begleitet von vielen Hoffnungen, in die Welt hinausgegangen. Wir hatten unser erstes gemeinsam verfaßtes Hörspiel für die Radio Telifis Eirinn's Peadar J. O'Connor Competition eingereicht. Die ersten zwei von mehreren Kiltumper-Gedichten waren an die *Irish Press* abgegangen. Wir hatten gemeinsam unser erstes Fernsehstück begonnen, und ich hatte bereits dreißig Seiten meines zweiten Romans geschrieben.

Trotzdem hatten wir unsere Zweifel. Briefe kamen, in denen höflich gefragt wurde, wie die »Arbeit« vorangehe, und abends, vor dem Feuer sitzend, fragten wir uns: War es wirklich genug?

Von New York aus gesehen war ein Jahr irischer Westen gleichbedeutend gewesen mit Freiheit und Zeit für zahllose Projekte und ihre Ausführungen. Nach acht Monaten nagte der Zweifel an uns, ob wir unsere Möglichkeiten wirklich genutzt hatten. Wie soll man das erklären? Michael Viney, einer der ersten und sicherlich bekanntesten Umzügler in den irischen Westen, sagte, ein Mann und eine Frau, die einen Garten umgraben, sind genau das. Sie dichten nicht, sie schreiben nicht, und sie sehen sich nicht nach geeigneten Sujets für Bilder um. So einfach das klingt – es ist dennoch eine wichtige Tatsache. Graben ist graben und nichts anderes. In New York, als ich noch kein einziges Mal in meinem Leben einen ganzen Tag lang nur Erde umgedreht hatte, träumte ich, daß sich mein Kopf mit Worten und Bildern füllen würde, während ich Unkraut jätete oder Torf wendete, daß die Arbeit selbst so poetisch sein würde, daß sich daraus ganz natürlich das Schreiben ergäbe. Nach unserer Erfahrung ist das ein Irrtum. Ich kenne niemanden, der so gut mit einer Schaufel umgehen kann, daß er nicht den größten Teil seiner Konzentration benötigte, um gerade Furchen oder auch nur ein ordentliches Pflanzloch zu graben.

Worin besteht dann die Beziehung zwischen dieser Art von Leben und Kunst? Für Chris und mich ist sie etwas kaum Definierbares; es ist so etwas wie ein unsichtbarer Faden, der sich durch das Herz zieht und das Gefühl von dem draußen verbrachten Tag und der sich dabei einstellenden inneren Ruhe – vielleicht erst Tage danach, wenn man endlich dazu kommt, sich hinzusetzen und zu schreiben – miteinander verbindet. Ich denke dabei an Patrick Kavanagh, einen der gefeiertsten modernen irischen Dichter, der den größten Teil seines frühen Lebens als armer Bauer in Monaghan verbrachte. Seine Gedichte entstanden aus der unverherrlichten Erfahrung des Landlebens. Er drückte die Ambivalenz des Lebens auf dem Lande aus, die Fülle, die es uns beschert, und seine Anforderungen. In seinem Gedicht *Inniskeen Road: July Evening* kommt es vielleicht am besten zum Ausdruck.

I have what every poet hates in spite
of all the solemn talk of contemplation.
Oh, Alexander Selkirk knew the plight
of being King and government and nation.
A road, a mile of kingdom, I am king
*of banks and stones and every blooming thing.**

Wir sind hier Könige von allem, was da blüht – viel-

* Ich habe, was jeder Poet haßt, trotz/all des feierlichen Geschwätzes über Kontemplation./Oh, Alexander Selkirk kannte die Misere,/König zu sein, Regierung und Nation./Eine Straße, eine Meile Königreich, ich bin ein König/von Dämmen und von Steinen und von allem, was da blüht.
Alexander Selkirk, 1676-1721, lebte fast fünf Jahre lang allein auf der Insel Más a Tierra; sein Bericht darüber wurde Vorbild für den Roman *Robinson Crusoe* von Daniel Defoe. (Anm. d. Ü.)

leicht eine etwas dürftige Apologie, die ich aufschrieb, nachdem drei Tage vergingen ohne einen sichtbaren Fortschritt bei Büchern, Bildern oder irgend etwas anderem dieser Art. Aber unser Holz war gehackt und aufgeschichtet, unser Hühnerstall frisch ausgemistet, die dürren Bäume vor der Gartenmauer waren entfernt, so daß sich uns für den bevorstehenden Winter ein herrlicher Ausblick über die Hügel bot.

Kapitel 10

Wir erhielten eine schlechte Nachricht. Nach mehreren langwierigen Tests und Untersuchungen, die in New York begonnen hatten und hier an einem Regentag im November endeten, stellte sich heraus, daß wir keine eigenen Kinder bekommen würden.

Das sagt sich so leicht in einem Satz, aber Kiltumper wurde für uns ein anderer Ort. In jenen Tagen, während es draußen blies und graupelte – der Winter stand kurz vor der Tür – verfielen wir in ein verlegenes Schweigen. Das Haus erschien uns als der einsamste Ort der Welt, die unwirtliche, öde Landschaft wie geschaffen für die Verlassenheit, die wir empfanden.

Es war uns nicht einmal möglich, uns tagsüber in die Arbeit zu flüchten. Wir saßen in der Küche. Vor dem Küchenfenster verwilderte der Garten im Regen.

Eines Sonntags wurde von der Kanzel verkündet: Das erste Treffen der Laienspielgruppe findet am kommenden Mittwoch Punkt acht Uhr in der Berufsschule statt.

Wir wollten hingehen. Wir hatten bereits von den Erfolgen der Gruppe gehört. In den sechziger Jahren hatte Kilmihil unter der Leitung solcher Naturtalente wie Paddy Cotter und Noel Conway häufig Preise gewonnen, die schließlich zur Teilnahme beim wichtigsten Wettbewerb führten, dem All-Ireland Amateur

Drama Festival. In den letzten Jahren hatte sich die Gruppe jedoch aufgelöst; es fehlte an Interesse.

Am Mittwoch abend, Punkt acht Uhr, standen wir vor der Schule. Allein. Die Fenster waren dunkel, kein Mensch weit und breit. Eine halbe Stunde später und nachdem wir zweimal die ganze Dorfstraße auf und ab gegangen waren, ließ sich noch immer niemand blicken. Hatten wir uns im Datum geirrt, im Treffpunkt?

Nein, wir hatten uns nicht geirrt. Unser Freund Martin Keane traf ein.

»Seid ihr die einzigen?« fragte er ohne besondere Überraschung, während er das Schulhaus aufsperrte. »Das ist wirklich schade, wahrhaftig.«

Wie Martin wohl schon vermutet hatte, kam außer uns keiner zum ersten Treffen der Kilmihil Amateur Drama Group, obwohl er versicherte, daß es ein halbes Dutzend Leute gab, die bei einem Stück mitspielen wollten. Sie waren eben an diesem Abend verhindert. Wir wanderten also wieder nach Hause, ohne mehr erreicht zu haben als eine Vereinbarung, daß wir uns in der zweiten Hälfte der Woche erneut treffen wollten und daß das diesjährige Stück, wenn irgend möglich, *nicht* von John B. Keane sein sollte.

Seit Jahren griffen die regionalen Laienspielgruppen auf J. B. Keane zurück. Seine Stücke spielen in der irischen Provinz, sind gut gemacht und lustig und kommen bei den Zuschauern an; und weil sie zudem eine Geschichte erzählen, gehören sie bei den Laienspielgruppen zu den ganz großen Favoriten.

Martin, Chris und ich verabredeten an jenem ersten Abend vor der Berufsschule, daß wir uns im Lauf der Woche nach einem Stück umsehen wollten, das mit John B. Keane konkurrieren konnte. Brendan Behan,

Sean O'Casey, Oscar Wilde, J. M. Synge, Tom Murphy, Brian Friel, Tom Kilroy, Frank McGuinness und Hugh Leonard – sie alle waren mögliche Alternativen für so unerfahrene Leute wie wir. Wir durchstöberten die Bibliotheken, blätterten in der Buchhandlung von Ennis in Textbüchern und konnten beim zweiten Treffen mit etlichen Titeln aufwarten. Es würde ein gutes Jahr werden für die Laienspielgruppe von Kilmihil.

Zum zweiten Treffen erschien ein halbes Dutzend Leute – Noel Conway, Kathleen Devine, Lucy Blake, David O'Connell, Martin Keane, Michael Mescall und wir, die Neulinge. Alle redeten durcheinander, man schweifte vom Thema ab. Stücke wurden genannt, man diskutierte über geeignete Darsteller, aber am Ende des zweistündigen Palavers war nichts entschieden. Und dann – typisch irisch –, kurz vor dem allgemeinen Aufbruch, kamen wir doch noch zur Sache. Jemand zog J. B. Keanes *The Year of the Hiker* (Das Jahr des Wanderers) aus der Tasche, woraufhin Martin Hugh Leonards *Da* mit Nachdruck auf den Tisch legte. »Mir gefällt dieses Stück«, sagte er. »Ich glaube, es wäre eine tolle Sache, wenn wir das spielten.« Gespannte Stille. Keine Hand rührte sich für *Da.* »Oh, *Da* ist ein sehr lustiges Stück«, warf Chris ein und griff nach dem Buch. »Ich habe es auf dem Broadway gesehen mit Brian Keith als Da.« Die Gesichter blieben teilnahmslos und unbeeindruckt.

»Wovon handelt *The Year of the Hiker* gleich wieder?« fragte jemand und nahm das Buch, um darin zu lesen.

Nach drei weiteren Treffen entschied man sich für *Da,* halbherzig und keineswegs überzeugt – Chris' und meine Stimme hatten bei der Wahl den Ausschlag gegeben. Keiner riß sich um eine bestimmte Rolle;

nur zwei Dinge wurden sofort beschlossen: Ich sollte Regie führen, und Chris sollte die Ausstattung besorgen. Gott steh uns bei.

Innerhalb einer Woche hatten wir die Rollen verteilt. Ein Spieler fehlte uns, aber wir versicherten uns gegenseitig, daß wir ihn schon noch auftreiben würden. Wir versammelten uns in der Berufsschule und lasen – eingehüllt in unsere Mäntel – das Stück mit verteilten Rollen. Zeile für Zeile wurde gelesen, schleppend und leiernd, und wir benötigten den Dienstag und Mittwoch abend, um ein einziges Mal durchzukommen. Ich hatte das Gefühl, daß wir uns zuviel vorgenommen hatten. Die Komik dieses Stücks schien viel zu intellektuell und kam nicht an. Das Stück spielt am Tag von Das Bestattung, bedient sich aber sehr geschickt einer Technik der ständigen Rückblenden, so daß Da praktisch während des ganzen Stücks auf der Bühne ist. »O ja, es ist sehr raffiniert gemacht«, sagte mir jemand aus dem Dorf mit einem verwirrend unbeeindruckten Gesichtsausdruck.

Nach der ersten Leseprobe kamen die ersten Vorbehalte: Das Stück sei für das hiesige Publikum vielleicht doch nicht geeignet. Aber wir drängten darauf weiterzumachen. Ist es nicht schließlich die Aufgabe eines Theaters, Volksbildung zu betreiben und sich ein aufgeschlossenes Publikum heranzuziehen? Wir hatten die besten Absichten. Und am Ende des ersten Probenabends, als die Spieler mit ihren Rollenheften in der Hand auseinandergingen, scherzten sie über die komischen Szenen im Stück, und die Stimmung war rundum gut.

Nach drei Wochen Probenarbeit – der erste Akt stand schon beinahe, und die Spieler erwärmten sich zusehends für ihre Rollen – hatten wir immer noch keinen Young Charlie gefunden. Wir sagten im Dorf Bescheid, und dort schien echtes Interesse für das Stück und die Arbeit daran vorhanden – dieser Gemeinschaftssinn war für uns neu. Zu Hause setzte sich Chris hin und zeichnete die ersten Entwürfe für die Ausstattung. Wir wollten das am schönsten ausgestattete und am besten inszenierte Theaterstück herausbringen, das Kilmihil in den letzten Jahren gesehen hatte.

Schließlich fanden wir unseren Young Charlie. Er las mit Begeisterung und schien sich geschmeichelt zu fühlen, daß er zur Truppe gehörte. Aber die farbige, mitunter deftige Sprache einiger Passagen beunruhigte ihn. »Ist das nicht ein bißchen stark, Jungs, findet ihr nicht?« fragte er. Den Rest hätten wir uns eigentlich denken können.

Es dauerte nicht lang und wir hatten unseren Young Charlie verloren. Eine Welle der Enttäuschung unterhöhlte den Optimismus der Truppe. In Kilmihil kursierte ein Gerücht, von dem weder Chris noch ich Wind bekommen hatten, bis es eines Abends nach einer Probe im eiskalten Klassenzimmer doch zur Sprache kam. War das Stück zu gewagt? Keiner wollte es zugeben. Weder Martin noch ich fanden, es sei in irgendeiner Weise unpassend. Aber die anderen? Beredtes Schweigen und ängstliche Gesichter gaben die Antwort. Wir beschlossen, das Stück unter diesem Gesichtspunkt durchzugehen und Einwände zu notieren. Das ging dann so:

Seite 16, Oliver: »Es gibt da ein Mädchen, das sich viel auf sein gutes Aussehen einbildet. Mit ihren großen – na ja, du weißt schon – ihrer Brust.«

Charlie: »Du meinst Titten.«

Eine klagende Stimme erhob sich aus dem Gelächter: »Könnten wir da nicht vielleicht ›Büste‹ sagen?«

Aber das Gerücht nahm seinen Lauf. Bei der Suche nach einem Ersatz für unseren desillusionierten Young Charlie stießen wir immer wieder auf dasselbe Vorurteil. »Das Stück, das die Theatergruppe dieses Jahr probt, ist furchtbar derb, und es kommen schlimme Ausdrücke darin vor.«

Sogar in so entfernten Orten wie Lissycasey, Cahermurphy und Knockmore hatten die Leute davon gehört. Kein junger Mann wollte die Rolle übernehmen. Niemand in Kilmihil wollte auch nur ein Textbuch in die Hand nehmen, um das Stück zu lesen und ihm eine Chance zu geben. Je mehr wir uns bemühten, um so sicherer überholte uns das Gerücht. Es war mächtiger als das Stück, und je stärker es wurde, um so schwächer wurde unsere Position. Der Eindruck war, daß das komische neue Stück von diesem Mann aus Dublin und seiner Frau aus den Staaten eingeschleppt worden sei. Im Dorf wurden wissende Blicke ausgetauscht. Ein Young Charlie war nirgends in Sicht. »Ich glaube, sie werden uns bald aus dem Dorf jagen«, flüsterte mir Chris zu, als wir die Metzgerei verließen, nachdem wir eine weitere leise, aber deshalb keineswegs weniger entschlossene Absage eines Young Charlie hatten einstecken müssen.

Nach siebenwöchiger Probenarbeit und ebenso langer aussichtsloser Suche nach einem fehlenden Darsteller war es schließlich entschieden. An einem regnerischen Mittwoch abend wurde im hellerleuchteten Klassenzimmer bei allgemein düsterer Stimmung abgestimmt. Die Nein-Stimmen überwogen. *Da* wurde abgesetzt.

Unser Garten ist Wildwuchs in Reinkultur. Er ist ein Problem, das dringend in Angriff genommen werden muß. Und genau das tue ich jetzt. Was mich mit diesem Garten verbindet, ist mit Worten kaum zu erklären. Ich kann mir nicht einmal selbst die Entschlossenheit und Leidenschaft erklären, mit der ich mich während dieser letzten Tage vor dem Winterfest an die Arbeit mache, um den Garten von Kiltumper Cottage zu retten. Ich glaube, ich brauche den Garten ebenso, wie er mich braucht. Er ist ein verläßliches Symbol für meinen Gemütszustand, ein Zeuge direkt vor meinem Küchenfenster. Ich bewirke *doch* etwas. Meine Feinde sind Gemeine Quecke, Brennesseln und der Knöterich, vor Jahren an den Beeträndern gepflanzt wegen seiner vielen weißen Blüten im Spätsommer, der sich nun zu einem wahren Unkraut mit rankenden Wurzeln ausgewachsen hat.

Aber ich bekämpfe nicht nur, ich bin auch kreativ. Ich richte den kleinen Walderdbeerenplatz wieder her, mit dem ich im Frühjahr begonnen habe. Mit der Gartenschere in der Hand arbeite ich über die Erde gebeugt im sanften Regen, um ein Dutzend verwahrloster Pflanzen zu retten. Eine Fülle von Schlüsselblumen, Primeln, Aurikeln konnte ich bereits aus dem Würgegriff der Quecken befreien, die sich überall dort ausgebreitet haben, wo ich mir – ich wage es kaum zu sagen – eine Rabatte aus mehrjährigen Stauden vorgestellt hatte. Eine hübsche alte Rose of Sharon mit gelben sternähnlichen Blüten, etliche Lupinen, Montbretien und eine Heckenrose mit krapprosa, süß duftenden Blüten stehen zu dicht am Weg und müssen versetzt werden. Sie sind alle zu groß geworden und stehen an ihrem jetzigen Standort falsch, weil sie einen mit ihren überhängenden regennassen Blüten und Blättern streifen, wenn man durch den Garten zum Haus gehen will.

Zwei riesige alte Hortensien von gräßlichem Rosa flankieren den Gartenweg. Sie ragen, leicht schräg versetzt, wie zwei wunde Daumen aus dem Beet. Ich umkreise sie mit meiner Gartenschere. Vielleicht ist dies das Letzte, was Kiltumper Cottage von ihnen sehen wird.

Diese Arbeit ist eine gute Therapie, und es gibt so viel zu tun. Auf sonniges Wetter zu warten ist sinnlos. Im Regen graben wir die Beete links vom Gartenweg um (wo einst die Kartoffeln und die Erbsen wuchsen). Das Wurzelgeflecht der Nesseln läßt sich ziemlich leicht entfernen. Schließlich erkennt man die Ansätze zu meiner mehrjährigen Staudenrabatte – eine Mischung aus Pflanzen, die ich gerettet habe, aus neuen und aus Ablegern von Marys Garten. Jetzt sieht alles gut aus – schwarze Erde, gesunde Pflanzen, aber wer weiß, wie es im Frühjahr aussehen wird?

Combair ist ein irisches Wort, für das es kein gleichbedeutendes englisches Wort gibt. Wörtlich übersetzt heißt es »Hilfe«, aber im irischen Westen hat es eine Bedeutung erlangt, die weitaus mehr ist als das. *Combair* war das Wort für den ausgeprägten Gemeinschaftssinn in einer Gegend, wo sich Männer und Frauen gegenseitig Tage »gaben«, an denen sie bei der Arbeit auf dem Hof oder im Torfmoor halfen. In Zeiten großer Armut war es diese Art der Zusammenarbeit, die es jedem Hof im Dorf ermöglichte, genug Torf zu stechen, die Kartoffelernte einzubringen oder das Heu. Heute waren die Männer vielleicht bei den O'Sheas, morgen würden sie bei den Breens sein. *Combair* ist der Mechanismus einer funktionierenden Gemeinschaft.

Seit unserer Ankunft in Kiltumper hatten uns unsere freundlichen und hilfsbereiten Nachbarn bereits mehrere Beispiele für *combair* geliefert. Sie halfen uns beim Aufstellen der Fernsehantenne, mit den Kaminen, dem Torf, den Kartoffeln. Trotz Traktoren und Landmaschinen, die die einzelnen Bauern ein wenig selbständiger gemacht haben, herrscht unter ihnen auch heute noch ein starkes Gefühl der Gemeinschaft.

An dem Tag, als wir den vorderen Garten endgültig für den Winter umgraben mußten, kamen Mary und Joe mit Spaten und Forke die Straße herauf. Wir waren überglücklich. Mary ist im Garten die reinste Furie; erbarmungslos geht sie gegen das Unkraut vor und zeigt schon mit dem ersten Spatenstich, warum sie den schönsten Blumengarten in Tumper hat. Und Joe an ihrer Seite ist äußerst geschickt mit der Forke. Seine gemächliche, ruhige Art, Furchen zu graben und die Erde in einem uralten zeitlosen Rhythmus zu gleichmäßigen Reihen zu häufeln, läßt unseren schweißtreibenden Eifer absurd erscheinen. Einem Menschen wie ihm sind wir noch nicht begegnet. Er spuckt alle paar Minuten in die Hände, um den Spatenstiel fest im Griff zu behalten, und raucht alle halbe Stunde eine Zigarette, wobei seine großen rissigen Hände auf dem Spaten ruhen. Einen Fuß auf das Blatt des Spatens gestellt, das Knie angewinkelt, blickt er hinüber zu Hayes' Hill. Nur ganz selten sagt er auch etwas.

Wir waren hocherfreut, als Joe zwei Tage später wieder erschien, um uns noch einmal zu helfen. Er erklärte uns, wenn der Garten so, wie er jetzt war, überwinterte, würden zwei Dinge passieren. Erstens habe der Frost durch die Furchen eine größere Angriffsfläche und alle Wurzeln, die mit der Luft in Berührung kamen – in unserem Fall ziemlich viele –, würden erfrieren. Und zweitens würde das wiederholte Frieren und Tauen des Bodens im Lauf des Winters dazu beitragen, den schweren Boden zu verfeinern, so daß wir im Frühjahr leichter säen könnten.

Als Joe, Chris und ich an jenem Nachmittag in der östlichen Hälfte des Gartens mit der Arbeit begannen, war ich von Dankbarkeit und Bewunderung für den *combair* erfüllt. Hier war ein Mann, dachte ich, der uns ohne ein eigennütziges Motiv seine Zeit schenkte, sein Wissen und sein Können. Welch phantastischer Gegensatz zu Manhattan! Ich schob meine Gabel in die Erde, während Joe sich eine Zigarette anzündete und mir zusah. Dann zerriß das mißtönende Geräusch des Telefons unseren stillen Nachmittag. Es war Michael Donnellan. Er hatte versprochen, Sadie, eine Nachbarin, zu einem Sehtest nach Kilrush zu bringen, und nun hatte sein Wagen eine Panne. Könnte ich sie hinfahren? Eigentlich konnte ich nicht weg.

Joe war hier, um mit uns zu arbeiten, und in jeder anderen Welt hätte ich jetzt nicht gehen dürfen. Aber hier war nicht irgendwo, und als ich zusagte, meinen Nachmittag einer älteren Bauersfrau zu opfern, um sie die zwölf Meilen nach Kilrush zu fahren, erkannte ich, daß auch dies ein Anzeichen dafür war, wie weit wir bereits in diese Gemeinschaft aufgenommen waren. Wir waren ein Teil des *combair*.

Wir hörten den Winter anklopfen, als die Hammerschläge durch das Haus schallten. Der Zimmermann ersetzte unsere verrottete hintere Haustür, die nicht richtig schloß, durch eine neue aus wetterfestem Teakholz. Am Abend wanderten wir mit Kerzen in der Hand durch das Haus – nicht wegen der romantischen Beleuchtung, sondern um die zahllosen Ritzen aufzuspüren, durch die es zog. Von der Decke wehten regelrechte Sturmböen herab, die Chris' Kerze auspusteten. Wir eilten zu unserem Sitzplatz am Feuer zurück und sahen uns an, beide mit dem gleichen Gesichtsausdruck: Wie wird es hier erst im tiefen Winter sein?

Wir hatten uns bisher kaum mit dem Gedanken befaßt, hatten höchstens Vergleiche gezogen zu den Blizzards, bei denen wir uns einst durch die Park Avenue schoben wie durch einen eisigen Tunnel, in dem es zu kalt war, um zu sprechen. Nein, *so* kalt wurde es in Irland nie; es gab nicht einmal richtigen Schnee. Aber als im November die Uhren um eine Stunde zurückgestellt wurden, so daß es bereits um vier Uhr nachmittags dunkel wurde, traf uns der Gedanke an den Winter mit der Wucht einer neuen Erkenntnis. Ringsum in den Dörfern nahm das Leben einen anderen Rhythmus an, und zum ersten Mal tauchte der Gedanke an Unterhaltung auf. Was taten die Menschen hier an diesen langen Abenden? Sie gingen zum *cuaird,* sie gingen ins Pub, sie spielten ihr einheimisches Kartenspiel, genannt 45, das wir nur mühsam erlernten.

Die ersten kurzen Tage trafen uns unvorbereitet. Schon am Spätnachmittag saßen wir hinter geschlossenen Fensterläden und verbrachten den Abend zwischen Kaminfeuer und Fernseher. Der Wind lärmte im Wäldchen und blähte den Vorhang an der vorderen Haustür. Wir scheuten die Finsternis und das rauhe Wetter dieser Nächte, jeder Weg schien uns zu weit. Düster fragte mich Chris: »Wird es in den nächsten Monaten auch so sein?« Sollten wir Winterschlaf halten bis zum Frühling? Uns in der Küche verkriechen und stumm an unserer Kinderlosigkeit leiden? War es das?

Natürlich war es das nicht. Was wir am meisten vermißten, waren die vielen Unterhaltungsmöglichkeiten von New York – die Kinos, Theater, die vielen, die ganze Nacht laufenden Fernsehprogramme; aber ganz besonders die Kinos. Das irische Fernsehen, auch wenn es nicht so oft von Werbesendungen unterbrochen wird, läßt doch einiges zu wünschen übrig, was Programmgestaltung und Professionalität angeht. Abgesehen davon wünscht es seinen Zuschauern bereits vor Mitternacht eine gute Nacht, und niemand kommt auf den Gedanken, daß es Lebewesen wie Chris gibt, die gerade dann Lust bekommen auf einen Film. Das irische Fernsehen war nicht die Antwort auf unser Unterhaltungsbedürfnis. Doch eine Anzeige der Ennis Film Society, die Chris im *Champion* entdeckte, erwies sich als genau das richtige.

Eines Abends betraten wir einen der großen oberen

Räume des Old Ground Hotel. Der Saal war eiskalt. Stühle mit geraden Rücken und roten Samtbezügen standen in Reihen vor einer improvisierten Leinwand. Etwas nervös, das neue Jahresprogramm des Filmclubs und unsere neuen Mitgliedskarten in der Hand, nahmen wir unsere Plätze ein. Chris legte sich meinen Mantel um die Beine, und ihr Atem dampfte, als sie mich auf die schöne hohe Decke aufmerksam machte. Dieser Raum war tatsächlich ein alter Versammlungs- oder Ballsaal, der heute abend in ein Theater umgewandelt worden war. Als ich mich unter den zahlreichen anderen Filmfreunden umsah – die meisten waren allein gekommen –, sah ich fast überall die gleichen nach Kino hungernden und leicht verlegenen Gesichter. Wir hatten uns alle bei Wind und Regen hinausgewagt, um hierherzukommen. »Kein Popcorn und keine Käsewürmer«, flüsterte mir Chris ins halb erfrorene Ohr, als der Projektor eingeschaltet wurde und die Vorstellung begann.

Es war ein Film von 1979 und bestimmt keiner, der uns vor einem Jahr in die Stadt gelockt hätte. Ein größerer Gegensatz zwischen diesem »Kino« hier und dem Ziegfield in New York ist kaum denkbar. Die Leinwand hing etwas schräg, so daß eine Seite des Bilds nur unscharf erschien. Der Ton war so schlecht, daß oft nicht zu verstehen war, was die Schauspieler sagten. Und trotzdem schauten wir gespannt zu. Niemand verlangte lauthals sein Geld zurück, als das Bild auf der Leinwand plötzlich wie verrückt tanzte und dann verschwand, während der Ton weiterlief, niemand ging, nachdem es fünf Minuten gedauert hatte, die Spule auszuwechseln und, als das Bild wiederkam, eine ganze Szene fehlte. Niemand regte sich auf, wenn der Schatten eines Kopfes eine Ecke der Leinwand verdeckte.

»Es wird nicht immer so schlimm sein«, sagte ich zu Chris, die eine Minute ganz still war. Ich fürchtete, sie wäre zu enttäuscht, um etwas zu sagen. Schweigend setzten wir uns ins Auto. Der Halbmond gab nur wenig Licht. Und dann brach sie plötzlich in schallendes Gelächter aus. »Was für ein toller Abend! Ich habe das Gefühl, als hätten wir einen anderen Planeten besucht.«

»Gibt es hier im Winter Gymnastikkurse?« hatte Chris eines Tages im September unten im Dorf gefragt.

»Nun ja, früher schon, Crissie. Warum? Würdest du gern bei einem mitmachen?«

»Ja, gerne, wenn es in der Nähe wäre. Ich habe früher, bevor ich herkam, regelmäßig Gymnastik gemacht.«

Das war alles. In der ersten Novemberwoche, als ich in einem Laden des Dorfes an der Kasse stand, wurde ich gefragt, wann Crissie mit ihren Fitness-Stunden beginnen würde, denn die in Lissycasey würden in zwei Wochen anfangen, und Kilmihil würde gern vor ihnen anfangen.

»Ich verstehe«, sagte ich und verstand nichts. Ich konnte mir nicht vorstellen, daß Chris einen Gymnastikkurs organisiert hatte und vergessen haben sollte, mir etwas davon zu erzählen. Überflüssig zu sagen, daß sie es nicht getan hatte. Niemand hätte überraschter oder verzweifelter sein können als Chris, als sie erfuhr, daß sie jeden Donnerstagabend im Gemeindesaal für die Damen von Kilmihil eine Gymnastikstunde halten sollte. Wieder einmal bekamen wir eine Lektion erteilt, wie unsere Gemeinschaft funktionierte.

Die Frauen waren bereits informiert, und zwar seit einiger Zeit, und wahrscheinlich wußte jeder im Dorf, daß Chris Gymnastikstunden geben würde – ausgenommen Chris selbst.

Damit der Kurs steigen konnte, mußte eine komplizierte Maschinerie in Gang gesetzt werden. Ein Nachmittagsbesuch im großen Pfarrhaus bei Father Murphy, dem Gemeindepfarrer, verschaffte die nötige Genehmigung. Der Gemeindesaal wurde für zwei Pfund pro Abend gemietet. Eine öffentliche Ankündigung des Kurses war kaum nötig. Daß die Mundpropaganda in Kilmihil hervorragend arbeitet, hatten wir bereits bei der Laienspielgruppe feststellen können. Aber für all die Unglücklichen, die zu weit außerhalb des Dorfes wohnten, um die Neuigkeit en passant mitzubekommen, mußte am Sonntag von der Kanzel verkündet werden, daß und wann der Fitness-Kurs stattfand. Das allein garantierte, daß jeder Bescheid wußte.

Am Sonntag saßen wir in der St.-Michaels-Kirche und hörten Father Linnane den Beginn des Fitness-Kurses ankündigen. Im Dorf zog Chris die neugierigen Blicke der Frauen auf sich, und jede schien sich zu fragen: Was wird sie da mit uns machen?

Am ersten Donnerstagabend machte sich Chris frühzeitig bereit. Alle unsere Nachbarn wollten sie unterstützen, und wie alles Neue hier, und sei es etwas noch so Simples, verbreitete auch dieser erste Gymnastikabend eine Atmosphäre gespannter Erwartung, die ansteckend wirkte.

»Wenn die Frauen aus meinem Gymnastikkurs zu Hause wüßten, daß ich vorhabe, irischen Bauersfrauen eine Dreiviertelstunde lang etwas vorzuturnen, würden sie umkommen vor Lachen«, sagte Chris, als sie das Haus verließ ohne die leiseste Ahnung, was sie erwartete.

Unten im Gemeindesaal warteten an die vierzig flüsternde, nervöse Frauen, die Kleider anhatten, enge Röcke, Schuhe mit hohen Absätzen, Trainingsanzüge, Mäntel und Stiefel – eine Gruppe, wie sie Chris noch nie vor sich gehabt hatte. Dieser Gymnastikkurs bedeutete für viele hauptsächlich, daß sie abends ausgehen konnten; das Fitness-Training war gar nicht so wichtig. Und als sie Chris in dem großen kalten Saal gegenüberstanden, wurde erst einmal gekichert. Aber Chris, als echte Amerikanerin, machte sich nichts daraus und sagte sich, daß ein paar Turnübungen besser seien als gar keine, und die Frauen von Kilmihil machten lerneifrig mit. Für sie war Crissie eine amerikanische Fitness-Lehrerin, und in ihren Augen war sie phantastisch in Form.

Der Kurs dauerte zwölf Wochen – zwölf Wochen, in denen mehr als die Hälfte der Frauen aus unterschiedlichen Gründen ausschied. Fünfzehn jedoch hielten bis zum Ende durch. Gemeinsam mit Chris keuchten und schnauften sie im eiskalten Gemeindesaal von Kilmihil zur Musik von Michael Jackson. Man stelle sich diesen Kontrast vor! Wie anders war dieser Fitness-Kurs als alles, was Chris von den Staaten her kannte! Nur eines war gleich: das Motiv. Nach jeder Stunde standen die Frauen vor unserer Badezimmerwaage Schlange, um sich zu wiegen. Da wurde gestöhnt, gelächelt oder von allen Seiten gratuliert, wenn es hieß: »Annie hat fünf Pfund abgenommen!«

Gerechterweise muß man sagen, daß die Frauen von Kilmihil die Art von Übungen, die Chris ihnen aufgab, nicht gewohnt waren. Das Gekicher und Gepruste, das zum Beispiel im Saal ertönte, wenn Chris den Hydranten demonstrierte – eine Übung, die der Bewegung ähnelt, die ein Hund beim Pinkeln macht –, war noch in Careys oder McNamaras Pub auf der anderen Straßenseite zu hören. Der Sit-up, wie wir ihn kennen, war ihnen völlig unbekannt, und nach dem Gestöhn und Gelächter zu urteilen, war es mit den Bauchmuskeln der Frauen von Kilmihil nicht weit her, auch wenn ihre Arme vielleicht so stark waren wie die der Männer.

Während der ersten Stunden verhielten sich die Frauen scheu und still. Die freimütige Art, mit der Chris versuchte, sie bei den Übungen zu ermutigen, war ihnen peinlich. Als sie mir ihre Schwierigkeiten erklärte, fiel es mir schwer, ernst zu bleiben.

»Ich meine«, sagte sie, »wenn man auf dem Boden sitzt, die Beine grätscht und sich von einer Seite zur anderen strecken soll, ist es einfach notwendig, daß man die Beine weiter als zwei Zoll auseinander macht. Du kriegst irische Frauen einfach nicht dazu, die Beine zu spreizen!«

Sechs Wochen später kam eine Frau aus dem Kurs schüchtern auf Chris zu. Ob sie wohl bereit wäre, vor dem Irischen Landfrauenbund von Kilmihil zu sprechen? Natürlich, gerne. Die Aufforderung war eine Ehre; sie abzulehnen wäre unfreundlich gewesen.

The Irish Countrywomen's Association ist eine nationale Organisation, die 1910 gegründet wurde. Ihr Ziel ist die Förderung eines »besseren Lebens im ländlichen Irland«. Sie organisiert in den kleinen Dörfern entlang der ganzen westlichen Atlantikküste Vorführungen, Vorträge, Diskussionen und Theatervorstellungen, und das mit großem Erfolg. Es ist eine sehr lebendige Organisation, die sich im Lauf der Jahre schon mit einer Vielzahl von Themen beschäftigte, angefangen von Kochen und Handarbeiten bis zu Zivilschutz und Kontertanz.

Wir hatten von den Kilmihil-ICA-Frauen schon gehört, bevor wir genau wußten, wer oder was sie waren. Maura Cotter war eine von ihnen, ebenso Lucy Blake und Kathleen Devine. Aber was sie an dem einen Dienstagabend im Monat, wenn sie sich im oberen Klassenzimmer der Berufsschule trafen, wirklich taten, wußten wir nicht. Chris war in den Wochen vor dem Abend, an dem sie vor den ICA-Frauen über die Vorzüge der körperlichen Ertüchtigung sprechen sollte, besonders nervös: Worauf hatte sie sich bloß eingelassen? Sie hatte mit keinem Wort erfahren, was man von ihr erwartete. Sie war Amerikanerin und würde sich allein deshalb von allen anderen, die im vergangenen Jahr vor der Gruppe gesprochen hatten, unterscheiden. Sie hatte das Gefühl, als sollte sie auf dem Podium zur Schau gestellt werden. Mit Sicherheit gäbe es keine einzige Frau im Publikum, die nicht genau wußte, wer diese Rednerin war. Man würde ihre Verwandten kennen, und man hätte sie in das Bild von Kilmihil eingepaßt, noch bevor sie das Klassenzimmer betreten hätte. Zum Donnerwetter, was erwarteten sie? Einen Vortrag? Eine Vorführung? Mit ein paar Notizen über körperliches Training und zittrigen Knien erschien sie um acht Uhr in der Schule, wo man ihr mitteilte, daß sie nicht vor halb zehn gebraucht würde.

Als Chris um neun Uhr dreißig in den Raum gebeten wurde, wußte sie noch immer nicht, was von ihr erwartet wurde. Mit ihren Notizen über ein gesundes Gefäßsystem und die Bedeutung von körperlicher Beweglichkeit trat sie vor die Tafel und erkannte auf den ersten Blick, daß die Frauen nicht zum Turnen angezogen waren. Vielmehr hatten sie sich fein gemacht mit hochhackigen Schuhen, Ohrringen und Lippenstift. Chris sollte die Übungen *für sie* machen. Während sie gespannt dasaßen und auf den Beginn der Vorführung warteten, entdeckte Chris aus dem Augenwinkel auf den hinteren Tischen bunte Tischtücher, Sahnetorten, Apfelkuchen und Sandwiches.

Chris blickte in die freundlichen, interessierten Gesichter der ICA-Damen. Sie stellte sich vor und fühlte plötzlich, wie ihr dieselbe irische Gastfreundschaft entgegenströmte, die wir schon so oft in den Häusern von Kiltumper erfahren hatten. Hier waren Frauen zusammengekommen, um etwas für sich zu tun, um ihr Leben zu bereichern – in einer Gegend, wo es das Normale und Einfachste war, zu Hause zu bleiben, vor dem Fernseher zu sitzen oder manchmal ins Pub zu gehen. Sie waren alle hocherfreut, Chris als Gastrednerin bei sich zu haben, und ihre Freude darüber drückte etwas Besonderes und Rührendes aus. Sie wollten besser aussehen, sich besser fühlen, und sie schauten ernst und offen zu Chris auf.

Sie sprach über die Notwendigkeit körperlichen Trainings und wie wichtig es ist, langsam und mit einfachen Übungen zu beginnen. Sie beantwortete Fragen und führte verschiedene Übungen vor. Die Frauen, zum Teil noch in ihre Mäntel gehüllt, machten auf ihren Plätzen bei vielen Übungen mit, die man im Sitzen machen konnte. Sie lächelten und klatschten, als Chris ihren Vortrag beendet hatte. Eine Frau erkundigte sich, wann die Kurse nach den Weihnachtsfeiertagen weitergingen.

Dann verlegten sie den Sitzungsort an den gedeckten Tisch, und es gab Tee und köstliche, selbstgebakkene Kuchen.

Kapitel 11

Fährt man durch Irland, wird man fast in jedem größeren Ort ein Denkmal finden, meistens irgendwo am Markt- oder Rathausplatz oder an einer Brücke. Es wird im Lauf der Jahre dunkelgrau bis schwarz geworden sein, Männer und Frauen werden vorübergehen, ohne einen Blick darauf zu werfen, und die Kinder werden ihre Finger nicht davon lassen können, ohne zu wissen, was es eigentlich ist. Aber es ist immer vorhanden: die Gedenktafel an der Mauer oder das steinerne Keltenkreuz, darin eingemeißelt einige wenige, kaum lesbare Worte in altem Irisch. Solche Denkmäler gibt es überall in ganz Irland. Sie sind die angestaubten Souvenirs aus einer Zeit vor siebzig Jahren und erinnern an die Helden, die zwischen 1916 und 1922 im Kampf um die irische Unabhängigkeit starben.

Das heutige Verhältnis der Iren zu ihrer revolutionären Vergangenheit ist ambivalent. Republikanische Politik in Irland bedeutet heute zu häufig Reden über die provisorische IRA und die Unruhen im Norden. Nach siebzig Jahren ununterbrochenen Blutvergießens in Nordirland spricht der Normalbürger des Südens über die Helden der Vergangenheit nicht mehr ohne ein Schaudern über das, was in der Gegenwart geschieht. In den Monaten, seit wir hier sind, tut sich etwas, das vielleicht einmal als revisionistische Phase in der irischen Geschichte vermerkt wird. Die öffentliche Meinung zum heikelsten und am stärksten emotionalisierten Thema für alle Iren, Ostern 1916, scheint sich unmerklich zu wandeln. Die Dinge sind nicht mehr ganz das, was sie früher waren.

Trotzdem – die Denkmäler sind da. Seit einem halben Jahr kamen wir nun mehr oder minder regelmäßig nach Kilmihil und hatten natürlich auch das acht Fuß hohe Steinkreuz vor dem Gemeindesaal bemerkt. Es war uns nie gelungen, die Inschrift zu entziffern, bis wir eines Tages im November, von Metzger Ryan kommend, die Buchstaben im Licht der Morgensonne deutlich erkennen konnten. Wir blieben stehen, um sie zu lesen. Mit den Fingern ertasteten wir die in den Stein gehauenen gälischen Worte, als handelte es sich um Blindenschrift auf einem verwitterten Grabstein, und entzifferten mit einem leisen Schauder den Namen von Sean Breen, der im April 1920 für sein Land gestorben war.

Wir fanden noch ein wenig mehr über ihn heraus.

John Breen wurde 1899 in Kiltumper geboren und besuchte die Volksschule in Clonigulane. Nach der Schule blieb er im heimatlichen Sprengel und arbeitete auf dem Hof seines Vaters. 1917 trat er in die neugegründete Kilmihil-Kompanie der Irischen Freiwilligen ein. Bereits 1919, im Alter von zwanzig Jahren, war er Quartiermeister des Zweiten Bataillons; er organisierte alles Notwendige für die Truppe und bildete sie aus, indem er die Männer auf langen, anstrengenden Märschen durch die Berge und Moore des Westens führte. Im April 1920 erhielt John Breen den Befehl, an einem Sonntag in Kilmihil einen Angriff auf die Königlich Irische Polizeitruppe zu führen. Es war eine drastische Maßnahme. Während sich die Polizisten in der Kirche befanden, legten sich Johns Männer in den Hinterhalt. Peader McMahon aus Boulnameal, Martin Melican aus Glenmore und Jack O'Dea aus Lacken bezogen in der Nähe des Gemeindesaals Stellung. Auf der anderen Seite der Straße gingen Michael Killoury aus Clonakilla und John Breen in Deckung, um von hier aus die ersten Schüsse abzugeben.

Als die Messe zu Ende war, verließen die Menschen die Kirche. Einen Augenblick sah es so aus, als würden die Polizisten überhaupt nicht herauskommen. Doch dann kamen sie. Schüsse krachten. Drei Polizisten fielen; die Menge flüchtete schreiend die Straße hinab. Sekunden später erhielt die Polizei Verstärkung, und es begann eine wilde Schießerei. Dann, während die Menge zwischen den feindlichen Parteien gefangen war und verzweifelt versuchte, sich vor dem Kreuzfeuer zu schützen, fuhren die Polizisten einen Granatwerfer auf. Die Freiwilligen mußten sich schleunigst zurückziehen. McMahon, Melican, O'Dea und Killoury konnten sich in Sicherheit bringen. Doch als John Breen nach vorne lief, um die Polizei davon abzuhalten, mit Granaten zu schießen und unschuldige Menschen zu töten, wurde er von einer Kugel getroffen. Schwer verwundet floh er hinter Ryans Haus. Ein paar Stunden später war er tot.

Es ist keine ungewöhnliche Geschichte, und doch fällt selbst in Auszügen eines Briefes, den John Breens Mutter in Kiltumper an ihre Schwester in Australien schrieb, der ungewöhnliche, beschwörende Ton auf, mit dem sie das Ereignis schildert. Sie schrieb:

Kiltumper, 28. April 1920

Liebe Schwester,
es tut mir leid, daß mein Brief keine gute Nachricht enthält, sondern vielleicht die traurigste in der Geschichte unserer Familie. Doch auf eines können wir mit Stolz und Freude blicken: daß mein liebes Kind stets seiner Religion und seinem Land treu geblieben ist. Es war mein Wunsch gewesen, bei ihm zu sein in seiner letzten Stunde und Gott seine arme Seele darzubringen. Er konnte nicht sprechen, nur noch stöhnen. Von seiner einstigen Kraft war nichts mehr zu spüren – sie schwand dahin mit dem Blut, das er verlor. Er war ein treuer Soldat Irlands. Er hat Irland alles gegeben. Wie viele einsame Schluchten und Täler hat er aufgesucht, wenn er im Dienst war, den er stets gewissenhaft versehen hat, und wie hat er versucht, uns nichts merken zu lassen, wenn er zurückkehrte. »Mutter, ich kann manchmal auf Sammetpfötchen gehen wie die Kätzchen.« Er war das zärtlichste Kind, das man sich denken kann. Er hätte auch sich retten können, wenn er gewollt hätte, aber ich hoffe, daß sein unschuldiger Tod vielen das Leben gerettet hat. Und wie schwer es seine armen Kameraden jetzt haben ... Auf ihre Köpfe ist ein hoher Preis gesetzt. Sie müssen in den einsamen Bergen und Mooren Unterschlupf suchen. Das Land ist voll von Militär.

Catherine

Nur wenige Tage, nachdem wir diese Geschichte erfahren hatten, waren wir oben bei Tobar Ri Domhnaigh, der geweihten Quelle an der Grenzmauer zwischen unserem Land und dem von Sean Melican. In die Mauer des kleinen Marienschreins, der sich dort in einem Wäldchen versteckt, ist eine stark verwitterte bronzene Gedenktafel eingelassen. Wieder mußten wir mit den Fingern die Worte aufspüren, und wir entzifferten langsam den auf altirisch geschriebenen Namen und die Inschrift: »Sean O Bhrian, der für sein Land starb«.

Wiederum wenige Tage nach dieser Entdeckung unterzeichnete Garret Fitzgerald, der irische *taoiseach* (Premierminister), das Anglo-Irish Agreement. Es war ein kühner politischer Schritt von historischer Bedeutung, um den endgültigen und dauerhaften Frieden in Nordirland herbeizuführen. Auf dem *cuaird* bei den Dooleys wurde die Nachricht über das Abkommen nur von einem einzigen alten Republikaner mit einer höhnischen Bemerkung quittiert. Er blickte mich durch den Rauch seiner Zigarette mit Augen an, die Gefechte gesehen und die alten heroischen IRA-Leute gekannt hatten, und er lachte kurz auf. »Diese alten Kerle«, sagte er. »Ist doch alles nur Gerede.«

Heute abend ist Thanksgiving. Tausende von Meilen jenseits des Ozeans macht Amerika Pause, denn es ist Feiertag. Die Familien sind beisammen, Truthähne werden gebraten. Schon den ganzen Tag beschäftigten sich meine Gedanken mit den Unterschieden unseres jetzigen Lebens zu früher, und ich hatte ständig das unangenehme Gefühl, außer Tritt, isoliert zu sein. Der normale Betrieb in und um das Haus steigert das Gefühl noch. Es gibt kein Thanksgiving in Irland, keinerlei Festlichkeiten, und weil sie mir so fehlen, nistet eine merkwürdige leere Atmosphäre im Haus. Ob beim Hühnerstall oder am Torfstapel – überall ist alles einsamer als sonst. Nichts geschieht, und das den lieben langen Tag. Ich gehe still herum und habe Heimweh. Ein Anruf nach New York dauert bei unserem Telefonsystem mit Handvermittlung ewig, und wenn dann am anderen Ende der Leitung nichts anderes antwortet als ein schwach vibrierendes Besetztzeichen, kann einem das den Rest geben.

Aber diese selbstherbeigeführte Isolation und Leere hat auch einen wohltuenden Nebeneffekt. Weil wir mit Sicherheit wissen, daß wir zumindest an zwei Thanksgiving-Festtafeln vermißt werden, stellen auch wir uns die Lieben in Amerika mit größerer Deutlichkeit vor als sonst.

Es gibt eine Frage, die uns von allen Seiten gestellt wird; sie kommt von Nialls Freunden, die als Beamte in Dublin arbeiten, oder über die knisternde Telefonleitung aus einem Büro in Manhattan: *Was tut ihr den ganzen Tag?* Mit unserem Abschied von New York ließen wir auch die einfache Antwort auf diese Frage hinter uns. Wir haben keinen festen Job, nichts, das mit einem Wort unser tägliches Leben einfangen oder erklären könnte; nichts, das unsere Zeit einschränkt. Weder eine Aufzählung der kleinen lästigen Pflichten noch die Beschreibung der angenehmeren Arbeiten auf der Farm genügt als Antwort auf diese aus der Entfernung gestellte Frage. Am Ende übernahmen wir häufig die Zweifel der Fragesteller und hatten das Gefühl, als drückten wir uns irgendwie vor dem wirklichen Leben. Wir sind so unwirklich wie Heinzelmännchen.

Heute, an Thanksgiving, wissen wir: Wann immer unsere Freunde, die jetzt ihr verlängertes Wochenende antreten, an uns, die wir nicht mehr dabei sind, denken, taucht die Frage auf: Was tun sie dort bloß den ganzen Tag? Mit diesem Wissen vertrödeln wir den heutigen Tag, aber in der Stimmung von Menschen, die wissen, daß sie einige unbeweisbare Wahrheiten gelernt haben. Was ist unsere Aufgabe hier? fragen wir uns und antworten mit den Worten von Thomas Merton: »Unsere Aufgabe ist das Leben.« Irgend jemand, sagte Thoreau, muß der Inspektor der Schneestürme sein, der Inspektor der Sonnenuntergänge, und Niall und ich haben noch eine ganze Reihe ähnlicher Berufe dazu erfunden. Auf unseren einsamen Abendspaziergängen auf der westlichen Straße sind wir Aufseher über wild wachsende Blumen, Verwaltungsdirektoren von Sonnenschein, Sachverständige für Wiesen, Gasthörer bei Vogelgesang, Wolkenkundler, Direktoren der Hügel- und Täler-,

Moore-, Bäume- und Seenverwaltung, Vorstandsmitglieder von einfach allem.

Sieben Uhr: Die Fensterläden werden geschlossen, die Kerzen angezündet. Ich nehme das vorletzte unserer selbstgemästeten Hähnchen aus dem Ofen. Heute abend ist Thanksgiving, und während der Wind um das Haus heult und das Feuer im Kamin knistert, sagen wir Dank. Morgen gehen wir wieder an unsere Arbeit.

Vor einem Jahr, als wir unseren heimlichen Countdown der hundert Tage begannen, hatten wir versucht, uns Weihnachten in Kilmihil vorzustellen. Wir stellten es uns als etwas ganz anderes vor, ohne zu wissen, wie es sein würde. Wir wußten nur, daß es nicht so wie in New York sein würde. Erstens würden wir in Kilmihil allein sein, ohne Familie. Es gäbe keine Weihnachtsfeier im Büro, kein Weihnachtsgeld. Wir würden keine üppigen Geschenke machen können, vielleicht nicht einmal bescheidene. Keine weihnachtlich beleuchtete Fifth Avenue, keine Schaufenster bei Tiffany, keine Weihnachtskataloge in der Post. Ohne genau zu wissen, was uns erwartete, malten wir uns Weihnachten in Kilmihil aus und waren ein bißchen traurig dabei.

Ende November, als unser hiesiges Leben allmählich an die Stelle des früheren getreten war, verblaßte auch das Bild von der Weihnachtszeit in Manhattan. Chris und ich saßen in der Küche und stellten eine kleine Geschenkliste zusammen für Nachbarn und Familie. Unsere Erwartungen hatten sich in den vergangenen neun Monaten sehr gewandelt. Erst durch die bestürzte Bemerkung eines Besuchers aus New York wurde uns bewußt, wie ärmlich wir hier existierten. Inzwischen fühlten wir uns hier *beinahe* zu Hause. Aber Weihnachten würde die Probe aufs

Exempel werden. Je näher der 25. Dezember heranrückte, um so mehr fürchteten wir, die Sehnsucht nach dem Land jenseits des Ozeans könnte uns übermannen.

In der ersten Dezemberwoche hatten Mary und Pauline unten an der Straße bereits zwei Christmaspuddings zubereitet; sie wurden acht Stunden im Wasserbad auf dem Herd gekocht. In der Woche darauf kamen die Kuchen dran. Den ganzen Dezember über wurde für Weihnachten, das größte Fest des Jahres, gekocht und gebacken. Ganz allmählich sickerte zu uns durch, daß in Irland zwischen Heiligabend und Neujahr niemand arbeitet und daß die Leute in dieser Zeit oft auf den *cuaird* gehen. Es war wichtig, einen ordentlichen Vorrat an Kuchen, Puddings, Keksen und *mince pies** [1] zur Hand zu haben.

Vor einem Jahr hätten wir bei dem Gedanken an solche Unmengen von Kalorien und Cholesterin nur abgewinkt. Jetzt war unsere erste Reaktion, nach den Rezepten zu fragen. In diesem Teil der Welt wird der Wert eines Menschen daran gemessen, wie gut das schmeckt, was er seinen Besuchern anbietet. Nicht das Geld ist der entscheidende Faktor. Viel wichtiger ist der Geschmack des Tees und die richtige Süße des Kuchens. Mehrere Einkaufsgänge ins Dorf während der ersten Dezemberwoche bestätigten uns, daß überall im Ort gebacken wurde. Tüten mit Zucker, Mehl und Rosinen wurden zu Dutzenden aus Kilmihil abtransportiert. An einem kalten klaren Tag konnte man auf Tumper's Hill riechen, daß überall im Land gebacken wurde.

* Pastete, gefüllt mit einer Mischung aus Korinthen, Äpfeln, Rosinen, Zukker, Hammel- oder Rinderfett, Rum und Hackfleisch. (Anm. d. Ü.)

Ein zweites, ebenso wichtiges Element der Vorbereitungen war das Bestellen des Truthahns. Bei Anne O'Gorman, einer unserer emsigsten und fröhlichsten Nachbarinnen, waren bereits alle zwanzig Puter vergeben. Da sie frei auf dem Hof umherliefen, würden sie garantiert köstlich schmecken.

»Herrliche Kiltumper-Puter, schlachtreif genau zu Weihnachten, Niall!« versicherte Mary. Aber wir brauchten keinen. Wir hatten unser letztes Hähnchen für das Fest aufbewahrt. Im Stall lagen etliche Sack eigene Kartoffeln, ein Vorrat an Zwiebeln, und in der Gefriertruhe fünf Pfund Erbsen.

Natürlich bereitete man sich nicht nur in den Häusern von Kilmihil auf Besucher vor. Die gleiche erwartungsvolle Atmosphäre, die die Häuser im Dorf erfüllte, herrschte auch in der Kirche. Father Linnane wandte sich am Altar an die Gemeinde und sprach vom Christkind, das in jedes Haus einkehren würde. Und die Leute hörten ihm andächtig und gläubig zu. Am Montag begannen die Hausfrauen mit dem vorweihnachtlichen Hausputz. Ein Zimmer nach dem anderen kam an die Reihe, und auch wir blieben nicht verschont. Pauline und Michael, zwei unserer engsten Nachbarn, hatten Farbe gekauft für ihre gute Stube; ein neuer Linoleumbelag und neue Sessel waren bestellt. Und nun hofften sie, die Malerarbeiten noch vor dem Fest erledigen zu können. Wir brauchten nicht erst zu fragen. Ganz im Geist des *combair* und im zunehmend ansteckenden Geist von *the Christmas,* wie hier jeder sagte, gingen Chris und ich ein paar Tage zu ihnen hinunter, um ihnen beim Streichen zu helfen. Wir bekamen herzhafte Mahlzeiten und empfanden große Befriedigung bei unserer Arbeit. Auch das war ein Teil von *the Christ-*

mas. Was wir hier in Kiltumper erlebten, war lebendiges traditionelles Irland. Als wir über das Leben auf dem Lande und die ländlichen Traditionen im neunzehnten Jahrhundert nachlasen, stießen wir auf die Beschreibung genau solcher Weihnachtsvorbereitungen. Alles, was rings um uns geschah – all das Putzen, Aufräumen, Streichen – war bis ins kleinste geschildert. Nie würde sich daran etwas ändern. Chris und ich konnten uns zum ersten Mal vorstellen, wie das Weihnachtsfest in Kiltumper sein würde.

Kaum war alles im Haus geschrubbt und gewaschen, stellte sich die Frage des Baums. Darauf Mary, kurz und bündig: »Wir schneiden einen ab, Chrissie.« Es schien das Nächstliegende zu sein, aber tat man das wirklich? An einem kalten klaren Tag der zweiten Dezemberwoche kam Mary den Gartenweg herauf, um es zu beweisen. Wir gingen auf die Suche nach Weihnachtsbäumen. Mit dem Fuchsschwanz in der Hand machten wir uns zu dritt auf den Weg, querfeldein über Steinmauern und Stacheldrahtzäune, immer einer hinter dem anderen wie ein kleiner Pilgerzug. Die Sonne schien. Und als wir oben auf dem Hügel zwischen den dichten immergrünen Büschen und Nadelbäumen umherstapften, umgab uns eine so tiefe friedliche Stille, daß es schien, als geschähe in diesem Augenblick nichts anderes auf dieser Erde.

Sich einen Christbaum aus einer Reihe abgeschnittener Bäume vor einem Supermarkt auszusuchen, ist eine Sache; sich einen aus dem Wald zu holen, eine andere. Dort oben, in der gewaltigen grünen Stille war es unmöglich, sich die kleine, leergeräumte Ecke in der Stube vorzustellen, wo der Baum stehen sollte. Wir änderten unsere Meinung dutzendmal, während wir immer tiefer in den Wald vordrangen.

Die Entscheidung brauchte ihre Zeit. Schließlich nahmen wir zwei der kleinsten Nadelbäume, die im Schatten eines älteren, kräftigeren Baumes standen – genauso, wie es die Forstleute tun würden, die in ein paar Monaten kommen sollten. Doch selbst die kleinsten Bäume waren noch von beachtlicher Größe. Nachdem wir die zwei Bäume unserer Wahl umgesägt hatten, brachten wir sie hinaus auf die Lichtung und unterzogen sie einer eingehenden Prüfung. Sie waren perfekt. Mit Chris' Hilfe nahm ich unseren Baum auf den Rücken. Mary tat dasselbe mit dem ihren. Chris trug Säge und Schaufel. Die Sonne schien noch immer. An den Steinmauern schulterte ich den Baum und schwenkte ihn umständlich hinüber zu Chris. Eine stille, kindliche Fröhlichkeit lag in der Luft. Wir marschierten den Hang hinab mit zwei Christbäumen auf dem Buckel und einer leisen Vorfreude im Herzen, die Weihnachten hieß.

Kranbeeren gibt es hier nicht. Nachdem ich in Kilrush und Ennis wie eine Irre danach gesucht hatte, schrieb ich verzweifelt an Deirdre in New York: SCHICKE SOFORT EINE TÜTE KRANBEEREN. SEHR WICHTIG. In der Zwischenzeit schmückte ich den Baum mit den kleinen Holzfiguren, die wir in den letzten Jahren gesammelt haben. Niall kann es nicht fassen, daß ich tatsächlich daran dachte, die elektrischen Kerzen und diese Figürchen einzupacken, ein jedes gekennzeichnet mit dem Namen des Gebers und dem Datum, an dem wir es geschenkt bekommen hatten. Ich nehme an, ich hatte eine gewisse Vorstellung von diesem Weihnachtsbaum und wie wir heute abend auf dem nackten Fußboden darunter sitzen würden, als ich an jenem letzten strapaziösen Abend vor unserer Abreise aus Amerika unsere Sachen packte. Unser Baum wird etwas anders aussehen als die übrigen hier. In Irland ist es durchaus üblich, den Weihnachtsbaum mit Luftballons und den Grußkarten, die der Postbote bringt, zu schmücken, und natürlich verwendet niemand Ketten aus Preiselbeeren, ganz zu schweigen von Popcorn.

Während wir heute abend unter dem Weihnachtsbaum in der Erkernische sitzen, denke ich wie viele Menschen hier an jene, die weit weg in Amerika sind. Wir sitzen allein im sanften Licht der elektrischen Kerzen, zünden Wachskerzen an und trinken heiße Schokolade. Die Nacht ist still. Keiner von uns sagt ein Wort. Wir schreiben Weihnachtskarten, bis wir müde sind.

Ganz allmählich war uns bewußt geworden, daß wir Dinge taten, die wir bei unserem früheren Lebensstil nie hätten vollbringen können. »Vollbringen« ist natürlich ein etwas zu großes Wort, aber ich hatte das Gefühl, daß wir seit unserer Ankunft in Kiltumper allmählich unsere künstlerischen Impulse, die wir so lange nicht ausleben konnten, in die Tat umsetzten. Chris hatte in New York häufig davon gesprochen, wie gern sie einen Roman schreiben würde. Immer wieder hatte sie damit begonnen, meistens wenn sie krank im Bett lag. Wahrscheinlich ist das nichts Ungewöhnliches. Die Übersiedlung nach Irland hat unsere Energien freigesetzt. Bis zum Beginn des Winters hatten sich in Chris' Mappe vierzig Seiten eines Manuskripts angesammelt. Vor uns lagen die langen dunklen Abende, die wir mit Worten und Farben füllen wollten.

Ich hatte seit einiger Zeit wieder angefangen, Gedichte zu schreiben. Gute Lyrik, so schien mir, könne man nur schreiben, wenn in der Beziehung zwischen dem Dichter und der ihn umgebenden Welt ein Zustand der Beinahe-Unschuld herrscht. Diese höchst romantische Auffassung hatte mich davon abgehalten, Gedichte zu schreiben; ich wollte warten, bis alles so ausgewogen und harmonisch wäre, wie es sein sollte. In Kiltumper schien das Leben Poesie zu enthalten, es schien sie geradezu zu fordern. In der wilden Natur des irischen Westens gibt es so vieles, was auf Verherrlichung wartet. Diesem Gedanken folgend, begann ich eine Reihe von Kiltumper-Gedichten, in denen ich die hiesigen Flur- und Ortsnamen, die Legenden und den überlieferten Sagen- und Märchenschatz verwendete. Draußen beim Heuschuppen oder wenn ich über die große Wiese ging, fielen mir völlig unvermittelt wieder gälische Wörter ein, die ich als Kind gelernt hatte. Das Wort *duachais* ist ein Begriff für all das, was mit einem Ort zu tun hat, seine Verwurzelung, Tradition, seine Sagen und Märchen. Ich sagte das Wort immer wieder. Es erschien mir als der vollkommenste Ausdruck für die regennassen Wiesen, über die ich schritt. Ich stieg Tumper's Hill hinauf, ruhig und beschaulich, und ließ die rauhen und süßen Töne der irischen Worte meine englische Sprache durchdringen.

LOGAINMNEACHA
(Die Bedeutung von Ortsnamen)

Upper und Lower Tumper,
die Große Wiese und die Moorwiese,
und *Gadie na scoile,* der Versammlungsplatz
der Schule.

Jenseits der Brache
Wo einst der Lehrer im Freien
Rhythmen und Reime gelehrt.

Tobar Ri Dombnaigh,
Unsere gesegnete Quelle an der Grenze
Zu Melicans Land, wo Bridgy Griffen

Ihr Augenlicht wiederfand.
Ich wanderte einst dort hinauf
und spielte mit den Namen der Fluren,

bis mir das Wort einfiel:
duachais, duachais
ein Gefühlslaut von Name,

Bedeutung und Ort, bei dem
jedes Nomen zum Verb verblutete und
jedes Feld seine Stimme erhob.

Aus demselben Gefühl heraus, frei zu sein, um alles mögliche zu schreiben, hatten Crissie und ich gemeinsam ein kurzes Hörspiel verfaßt. *At the Heart of this Place* (Im Herzen dieses Ortes) war ein kurzes Drama über einen Amerikaner, der nach Clare kommt, um im Haus seines Großvaters zu leben, und den Sohn eines Bauern im selben Ort, der demnächst Irland verlassen und nach Amerika gehen wird. Ich war mir nicht sicher, ob ich es der Kilmihil-Laienspielgruppe zeigen sollte. Wir waren immerhin noch ziemliche Außenseiter, und schon wollten wir ihnen ein Stück über eines der heikelsten Themen des Landes anbieten.

Aber ich hatte mir umsonst Sorgen gemacht. Das Stück wurde von Martin Keane akzeptiert und sofort für den nationalen Hörspielwettbewerb eingereicht. Danach sprach sich die Neuigkeit in Teilen des Dorfes herum.

»Wie ich höre, habt ihr ein Theaterstück geschrieben«, sagte die Frau von der Post.

»Stimmt«, sagte ich, »aber warten Sie ab, bis Sie hören, was wir über Sie gesagt haben!«

Sie lachte, überlegte kurz und entließ mich mit einem Lächeln.

Einen Monat später erhielten wir Antwort aus Dublin. Das Stück war im Halbfinale des Wettbewerbs; nun sollten die Kilmihil Players eine Aufnahme des Stücks einsenden. Das bedeutete, daß an den folgenden Sonntagnachmittagen vier Mitglieder der Laienspielgruppe zu uns kommen würden, um das Stück einzustudieren. Chris sollte als Produzentin fungieren, und da ich bereits zugestimmt hatte, die Leitung bei Synges *Quelle der Heiligen** zu übernehmen (das neue und hastig gewählte Ersatzstück für das West Clare Drama Festival im März), sollte ich auch bei dem Hörspiel Regie führen.

Das Stück erfüllte uns mit großer Befriedigung, ein Gefühl, das anders war als alle meine früheren »literarischen« Empfindungen. Ich begriff, daß Literatur nicht unbedingt ein akademisch verfeinertes Produkt sein muß. Im irischen Westen war es etwas Lebendiges – wie ein Fußballspiel. Kilmihil war im Halbfinale, die einzige Gemeinde in Clare, die es je so weit gebracht hatte. Ein Hurra für Kilmihil! Jetzt zeigst du, was du kannst, Kilmihil! Es gibt kein vergleichbares Gefühl; es war etwas, das unmittelbar aus der Gemeinschaft entsprang. Ich erlebte zum ersten Mal, wie es ist, als Künstler am richtigen Platz zu sein: in einer Gemeinschaft. Michael und Pauline, Mary und Joe, Michael und Breda, J. J. und Mary, alle

* John Millington Synge, 1871-1909, irischer Schriftsteller, schrieb Skizzen über das Leben der irischen Inselbewohner, Dramen über das Leben der Fischer und Bauern sowie Lyrik. (Anm. d. Ü.)

unsere Nachbarn lobten und gratulierten uns, und sie hatten auch jedesmal ein bewunderndes Wort, wenn sie uns besuchten und einen Blick auf Chris' Bilder in der guten Stube warfen. Sie hatten keine Scheu, über unsere Arbeit zu sprechen. Nur die Besucher aus Übersee oder aus Dublin standen stumm vor diesen Bildern, nickten, zuckten die Achseln, als wären sie abgeschnitten von ihren Instinkten und außerstande, irgend etwas zu sagen – es könnte ja das Falsche sein.

Bis Mitte Dezember, als die Proben für das Hörspiel in vollem Gang waren und die Chronik unseres Lebens in Kiltumper zur Hälfte niedergeschrieben war, hatten uns die Menschen ringsum vollständig akzeptiert. Sie gaben uns das Gefühl, daß wir dazugehörten. Wie anders wir uns dabei fühlten, ist schwer zu beschreiben. Ich stand eines Abends unter der Haustür und schaute hinaus in den Nieselregen und über die Felder, während ich nach einem Wort für ein Gedicht suchte. Karol Downes, ein siebenjähriger Junge, kam in Gummistiefeln und Öljakke und mit einem Hirtenstock in der Hand den Gartenweg herauf. Er war schmutzig von oben bis unten, sogar sein Gesicht war von Schlammspritzern gesprenkelt, aber er blickte vergnügt zu mir auf. »Hallo, Karol, wie geht's?« sagte ich. »Alles bestens, Niall.« Er lächelte. »Und wie geht's deinen Büchern?«

Und dann war Weihnachten. Es wehte heftig, als ich die Stechpalme hochkletterte. Schon vor Wochen hatten wir die begehrten roten Beeren mit dem Netz vom Erbsenzelt abgedeckt, um sie vor den Vögeln zu schützen. Jeden Tag hatten wir Brotkrumen und andere geeignete Abfälle in den Garten gestreut, um die Vögel von den Beeren abzulenken. Stechpalmzweige waren sehr gefragt, nicht zuletzt von Chris, die mit ihnen und Tannenzweigen und Eicheln vor dem großen Feuerplatz Weihnachtskränze flocht. Viele Geschenke sollten dieses Jahr selbstgemacht sein (oder mindestens aus eigener Erzeugung): Kränze für Mary, Michael und Pauline, Breda und Michael, J. J. und Mary; ein Eimer unserer besten Kartoffeln, verziert mit einem Seidenband, für Ma Williams; eine von Chris' hübschen Pastellzeichnungen für Da in Dublin; eine Skizze des alten Suganstuhls für Regis in Baltimore; eine mit Weihnachtspapier beklebte Kiste, gefüllt mit unserem eigenen trockenen Torf für Declan und Patricia. Jedes Geschenk enthielt echte Liebesmüh.

In Kilmihil erreichten die Weihnachtsvorbereitungen ihren Höhepunkt. Santa Claus war in Johnstons Laden gewesen. Die Kinder drängten sich vor dem Schaufenster und bestaunten große Plastiktraktoren, Lastwagen, Malbücher und natürlich die Colts für die Cowboys. Sie standen in der Kälte und betrachteten die wundervollen Spielsachen, während ihre Eltern losgingen, um die Geschenke zu kaufen. Bei Johnston, Saunder, Daly und Cotter herrschte Hochbetrieb, denn jetzt kamen die Leute aus den abgelegeneren Ortschaften nach Kilmihil, um sich für vierzehn Tage mit Lebensmitteln einzudecken. Ein Karton nach dem anderen passierte die Ladentür, wobei der letzte oder gar die zwei letzten die Geschenke des Ladenbesitzers an den Kunden enthielten – ein alter Brauch in Irland, der in Orten wie Kilmihil noch gepflegt wird. Das Geschäft, in dem man das Jahr über den Großteil seiner Einkäufe tätigt, beschert einen an Weihnachten mit einem Lebensmittelpaket, dessen Größe im Verhältnis zum Jahresumsatz steht, zu dem man beigetragen hat. Als Chris in den Tagen vor dem Fest einkaufen ging, bückte sich Mrs. Johnston hinter dem Tresen und suchte zwischen den Schachteln auf dem Boden, die alle sorgfältig mit Namen versehen waren. »Crissie und Niall«, las sie. »Da ist es ja. *Happy Christmas!*«

Wir trugen das Paket nach Hause, als wäre es ein Schatz. Dann packten wir, auf dem Küchenfußboden sitzend, aus: drei Pfund Tee, vier Pfund Zucker, drei große Pakete Vanillesoßenpulver, eine große Tüte Mehl, phantastische Markerbsen, zwei Dosen Bohnen, eine Flasche rote Limonade und drei Schachteln Butterkekse. Wir waren bestens versorgt und vorbereitet. Kuchen und Weihnachtspudding warteten im Schrank; ich hatte während der vergangenen Tage an die hundert Eschenklötze gespalten und reichlich Brennholz in die Ecke neben dem Feuer geschichtet. Chris hatte die Küchenwände mit Weihnachtsgrußkarten geschmückt. Und dann, zwei Tage vor dem Fest, kam der Postbote mit einem Paket aus New York. Die Kranbeeren!

Vielleicht hat die geographische Lage etwas damit zu tun – wie hoch man über dem Meeresspiegel wohnt oder wie nah am Nordpol –, vielleicht ist Westirland die erste Station auf einer Reise, die eine ganze Nacht lang dauert. Hier in Kiltumper jedenfalls kommt Santa Claus bereits gegen sechs Uhr am Vorabend des ersten Weihnachtsfeiertags. Alle Vorhänge im Haus sind zugezogen. Die Kinder sind frisch gewaschen für die Messe, ihre Sonntagskleider auf den Betten bereitgelegt. Und dann kommt er, draußen, heimlich und ganz leise, und lädt seine Geschenke vor der Haustür ab. Wenn er fertig ist, klopft er dreimal laut an die Tür, und dann verschwindet er schnell hinter dem Heuschober oder im Stall. »*Santa* ist da!« ruft eines der Kinder, und alles rennt zur Tür. Man öffnet und steht vor einem kleinen Berg von Geschenken. Die Gesichter blikken forschend in die Dunkelheit; man späht die Straße hinauf und hinunter, schaut zum Himmel empor, aber er ist nirgends zu sehen. Die Geschenke werden ins Haus getragen. Ein Kind zeigt dem anderen, was Santa gebracht hat – genau den Bulldog aus dem Schaufenster, den es sich gewünscht hat.

Einen Augenblick später kommt der Großvater oder ein Nachbar zur Hintertür herein und fragt mit breitem Grinsen: »Ist Santa Claus schon dagewesen?«

Zu einer weitverbreiteten Tradition gehört in Irland am Heiligabend das Anzünden der *coinneal mor na Nollag,* der großen Weihnachtskerze. Seit Wochen gab es geweihte Kerzen zu kaufen. Bei Anbruch der Dunkelheit wurde in jedem Haushalt die *coinneal mor* angesteckt und auf das Fensterbrett des vorderen Zimmers gestellt. Sie brannte bis zum nächsten Morgen, um Maria und Josef zu zeigen, daß sie, anders als in Bethlehem, in diesem Haus allzeit willkommen wären. Aus demselben Grund ist es in vielen Häusern üblich, den ganzen Abend lang keine Tür zu verriegeln und über Nacht drei Schüsseln mit Essen auf dem Küchentisch stehen zu lassen als Willkommensgruß für die »Reisenden nach Bethlehem«.

Um halb sieben Uhr am Heiligabend entzündete Chris unsere *coinneal mor* und stellte sie ins Küchenfenster. Es war so etwas wie ein Signal, das über die Felder hinausstrahlte; alle Häuser überall im Land strahlten es aus. Es war eine stumme, zu Herzen gehende Hoffnungs- und Willkommensbotschaft. Es war unser Haus, unser Dorf, unsere Gemeinde, unser Land, das Lichtzeichen in die Welt hinausschickte. Wir standen in der Haustür und blickten hinaus; über uns ein sternklarer Himmel mit so unglaublich vielen Sternen, daß er uns fast überladen erschien. Chris deutete hinüber – da und dort drüben! – auf die winzigen Lichtpunkte, die überall im Tal in den Häusern aufflackerten. Weihnachten in Kiltumper. Im großen Kamin in der Küche prasselte ein mächtiges Holzfeuer, und die großen Eschenkloben sprühten einen gewaltigen Funkenregen hinaus in die Nacht. Um halb neun brachen wir auf zur »Mitternachtsmesse«, die in St. Michael um neun Uhr stattfand.

Unten an der Straße hielten wir an, um Michael und Pauline ein fröhliches Weihnachtsfest zu wünschen. Bei den sieben Downes – alle von strahlender Sauberkeit – ging es drunter und drüber, denn Santa war bereits bei ihnen gewesen. Mary und Joe, in ihrem besten Sonntagsstaat, erwarteten uns bereits und fuhren mit uns zur Kirche. Unten in Kilmihil war die Kirche gesteckt voll. Das ganze Dorf war auf den Beinen und bewegte sich der Kirche zu. In größter Eile wurden die in letzter Minute gekauften Geschenke und Lebensmittel aus den Geschäften getragen. Überall entlang der Straße parkten Traktoren und Autos. Erst als der Chor zögernd zu singen begann und Father Linnane und Father Murphy an den Altar traten, kam das Dorf draußen zum Stillstand.

Am ersten Weihnachtsfeiertag erwachten wir nach unserem in stiller Zweisamkeit verbrachten Heiligabend. Plumpudding und Weihnachtskuchen – die ersten, die Chris selbst machte – hatten köstlich geschmeckt. Wir überreichten einander unsere kleinen Geschenke: Socken für Niall, Seife und Parfüm für Chris. Später fuhren wir quer durch Irland unter gewiß einem halben Dutzend Regenbogen. Das Auto war vollgepackt mit Kartoffeln, Torf, Eiern und Bildern, unseren Geschenken. Wir sangen beim Anblick der Wiesen von Tipperary, Laois und Kildares. Die Landschaft mit den friedlich weidenden Tieren und den niedrigen, sich weithin erstreckenden Bergen erinnerte an eine Hirtenidylle und versetzte uns in eine glückliche Stimmung.

Peter und Francie sollten dieses Jahr mitmachen. Schon eine Woche vor Weihnachten waren sie so aufgeregt, daß sie, sobald jemand an ihrem Haus vorbeikam, hinausrannten, um die frohe Botschaft zu verkünden: Sie würden auf die *wren* mitgehen.

Hunting the wren oder *Going on the wrenboys* – die Zaunkönigjagd oder Bei den Zaunkönigbuben mitgehen – ist ein alter irischer Brauch, der nur noch in den äußersten westlichen Gegenden Irlands überlebt hat. Er findet am Stephanstag statt, dem zweiten Weihnachtsfeiertag. Ursprünglich war es so, daß bereits einige Wochen vor Weihnachten ein Rudel Buben aus dem Dorf mit viel Lärm und Geschrei eine Treibjagd durch Felder und Hecken veranstalteten, um den Zaunkönig – einen winzigen Vogel – zu fangen. Sobald sie einen erwischt hatten, wurde er getötet und in die Tasche gesteckt, und die Jagd auf den nächsten Vogel begann. Am Stephanstag befestigten die *wrenboys* dann die toten Zaunkönige an einem großen Stechpalmbuschen und zogen damit, schreiend und lärmend wie die Teufel, durch die Straßen. Vor den Häusern machten sie halt, um den *wren song,* das Zaunköniglied, zu singen, so lange, bis ihnen die Bewohner des Hauses ein Lösegeld gaben, damit sie abzogen.

Heute werden nur ein paar Zaunkönige getötet, aber der seltsame Brauch der *wrenboys* lebt weiter. Am zweiten Weihnachtsfeiertag war es mit der Stille von Kiltumper vorbei. Peter und Francie schlossen sich einer Gruppe von Schulkameraden an, zu der auch der Lehrer gehörte, und marschierten, ihren Stechpalmwedel vor sich hertragend, albernd und kaspernd von Hof zu Hof. Wir hörten ihre fröhlichen Stimmen schon von weitem, als sie über die Felder zu uns herüberkamen, um das Zaunköniglied zu singen, das älter war als ihre Urgroßväter:

The wran, the wran, the king of all birds
St. Stephen's day was cot in the furze,
although he ist little his family is grate
put yer hand in yer pocket and give us a trate.
Sing holly, sing ivy, sing ivy, sing holly,
a drop just to drink it would drown melancholy,
and if you draw it of the best
I hope in heaven yer soul will rest.
But if you draw it of the small
it won't agree with the wran boys at all. *

* Der Zaunkönig, der Zaunkönig, der König aller Vögel,/am Stephanstag wurde er im Ginster gefangen,/er ist ganz klein, doch seine Familie ist groß,/langt in eure Tasche und gebt einen aus./Sing, Stechpalme, sing,

Weihnachten ist die Zeit der Kinder. Wir konnten nicht darüber hinwegsehen. Ringsherum sahen wir Kinder und schwangere Frauen, während wir versuchten, mit der traurigen Gewißheit zu leben, daß wir selbst nie Kinder bekommen würden. Seit jenem Tag, an dem wir die Nachricht erhielten, litten wir stumm, und selbst so simple Dinge wie Reklame für Babywindeln, Spielsachen für kleine Jungen, ein hübsches Kleid für ein kleines Mädchen versetzten uns einen Stich. Aus Amerika kamen Briefe voll guter Ratschläge: künstliche Befruchtung, die heutige Technologie, der wissenschaftliche Fortschritt; alle boten uns in der vergeblichen Hoffnung, uns von unserem Kummer zu befreien, eine nicht endenwollende Fülle von allen möglichen Lösungen an, die allesamt in Irland unmöglich waren.

Es wäre unaufrichtig, die in jenem Winter in Kiltumper stets gegenwärtige, häufig unausgesprochene traurige Grundströmung nicht zu erwähnen. »Was malst du zur Zeit?« wurde Chris in verschiedenen Briefen gefragt, während wir beide wußten, daß in der kalten Stube die aufgezogene Leinwand weiß und unberührt herumstand.

Der Schmerz kam und ging, und kam wieder und ging wieder. Wir waren allein damit, vergossen Tränen, wenn uns ein wohlmeinender Brief weismachen wollte, wir bräuchten nur einen Spezialisten aufzusuchen oder in irgendeine Klinik zu fliegen. Wer konnte schließlich nachempfinden, wie das Pro-

Efeu, sing, Efeu, sing, Stechpalme,/ein Tropfen zu trinken betäubt die Melancholie,/und nehmt ihr ihn vom besten,/wird eure Seele glücklich ruhen./Wenn ihr aber von dem minderen zapft,/wäre das den Zaunkönigbuben gar nicht recht. (Anm. d. Ü.)

blem für uns in unserer regenverhangenen grünen Welt aussah? Wir konnten es keinem erklären – weder die Tatsache, daß solche Dinge wie künstliche Befruchtung von der Kirche in Irland verboten waren, noch daß wir beide einen solchen Weg nicht als Lösung unseres Problems empfanden. Um nicht länger von allen Seiten Ratschläge zu bekommen und des Selbstmitleids bezichtigt zu werden, sagten wir nichts mehr darüber. Ich beantwortete diese Briefe nicht. Wir unternahmen lange schweigsame Spaziergänge auf dem feuchten Weg, der hinten über die Wiesen zu Kathleens Haus führte. Der Himmel drohte finster und grau. Die Rinder muhten unwillig in der Kälte und kauerten sich, vor dem Ostwind Schutz suchend, in den Windschatten der Steinmauern, wo der Boden über die ganze Länge des Felds zu Schlamm zerstampft war. Innerlich klammerten wir uns aneinander; eine körperliche Berührung wagten wir nicht, so sinnlos verletzt fühlten wir uns in jenen Wintertagen. Und es regnete. Es schien nur noch zu regnen.

Kapitel 12

Es kam ein Brief mit guten Nachrichten. Das erste der Kiltumper-Gedichte, die ich eingereicht hatte, sollte in der *Irish Press*, einer in ganz Irland gelesenen Zeitung, veröffentlicht werden. Ich erhielt ein Honorar von dreißig Pfund für zwei Gedichte. Es war willkommenes Bargeld, über das wir uns weitaus mehr freuten als über jeden Gehaltsscheck mit Steuerabzügen. Wir waren in Hochstimmung – endlich ein ermutigendes Omen, ein Beweis, daß wir uns auf dem richtigen Weg befanden. Mary, Pauline und Michael freuten sich mit uns. »Dreißig Pfund, laß sehen!« Ich dachte an Dinge für Chris, sie dachte an Sämereien für den Garten. Schließlich blickte sie von ihren Katalogen auf und sah mich über den Tisch hinweg an.

»Ich weiß, was wir tun«, sagte sie. »Laß uns für die Leute von Kiltumper eine Party geben.«

Vor einem Dreivierteljahr, noch vor unserer Abreise aus New York, hatten wir uns vorgenommen, gleich nach unserer Ankunft eine Party im Cottage zu geben. Was war aus der Idee geworden? Es hatte einige Zeit gedauert, bis wir in unser Haus einziehen konnten, bis wir es einigermaßen gemütlich gemacht hatten, mehr als zwei Tassen, zwei Untertassen, zwei Teller besaßen. Wir mußten uns dem

Rhythmus des hiesigen Lebens anpassen, als Kartoffeln gesetzt, Torf gestochen und Torf eingefahren wurde. Während all dieser Zeit erschien eine Party nicht angebracht. Außerdem war eine Party – von Gesellschaften anläßlich von Hochzeiten und Begräbnissen einmal abgesehen – in Kiltumper ein Fremdwort.

In der Weihnachtszeit jedoch schien der Ort dafür bereit. An einem kalten Montag vormittag fuhren wir mit dem Wagen über die schmalen, einsamen Straßen von Kiltumper. Wir hielten mitten auf der Straße an, stiegen aus und klopften an Haustüren, um die Einladung zu unserer Silvesterparty zu überbringen. Sie wurde überall freudig entgegengenommen. Auf unserer Gästeliste standen die Namen unserer Nachbarn in Kiltumper, zwanzig Menschen aus zwei Generationen, die alle älter waren als wir. Unsere Party würde in starkem Kontrast zu allen Silvesterpartys stehen, die wir bislang besucht hatten. Wir hielten auf der nach Westen führenden Straße an, der Regen fegte über uns hinweg, und ich rannte geduckt zu O'Sullivans Haus, um zu klopfen. Drinnen rief jemand: »Herein!« Ich öffnete rasch die Tür – zu rasch, denn als sie unter dem Druck des Windes mit Schwung nach innen aufging, quoll eine dicke Rauchwolke aus dem offenen Kamin in die Küche. Neben dem Feuer saßen Mikey und seine Frau und blinzelten mir entgegen. Sie erkannten mich kaum durch den Qualm, aber dann erhoben sich beide, um mich zu begrüßen und mir kräftig die Hand zu schütteln. »Willkommen in unserem Haus!« Ich wurde in den besten Stuhl neben dem Feuer bugsiert, frischer Torf wurde aufgelegt, und Mikey holte hinter seinem Sessel eine Flasche Powers Whiskey hervor. Ich fühlte mich wie ein Ehrengast, obwohl ich nur gekommen war, um sie zu unserer Party einzuladen. Mikeys Frau wusch eigens ein Glas für mich aus, was mir beinahe peinlich war, denn sie hatten kein fließendes Wasser im Haus; jeder Tropfen, der vom Brunnen die Straße heraufgetragen werden mußte, war kostbar. Doch der Stolz dieser Menschen sitzt tief, und ein Gast mußte willkommen geheißen werden. Das ist im irischen Westen oberstes Gesetz.

»Wir dachten, wir könnten bei uns unten eine kleine Party veranstalten. Es wäre schön, wenn Sie beide kommen würden«, sagte ich schließlich. Auf ihren Gesichtern erschien der gleiche freudige Ausdruck, den wir überall antrafen, wo wir mit unserer Einladung anklopften. Dann blickte Mikey hinüber zu Nora. Ich verstand. Sie war teilweise gelähmt. Sie hatten keinen Wagen.

»Ich werde an dem Abend vorbeikommen und Sie abholen«, sagte ich, und als ich ging, wurde mir klar, daß ich über die Schwelle eines der ganz wenigen traditionellen Häuser trat, wo ein Leben voller Mühsal und Kampf zwei alte Menschen mit etwas Besonderem, etwas Begeisterndem durchdrungen hatte. Es waren Menschen, von denen die Iren sagen, solche wie sie wird es nie wieder geben.

Alle waren eingeladen, und alle würden kommen. Mary und Joe; Breda und Michael Dooley und Michael Donnellan; Michael und Pauline, Paul und Kathleen, Tommy und Tom; J. J. und Mary und Martin; Sean, Tom und Mary; Mikey und Nora; JohnJoe und seine *tin whistle*, und der Gast aller Gäste, unser Ehrengast: Marys vierundachtzigjährige Mutter Nora.

Nora, seit Jahren ans Bett oder an ihren Stuhl neben Dooleys Feuer gefesselt, kam kaum noch aus dem Haus. Still saß sie in ihrer Ecke, wenn wir zum *cuaird* zu Breda und Michael hinaufkamen. Sie war geistig hellwach und begrüßte uns stets herzlich. Sie erinnerte sich an die alten Vorfahren und die Geschichten von früher, und sie konnte noch immer auf ihrer Konzertina spielen. Als Nora sagte, sie würde gerne kommen, wußten wir, daß die Party etwas Besonderes werden würde.

Alle Frauen wollten Brot und Teebrötchen und Kuchen mitbringen. Ganz Kiltumper war in den drei Tagen des ausklingenden Jahres vollbeschäftigt mit Vorbereitungen. Im hinteren Flur stapelten sich Kisten mit Guinness, Harp und Whiskey. Ich spaltete genügend Eschenklötze, um im Kamin ein kräftiges Feuer für eine lange Nacht herzurichten. Chris hatte alle Hände voll zu tun mit Saubermachen und Kochen. Wo würden die Leute sitzen? Wie würden sich die Männer verhalten? Würden sie sich alle im anderen Zimmer versammeln und die Frauen allein am Feuer sitzen lassen? Würde JohnJoe für die Leute zum Tanz aufspielen? Oder würde die übermächtige Schüchternheit der Iren dominieren, die wir nur zu gut kannten? Es ist eine merkwürdige Ironie, daß derselbe Menschenschlag, der immer wieder nahezu legendäre Zecher, Tänzer, Musiker und Geschichtenerzähler hervorbrachte, geprägt ist von tiefer Schüchternheit. Während der drei Tage vor der Party fragten wir uns immer wieder: Wie um alles in der Welt wird es gehen?

Sechs Uhr abends. Draußen war es kalt und klar; im Kamin türmte sich ein gewaltiger Holzstoß. Die Stühle, die wir von Mary und Pauline ausgeliehen hatten, standen im Halbkreis um den Kamin, so daß vor dem Feuer eine genügend große Fläche zum Tanzen freiblieb. Auf einen alten Tisch, der ziemlich wacklig auf dem unebenen Fußboden stand, stellten wir die Gläser, die wir am Vormittag noch rasch bei den Nachbarn geholt hatten. Auf der Anrichte standen Rosinenbrötchen, Teebrötchen, Braunbrot, Kuchen und Plätzchen für ein Festmahl bereit. Auf dem Herd summten drei Kessel mit heißem Wasser für den Tee, und gleich daneben, am wärmsten Platz des Hauses, stand der Stuhl mit der geraden Rückenlehne, der Platz für Nora. In einer Stunde sollte ich sie abholen. Die Wartezeit verbrachte ich in quälender Unruhe; ich stocherte im Feuer herum, rückte die Stühle weiter vom Feuer weg, rückte sie wieder näher heran, während Chris die Ruhe selbst zu sein schien. Gelassen schob sie eine Kassette in den Recorder; die fröhlichen Klänge der Kilfenora Ceili Band schufen die richtige Atmosphäre.

Ich konnte nicht bis sieben Uhr warten. Wir waren mit allem viel zu früh fertig geworden, und so fuhr ich zu den Dooleys, um Mary und ihre Mutter und Tom und Mary abzuholen. Als ich eintraf, schwirrten noch alle durcheinander. Jeder wollte so gut wie möglich aussehen, nicht zuletzt Nora selbst. Ihr langes weißes Haar war schön geflochten; sie trug eine Stola um die Schultern und hatte sich eine Brosche an die Bluse gesteckt. Gestützt auf ihre Gehhilfe, verließ sie das Haus – zum ersten Mal seit einem Jahr. Sie war begeistert, daß sie es schaffte. Wir waren begeistert, daß sie zu uns kam. Nachdem ich sie die Stufen zu unserer Küche hinabgetragen hatte, setzte sie sich in ihren Stuhl und schüttelte Crissie immer und immer wieder die Hand und bedankte sich für die Einladung. Ich fuhr noch einmal los, um Mikey und seine Frau abzuholen. Ein tiefes Gefühl der Befriedigung erfüllte mich. Der Abend würde gelingen.

Der Himmel war übersät mit Sternen; auch der Mond ließ sich sehen. In der Küche, auf den äußersten Stühlen, mit ihren Drinks in der Hand, saßen Tom, Michael, Mikey, J. J., Martin, Paul, Tom und Tommy, Michael, Sean und Niall. Im inneren Ring, näher am mächtig lodernden Feuer, saßen die Frauen und klopften mit den Füßen leise im Rhythmus der Jigs und Reels, die der Recorder spielte. Alles unterhielt sich. Besonders Aufregendes tat sich nicht.

»Crissie, ich glaube, es ist Zeit für den Tee«, flüsterte Mary so unauffällig wie möglich.

Tee? Alle Männer waren seit über einer Stunde hier und tranken Whiskey und Bier. Die Frauen saßen bei Sherry oder Limonade. Tee? Jetzt?

»Gut, Mary, du hilfst mir«, sagte Chris und stand auf. Breda schloß sich ihnen an, und es begann ein Teekochen größeren Stils. Alle Wasserkessel brodelten, die Teekannen wurden vorgewärmt, der Tee aufgegossen. Brot wurde aufgeschnitten und mit Butter bestrichen, kalter Braten, Salate, Kuchen und Kleingebäck auf einzelne Teller verteilt, und das ganze Treiben ging von den Männern scheinbar unbemerkt vonstatten bis zu dem Augenblick, als eine der Frauen zu ihnen hinging mit einem Teller voll Essen in der einen Hand und einer großen Tasse Tee in der anderen. »Tee, Crissie? Oh, wie schön. Vielen Dank.« So ist das in Westirland. Mit viel Wirbel und Hin und Her wurde jeder bedient, und es wurde nachgelegt; und daß auch jeder von jedem etwas bekam – von Bredas Ingwerkuchen, von Marys Rosinenbrötchen, von Paulines Brot, von Kathleens Torte, von Crissies Gelberübenkuchen. Und jedem Haus in Kiltumper wurden Komplimente gemacht.

Nach dem Abendbrot begann sich die Stimmung zu ändern. Das Feuer strahlte eine solche Hitze aus, daß jemand die Haustür öffnete und die sternklare Nacht hereinließ. Mary sammelte die leeren Teller ein und brachte sie zum Spülstein; sie summte zur Ceili-Musik und legte vergnügt ein paar Tanzschritte ein. Dann schwang wie bei einem Auftritt in einem Theaterstück die Hintertür auf, und über die zwei Stufen in die Küche herab schritt JohnJoe mit seiner *tin whistle* in der Hand. »Gott segne euch alle«, sagte er, zog sich einen Stuhl ans Feuer, schaute alle der Reihe nach an und begann zu spielen.

J. J. war der erste auf der Tanzfläche. Er war ein großer, jovialer Mann mit einem fröhlichen Gesicht. Man vermutete alles andere in ihm als einen Tänzer, aber er bewegte sich leichtfüßig und elegant zur Musik. Er hatte zu dieser Musik getanzt, seit er ein Junge war. Andere wurden aufgefordert, seinem Beispiel zu folgen, und noch einmal aufgefordert, wenn sie nicht gleich zu den Frauen hinübergingen, die wartend in der Küche standen. Eine Minute später schien der Raum nur noch aus sich wiegenden Menschen zu bestehen, die sich – eins-zwei-drei, eins-zwei-drei – in einer Mischung aus Walzer und Kontertanz drehten. Ihre Schatten huschten über die Zimmerdecke, während sie lachend und im Takt der Jigs nickend am Feuer vorübertanzten. Die Männer hänselten jeden, der die Tanzfläche allzubald verließ, und immer wieder gab es großes Gelächter, wenn die Paare in der Enge der Küche zusammenstießen und sich neu aufstellen mußten, um weiterzutanzen. JohnJoe spielte, was das Zeug hielt, eine Flasche Guinness neben sich auf dem Boden. Chris war mit der irischen Art zu tanzen bereits vertraut. Sie wirbelte in den Armen eines jeden Tänzers über die Tanzfläche; ihr Rocksaum fegte durchs Feuer, und Tom, der neben mir saß und sich auf sein steifes Bein stützte, das ihn am Tanzen hinderte, nickte ihr zu. Dann beugte er sich zu mir und sagte, während die Musik spielte und spielte: »Ich sehe jetzt in ihr die alten Breens. Sie sind zurückgekommen.« Es war das größte Kompliment, nachdem er uns beiden bereits viele seiner großartigen Geschichten aus den alten Tagen und von der nahezu fabelhaften Großzügigkeit und dem Temperament der Familie Breen erzählt hatte. Ich schaute Chris an. Ihre Wangen waren gerötet; sie war wunderschön, wie sie so tanzte. Dann wurde ich auf die Tanzfläche gerufen, und ich hopste mit ihr im Kreis herum, und dann mit Breda und Mary und Pauline, und mir wurde ganz schwindlig, weil sich unser kleines Haus zu drehen schien wie ein Brummkreisel, der irische Musik spielt.

Es gab Pausen, um zu verschnaufen, Pausen, damit die Frauen aufhören konnten zu lachen, Pausen für die Männer, um durch die Haustür zu verschwinden und im Mondschein zu pinkeln. Und dann sollte jemand singen. »Komm schon, Sean, sing uns was vor!« Sean stand schüchtern in der Ecke und sagte, er wisse kein Lied. »Weißt du, er hat eine tolle Stimme, wenn er will«, sagte Michael neben mir und verlangte zusammen mit den anderen noch einmal nach einem Lied. Erwartungsvolle Stille breitete sich aus. Es gab keine Ansage. Auf seinem Platz in der Ecke begann Sean zu singen.

Es war die Art von traditionellem irischem Gesang, der mit nichts anderem vergleichbar ist. Die Töne zitterten in der Luft wie ein helles Wehklagen. Der Sänger schwankte ein wenig, während der Klang einer traurigen Ballade alle im Zimmer still werden ließ. Es gab beifälliges Gemurmel und Lob. »Er ist wirklich gut, Sean«, flüsterte Michael. Seans Stimme hatte einen wunderbaren vollen Klang. Seine klaren blauen Augen waren zur Decke gerichtet. Nora verfolgte an ihrem Platz neben dem Herd jeden Ton mit einem Kopfnicken. Ich hatte, während Sean sang, keinen Gedanken für irgend etwas anderes. Die Welt bestand aus einem schlichten Dorf mit Kühen auf den Weiden und Liedern, die am Feuer in unserer Küche gesungen wurden. Nach Sean sang Paul mit fast ebenso guter Stimme. Eine Minute vor Mitternacht lief Chris durch die Küche, um die vordere Haustür zu schließen und die hintere zu öffnen, damit das alte Jahr ausziehen konnte. Die Gläser wurden mit Whiskey gefüllt, man brachte die Hoffnung auf einen besseren Sommer 1986 zum Ausdruck, und dann hieß es: Mitternacht! Chris machte die Hintertür zu und rannte zur Vordertür, um das neue Jahr hereinzulassen. Es kam herein, frisch, klar, mit Abermillionen Sternen, und wurde mit Jubel begrüßt. Nora lächelte allen zu und hob ihr Glas. JohnJoe setzte sich ans Feuer, nahm einen Schluck von seinem Guinness und begann wieder zu spielen.

Es wurde weitergetanzt. Niemand achtete auf die Zeit. In einer Verschnaufpause brachte J. J. die Party mit der Ankündigung einer Geschichte zur Ruhe:

»Es war einmal vor langer Zeit«, begann er, »weder zu meiner noch zu eurer Zeit, aber es war trotzdem eine tolle Zeit, da ging ein Mann in Kerry eine Straße entlang, als plötzlich vor ihm eine große berittene Geisterschar auftauchte. ›Komm mit‹, sagten die Geister zu ihm. ›Wir sind zu einem großen Fest unterwegs und nehmen dich mit.‹ Der Mann schaute zu dem Anführer der Feen hinauf und sagte: ›Wie soll ich denn mit euch gehen, wo ich doch kein Pferd habe, um darauf zu reiten?‹ Und der Anführer der Feen schaute zu ihm hinunter und sagte: ›Siehst du diese *buachailan* (Distel) dort. Sie ist dein Pferd.‹«

Schallendes Gelächter, das immer wieder von neuem ausbrach, während uns J. J. mit seiner langen und phantastischen Geschichte von dem Mann und den Elfen ins neue Jahr geleitete. Aber das war noch nicht alles. Als die Musik wieder begann, sprang J. J. auf und legte ein irisches Steptanz-Solo aufs Parkett; er knallte mit den Absätzen, machte im Takt der Tanzschritte hohe Sprünge, und die Männer und Frauen standen im Kreis um ihn herum und feuerten ihn an.

Und weiter ging es mit Tanz und Musik, mit Späßen und Gelächter bis in den frühen Morgen. Jeder war glücklich, hierzusein. Es war etwas Neues für Kiltumper oder vielmehr etwas sehr Altes und Einfaches, das es im irischen Westen immer schon gegeben hatte: die Nacht mit traditioneller Musik, Tee und Tanz in der Küche. Wir hatten ein gutes Gefühl. Als sich unsere Nachbarn auf den Heimweg machten, dankten sie uns mit derselben aufrichtigen Freude, mit der sie uns in ihren Häusern willkommen geheißen hatten, und wir hatten das Gefühl, ihnen etwas von dieser Herzlichkeit wiedergegeben zu haben.

Als wir Tom im Mondschein vor seiner Haustür absetzten, beugte er sich zum Wagenfenster herein, um sich ein letztes Mal zu bedanken. »Dieser Abend«, sagte er, »war ganz und gar genauso gut wie eine der alten Hochzeiten oder Totenwachen.«

Einhundert Tage. Während der Weihnachtsfeiertage begannen wir wieder zu zählen. In einhundert Tagen würden wir ein Jahr in diesem Haus gelebt haben. Während des ganzen Neujahrstags ging uns dieser Gedanke nicht aus dem Sinn. War es wirklich ein Jahr? Das feuchte Wetter zu Jahresbeginn fesselte uns ans Haus. In der Mitte des irischen Winters blickten wir auf die letzten hundert Tage unseres ganz persönlichen Jahres und machten eine sorgfältige Inventur der Dinge, die wir unerledigt gelassen hatten. Diese winterlichen Tage – nicht ganz kalt, nicht ganz trocken – eigneten sich hervorragend, um Entschlüsse zu fassen. Neue Zeitpläne für Bilder und Skizzen wurden aufgestellt; ich legte für mich ein Soll von täglich drei Seiten Schreibarbeit fest. Wir bestellten Samen für die Frühaussaat in Blumenkästen am Fenster. Wir bestimmten einen Tag für unsere alle vierzehn Tage fällige Tour zur Müllkippe. Wir stellten einen Rationierungsplan für Torf und Brennholz auf sowie einen Plan für den Garten und unser Geflügel – fünfzehn Hühner, wie viele Enten? In unserem Januarenthusiasmus brachten wir unsere Pläne auf Vordermann, als wären wir die neuen Bosse einer Firma.

Wenn man auf einem Bauernhof lebt, egal wieviel oder wie wenig Land dazu gehört, ist es eine Sünde, ihn nicht zu bewirtschaften. Wenn man in West Clare keine Milchwirtschaft betreiben kann, ist die einzige Alternative die Rinderzucht. Seit unserer Ankunft im Frühjahr des vergangenen Jahres wußten wir, daß wir eines Tages entscheiden mußten, ob wir das Land wieder an Bauern verpachten oder uns selbst als Rinderhalter versuchen sollten. Vor dem Feuer sitzend und unsere hundert Tage abzählend, beschlossen wir, Bauern zu werden und Vieh zu kaufen. Das wäre der Beweis, daß wir ganz mit unserem früheren Leben gebrochen hatten.

Joe, Chris' Vater, der in Irland Stippvisite machte – vier Nächte und achtzehn verregnete Löcher auf drei der berühmtesten Golfplätze des Landes: Lahinch, Ballybunion und Killarney – besuchte uns. Während eines Abendspaziergangs über die westliche Straße blieb er auf der Höhe von Kathleens Auffahrtsallee stehen und sah mich durchdringend an. »Verstehst du eigentlich etwas von Landwirtschaft?« fragte er mich. »Nein«, antwortete ich, und wir gingen ein Stückchen weiter. Es regnete. Die Kühe kamen an den Straßenrand in der Hoffnung, Futter zu bekommen. Während wir weitergingen, folgte uns hinter der Steinmauer ein ganzer Zug, ein schnaufendes und schnaubendes Publikum für unser Gespräch, das mich irgendwie an die Einstellungsgespräche bei den Madison-Avenue-Werbeagenturen erinnerte. »Glaubst du, du könntest es schaffen?« fragte Joe. Die Rinder hinter der Mauer blieben stehen, die Wolken am Himmel waren dunkler als der dunkelnde Abendhimmel, und da waren wir, zwei Männer, die auf einer Straße herumstanden, um über die Zukunft zu entscheiden. Ich erzählte Joe von dem Kurs. Wir trafen ein Abkommen, per Handschlag, auf einer einsamen Landstraße: Wenn ich den Kurs bestand, würde Joe die ersten vier Kühe bezahlen, und wir würden ihre Kälber für unseren Lebensunterhalt behalten.

Der landwirtschaftliche Ausbildungskurs mit Abschluß war schon vor Monaten von ACOT im *Clare Champion* angekündigt worden. ACOT ist die staatliche landwirtschaftliche Beratungskommission, und es war angeblich schwierig, in den Kurs aufgenommen zu werden. Die einhundert Unterrichtsstunden, verteilt über zwei Monate, paßten so genau in unsere hundert Tage, daß Chris mich überredet hatte, mich zu bewerben, bevor wir überhaupt mit Sicherheit wußten, ob wir im Frühjahr Kühe kaufen würden oder nicht. Eines Tages im Januar erhielt ich die Benachrichtigung, daß ich angenommen war. Ich sollte mich am folgenden Dienstag um halb zehn im Gemeindezentrum von Kilrush einfinden – mit Bleistift und Gummistiefeln.

Die nächsten drei Tage raubten mir beinahe den letzten Nerv. Ich hatte fünf Jahre an einem College studiert, zahllose Bücher gewälzt, und jetzt würde ich in eine Klasse kommen, in der ich mit Sicherheit der Dümmste war. Mir graute vor dem ersten Tag. Es würde wie am ersten Schultag sein, und als das vertraute Angstgefühl in mir hochstieg, zweifelte ich, ob es tatsächlich klug gewesen war, Joe von dem Kurs zu erzählen. Chris versuchte zu helfen. »Du *verstehst* etwas von Landwirtschaft«, sagte sie wenig überzeugend, während wir unter der Haustür standen und zu den Downes-Kindern hinüberschauten, die neunzehn Kühe zum Melken nach Hause trieben.

Der Kurs war in der Tat nicht für Neulinge wie mich. Er war für die älteren Söhne eingesessener

Bauernfamilien gedacht und jedem, der mit einem Diplom abschloß, winkte die Aussicht auf eine beträchtliche Reduzierung der Erbschaftssteuer. Alle Kursteilnehmer hatten ihr ganzes Leben auf Bauernhöfen verbracht. Ich würde in ihrer Mitte sitzen wie ein Marsmensch.

Einen Tag, bevor der Kurs beginnen sollte, bemerkte ich, daß meine Gummistiefel ein Loch hatten, und so fuhr ich sofort nach Kilmihil und kaufte mir ein Paar neue, schön schwarz und glänzend. Noch am selben Abend ging ich mit ihnen auf die hintere Wiese und dreckte sie ordentlich von oben bis unten ein.

Wie benimmt man sich an seinem ersten Tag auf der Landwirtschaftsschule? Man versucht, so lässig wie möglich auszusehen, als käme man gerade von der Feldarbeit, vom Mistbreiten oder Jaucheschütten. Der Bleistift, den man mitbringen sollte, konnte bereits verlorengegangen sein oder bis auf einen Stummel zerkaut. Ein paar Schlammspritzer konnten nicht schaden. Zweiundvierzig von uns standen, die Stuhlreihen ignorierend, in dem großen Unterrichtsraum und warteten, daß etwas geschah. Einige kannten sich und lachten, als sie sich hier wiedersahen. Andere fühlten sich gehemmt und gaben sich abweisend. Schließlich trat ein Mann ein mit einer großen Schachtel voller Papiere unter dem Arm. »Sie sind ja ein stilles Häuflein«, sagte er. »Bitte, setzen Sie sich und haben Sie keine Angst vor den Stühlen.« Bei dem daraufhin einsetzenden Stühlerücken wurde eine feste Sitzordnung etabliert. Ohne daß jemand ein Wort darüber verlor, sollte jeder von uns Woche für Woche seinem Platz zustreben, bis zum Ende des Kurses. Als ich aufblickte, stellte ich fest, daß neben mir die beiden einzigen weiblichen Kursteilnehmer saßen.

Die Landwirtschaft im Westen Irlands ist anders als anderswo. Hier, bei dem feuchten Klima, dem größtenteils mageren Boden und den relativ kleinen Höfen gab es für einen Bauern wenig Aussicht, sich zu verbessern. Der Bauer des Westens ist der traditionelle irische Farmer. Sein Haus ist eine einstöckige Kate; sein Grundbesitz, häufig geteilt und von Generation zu Generation weitergegeben, beträgt zwischen fünfzehn und zwanzig Hektar. Feldsteinmauern ziehen sich kreuz und quer über seine Felder und stoßen an allen Ecken und Enden aufeinander; manchmal trennen sie Flächen von nicht mehr als zwanzig Ar. Auf diesem hügeligen, moorigen oder steinigen Land schlägt er sich mühsam durch, nicht immer mit Erfolg. Die Regierung gesteht ihm zu, daß er in einem »benachteiligten« Gebiet lebt und zahlt eine Unterstützung. Doch selbst mit dieser Ausgleichszahlung kann sich der Bauer im Westen nicht mit dem vergleichen, der einen der ertragreichen Höfe auf den fruchtbaren Böden von Tipperary oder in Irlands Goldenem Tal bewirtschaftet. Der Bauer im Westen wird immer arm bleiben. Es scheint fast eine Bedingung der Landschaft zu sein. Er wird seinen Hof mit einem Minimum an landwirtschaftlichen Maschinen bestellen; er wird Heu machen, um sein Vieh über den Winter zu bringen, und das meiste so tun, wie es sein Vater und sein Großvater schon getan haben. Sein Hof wird nur einem Sohn oder einer Tochter den Lebensunterhalt bieten können.

Vor diesem Hintergrund bot ACOT den landwirtschaftlichen Ausbildungskurs an. Die Behörden kannten die Situation genau und hofften, mit diesem finanziell attraktiven Kursangebot an die Bauernsöhne, die einmal für das Land verantwortlich sein würden, heranzukommen und ihnen einige moderne Praktiken einer effizienten Landwirtschaft beizubringen. Überall in der Welt war die Landwirtschaft zu einer Wissenschaft geworden, zu einem riesigen Geschäft mit Kunstdünger und gesteigerten Ernteerträgen, mit exakter Gewinn- und Verlustrechnung, während sie im Westen Irlands immer noch mehr oder weniger auf gut Glück betrieben wurde.

Als Tadhg Murphy an jenem Morgen in Kilrush vor die Klasse trat und auf seine zweiundvierzig Schüler blickte, schien er sich der Überredungskünste, die er benötigen würde, bewußt. Er wußte, daß in der Landwirtschaft Erfahrung und Kenntnis des Landes oft mehr zählten als Theorien. Er wußte, daß auf einige seiner Schüler daheim Väter warteten, die allem, was er ihnen sagte, widersprechen würden. Aber er hatte einen Vorteil. Fast jeder in dieser Klasse, der von einem Bauernhof lebte, stand vor demselben Problem. In jedem von ihnen regte sich dieselbe Angst, seit sich im Januar die bitteren Auswirkungen des schlimmsten Sommers seit hundert Jahren bemerkbar machten. Die Heuernte war hier, wo die ärmeren Bauern noch ausschließlich auf Heu als Winterfutter angewiesen sind, verheerend ausgefallen, und das wenige, das eingebracht werden konnte, war von miserabler Qualität und ohne Nährwert. Überall im Westen litt das Vieh an Unterernährung. In ein paar Monaten würden die Tiere auf den Weiden krepieren. Als Tadhg den Kurs mit den Worten eröffnete: »Wissen Sie zum jetzigen

Zeitpunkt, ob Sie noch genug Winterfutter haben?«, wurde jeder still und hörte zu.

Am Nachmittag machten wir einen Ausflug zu etlichen Bauernhöfen, um Silage zu prüfen und zu messen. Die Bauern in den abgelegenen ländlichen Bezirken zur Herstellung von Silofutter zu bewegen war eine der vordringlichsten Aufgaben der ACOT-Berater. Silofutter war in der Herstellung zwar teurer, aber es verringerte das Risiko und die Not, die ein schlechter Sommer mit sich brachte, ganz wesentlich. Mit dem Wort Silage begann die Diskussion, und sie wurde draußen weitergeführt, nachdem uns Tadhg Murphy mit ein paar allgemeinen Hinweisen und einem Zeitvergleich entlassen hatte. Eingepfercht in Autos und Traktoren jeglichen Typs, fuhren wir im Konvoi aufs Land.

Drei Männer aus dem Kurs setzten sich zu mir in den Wagen und redeten über Landwirtschaft, während ich fuhr, murmelte, nickte und zustimmte, wenn sie von verfaultem Heu und krankem Vieh sprachen. Aber ich wußte nichts von der tatsächlichen Härte des bäuerlichen Lebens. Ich kam mir vor wie ein Narr. Ich spielte nur Bauer. Diese Leute hatten mir Jahre voraus. Meine Teilnahme an dem Kurs war lächerlich. Die Bauern, an denen wir vorüberkamen, blieben stehen und sahen zu uns hin, zu uns, den Farmerlehrlingen. Ich bildete mir ein, ein kleines Lachen in ihren Augen zu sehen: Als ob man Bauer sein in der Schule lernen könnte – als ob jemand lehren könnte, was nur das Land lehren kann, und das auch nur während langer, mühsamer Stunden in Regen und Wind.

Als wir bei dem ersten Hof ankamen, parkte ich den Wagen am Straßenrand. Ein kalter Wind fegte uns den Regen ins Gesicht, und ich nahm mit zagendem Herzen meine schmutzigen neuen Gummistiefel aus dem Kofferraum. Auf dem Feld neben mir waren Rinder. Zu welcher Rasse gehörten sie, waren sie krank oder gesund, gut genährt oder halb verhungert, zwei- oder dreijährig? Ich wußte es nicht. Als alle die jungen Bauern gelassen zwischen den Rindern umhergingen und sie mit einem Pfiff oder einem Ruf, der wie das Blaffen eines Hundes klang, über das Feld trieben, wäre ich am liebsten umgekehrt und nach Hause gefahren. Was um Himmels willen hatte ich hier zu suchen? Ich hatte von Landwirtschaft nicht die leiseste Ahnung.

Wer auf dem Land lebt, schlägt in der Zeitung als erstes die Seite mit den Todesanzeigen auf. Manchmal hatte man den Eindruck, alles andere, was sonst noch in der Zeitung stand, wurde gar nicht gelesen. Auf die Todesanzeigen kam es an. Die Gründe dafür sind einfach. Im Westen ist die Verwandtschaft etwas ungemein Wichtiges. Jeder ist mit jedem irgendwie verwandt, und die verwandtschaftlichen Beziehungen erstrecken sich über entfernte Vettern und Basen auf die Nachbarn von Vettern und Basen und die Vettern und Basen von Nachbarn. Die Verbundenheit untereinander ist lebenswichtig, und Beerdigungen sind ein Ausdruck dieser Verbundenheit. Während sich die kalten kurzen Januar- und Februartage zu einer langen harten Zeit aneinanderreihten, schien in Kilmihil eine Beerdigung die andere abzulösen. Anfangs bemerkten wir es gar nicht, doch als in den Gesprächen immer häufiger zu hören war: »Um wieviel Uhr ist die Beerdigung?«, wurde eine weitere Auswirkung des schlechten Sommers offenbar. Bei dem ständigen Regen hatte man nur wenig Torf einfahren können. Und nun starben die alten Leute in den düsteren kalten Tagen des beginnenden Jahres. Wer hätte mit Sicherheit sagen können, daß es kein Zufall war?

Es gab keine Ölheizung in den alten Häusern. Wenn man morgens aufwachte, sich anzog und im Ostwind zum Heuschuppen lief, um ein paar Zweige zum Feueranmachen zu holen, war die Luft eisig. Die Torfsoden, die im Sommer nicht richtig trocken werden konnten, waren steinhart gefroren; das Feuer schwelte nur und wärmte kaum. Es war hoffnungslos. Es gab Geschichten von Männern und Frauen, die so froren, daß sie in ihren Betten blieben, auf die sie Decken und Mäntel türmten; Geschichten von verzweifelten Maßnahmen, zu denen man im Westen griff – von nassem Torf, der, in Paraffin getaucht und angezündet, das ganze Haus in Brand setzte, von großen Moorholzästen, die im Küchenfeuer schwelten, und von Autoreifen, die ins Feuer geworfen wurden. Es war der traurigste Winter, ein Winter, der an allen Ecken und Enden an den vergangenen Sommer erinnerte und an den ständigen Überlebenskampf, den der Westen Irlands heute noch genauso verkörpert wie früher. Man muß so etwas erlebt haben, um es zu glauben.

Kilmihil wartete wie jede andere Gemeinde zusammengekauert in der Kälte auf den Frühling. Auch wir in unserer Kate blickten hinaus über die weiß bereiften, froststarren Felder und warteten. Dann, eines Morgens, rief Michael bei uns an. Schlechte Nachrichten, Marys Mutter sei gestorben, heute nacht, im Schlaf.

Etwas später am selben Tag erschien die Todesanzeige in der Zeitung. Nora war friedlich in ihrem Bett gestorben. Jetzt hielt man die Totenwache und wartete auf die Ankunft von Noras dritter Tochter Eileen, die in England lebte.

Als Chris und ich an jenem Morgen die Straße hinabgingen, um Mary unser Beileid auszusprechen, lagen die Felder von Kiltumper reglos und still. Alles hier ist ein Spiegel von allem, und so war die Landschaft auf eine eigenartige Weise düster, traurig und tot. Nichts bewegte sich im eiskalten Wind. Ohne recht zu wissen, was wir tun oder sagen sollten, betraten wir das Trauerhaus.

In Zeiten von Krisen oder Leid kommt die Nächstenliebe und Zuneigung unter den Nachbarn am stärksten zum Ausdruck. Nichts ist dann wichtiger, als den Trauernden zu trösten und ihm in seiner schweren Prüfung beizustehen. In der Küche waren die Jalousien heruntergelassen. Mary stand hilflos weinend am Herd und versuchte, alles Nötige für die Totenwache zu organisieren: Stühle, Tische, Kerzen und fünf Messingleuchter. Die Nachbarn übernahmen diese kleinen Besorgungen und brachten alles hinauf zu den Dooleys. Irgendwann am Vormittag waren wir auf dem Weg dorthin, mit Mary und ein paar zusätzlichen Gläsern und Stühlen im Wagen. Es schien, als führte jede Straße zu den Dooleys. Nora und alles, was sich mit ihr verband, hatte den Menschen hier viel bedeutet. Während der Totenwache und bei der anschließenden Beerdigung kam die Rede immer wieder darauf, daß Nora noch auf unserer Party gewesen war und sich dort so gut amüsiert hatte wie seit Jahren nicht mehr. Diese glückliche Erinnerung sollte uns bleiben; durch Nora Donnellan war Chris und mir das Glück vergönnt worden, noch einen jener wahrhaft großherzigen, irischen Menschen vom alten Schlag kennenzulernen. Vor ihren Augen hatte sich eine Welt verändert, aber sie hatte auch gesehen, daß sich Qualitäten wie Freundschaft und Gemeinschaft in Kiltumper erhalten hatten. Die Geschichten, wie Nora in ihrer Küche auf der Konzertina Jigs und Reels spielte, waren bereits Legende. Sie gehörte zu jener aussterbenden Art von Menschen, die gastfreundlich waren, musikalisch, gütig, großzügig und hilfsbereit.

Im bernsteinfarbenen Licht eines kleinen Schlafzimmers lag Nora aufgebahrt in einem langen weißen Kleid. Ihr weißes Haar war hinter ihrem Kopf zu einem Zopf geflochten. Sie hielt ein kleines Meßbuch und einen Rosenkranz in den Händen. Am Kopfende des Totenbetts brannten die fünf Kerzen. Chris und ich knieten neben der Toten nieder, um ein Gebet zu sprechen. Leise klappernde Rosenkranzperlen, ein kleines flackerndes Feuer im Kamin und das ständige Murmeln der Betenden vertieften die friedvolle Ruhe im Raum. Als immer mehr Freunde und Verwandte eintrafen, verließen wir Nora und fuhren nach Haus.

Die Totenwache dauerte zwei Tage. Father Linnane kam; Nachbarn, Freunde und jeder, der von ihrem Tod durch die Zeitung erfahren hatte. Der Tisch in der guten Stube war ständig gedeckt. Jeder Trauergast wurde genötigt, Platz zu nehmen und zuzugreifen. Keiner, der darum herumkam. Die Bewirtung der Trauergäste mit Tee oder Bier, Kuchen, Teebrötchen, kaltem Braten, Salaten und Törtchen galt als Dank für die Beileidsbekundung, sie war ein untrennbarer Bestandteil der Totenwache, ein herkömmlicher Brauch, des Verstorbenen zu gedenken.

Am Tag der Beerdigung war es bitterkalt. Ein eisiger Wind fegte über die Straßen. Kilmihil war vollgestopft mit geparkten Autos. Vor der Kirche standen die Männer in dicke Mäntel gehüllt und warteten schweigend auf den Beginn der Messe. Die Kirche war voll bis auf den letzten Platz. Am Tag zuvor hatte es einen zweiten Todesfall gegeben, und nun sollte eine doppelte Trauerfeier stattfinden. Wie ein dicker, alles durchdringender Nebel hing die Traurigkeit über den Bankreihen und machte die kleine Kirche so still, daß nichts anderes zu hören war als der grausame Wind, der draußen endlos über die Felder wehte, über die Moore und Berge, über das winterlich stumme Land. Das Gebet begann und füllte das Kirchenschiff mit einem gleichmäßigen Summen. Als Father Linnane und Father Murphy an den Altar traten, steigerte sich das Gemurmel, dann verebbte es und verstummte mit einem Amen. In diese Stille, diese plötzliche Leere, in der die Seelen der Toten vielleicht zwischen Himmel und Erde verweilten und noch einmal zurückblickten, fiel die ruhige, ehrfurchtsvolle Stimme von Father Linnane. Er sprach den Namen Nora Donnellan aus, und sie war lebendig für jedermann. Vom Chor herab erklang eine traurige Weise, gespielt auf einer Konzertina.

Nach der Messe strömten die Menschen aus der Kirche und warteten auf der Straße. Der Sarg wurde zur Kirchentür gerollt und von hier aus von jeweils sechs Männern, die sich abwechselten, zum Friedhof getragen, gefolgt von den unmittelbaren Verwandten und der übrigen Trauergemeinde. Langsam bewegte sich der Zug auf der Straßenmitte gegen den beißenden Wind. Das ganze Dorf hielt inne. Kein Auto kam der düsteren Prozession frierender

Menschen entgegen. Die Sargträger wurden abgelöst, und weiter ging es über die Kreuzung und in den alten Friedhof hinein. Graue Wolken hingen am Himmel. Der Wind pfiff zwischen den Grabsteinen und riß den frischen Blumen die Blätter ab, die – husch – wie die Elfen davontanzten. Father Linnane stand am Grab, bleich von der Kälte, und sprach ein letztes Gebet. Dann wurde Nora begraben.

Den ganzen Nachmittag und Abend zogen die Menschen die Straße zu den Dooleys hinauf, um bei ihnen Tee oder Bier zu trinken, um belegte Brote und Kuchen zu essen und ihnen Gesellschaft zu leisten. Aber in jenem Augenblick, als es auf dem Friedhof zu regnen begann, trieb der Wind den Trauernden Tränen in die Augen. Eine wunderbare, großartige Frau war gestorben. Father Linnane flüsterte einen letzten Segen: Möge ihr das ewige Licht leuchten.

Kapitel 13

Während der kalten Wochen im Dezember und Januar hatten wir unseren Torfstapel im Heuschuppen dahinschwinden sehen. Am ersten Februar war das Eschenholz aufgebraucht; der Torf reichte noch für eine Woche. Wir steuerten auf eine Brennstoffkrise zu und mußten, obwohl wir uns mitten in der kältesten Jahreszeit befanden, versuchen, mit einem kleineren Feuer auszukommen. Wir heizten mit allem, was brannte, mit Milchtüten, Zeitungen, den kleinsten Eschenreisern. Wenn wir nachts im Bett lagen, bildete unser Atem Hauchwölkchen. Die Decklaken wickelten wir uns wie Handschuhe um die Hände. Es war zu kalt, um ein Buch zu halten. Die Temperatur in unserem Haus war nicht anders als in den übrigen alten Häusern. Der Unterschied lag nur darin, daß wir von Amerika her an warme, gut isolierte Räume und an Komfortzonen gewöhnt waren. Hier brauchte man dickeres Blut, und man mußte auch im Haus soviel wie möglich anziehen. Duschen oder baden war wenig verlockend. Und wenn wir duschten, blieben wir bis zum letzten Tropfen heißen Wassers unter der Dusche stehen, bevor wir in die erfrischende Zimmerluft hinaustraten.

Wir kämpften von einem Tag auf den anderen, um uns geistig und körperlich der Kälte zu erwehren –

eine der härtesten Aufgaben in unserem hiesigen Leben. Im Freien war es gar nicht *so* kalt, aber die dikken Steinmauern des Hauses waren kalt, die Fußböden und die Zugluft, die durch alle Räume strich und vor der wir nur in unmittelbarer Nähe des Feuers Schutz fanden. Unsere Nachbarn blickten auf den kläglichen Rest unseres Torfs, nickten wissend und sagten: »Keine Sorge. Gott ist gut.«

Und Er war gut. Im Februar fror es Stein und Bein. Michael kam die Straße herunter mit vierzig leeren Kunstdüngersäcken. Wenn wir sie mit Torf füllten und ein kleines Stück von der Torfbank wegschlepppten, würde er sie für uns herunterfahren. Der gefrorene Boden würde den Traktor tragen. Jetzt konnte er ins Moor hineinfahren, was den ganzen Sommer und Herbst nicht möglich gewesen war.

Chris ging mit hinauf ins Moor. Im schneidenden Wind füllten wir den Torf in die Säcke, und die Tage des Torfstechens, der Kuckucksrufe, der Picknicks mit Braunbrot und Tee, der blühenden Heide und der schweißtreibenden Arbeit in Hemdsärmeln schienen nur ein Traum gewesen zu sein. Jetzt war das Moor ein verlassener Ort. Der Blick reichte meilenweit über das flache braune Dach einer vom Wind beherrschten Welt. Hasenspuren, Fuchspfade und Hufabdrücke von verirrten Rindern kreuzten sich und verliefen im Nirgendwo. Auf dem Grund der Moorlöcher, wo wir unsere Wasserflaschen gekühlt hatten, spiegelte sich der weiße Himmel im Eis. Der Torf, den wir vor einem halben Jahr gestapelt hatten, bot einen traurigen Anblick. Die Soden waren weiß bereift und steinhart gefroren. Sie würden keine große Hitze mehr geben, aber sie würden brennen, sobald sie in der Zugluft des Heuschuppens getrocknet waren, und allein das war im Augenblick wichtig.

Den ganzen Nachmittag lang fuhr Michael mit dem Traktor bergauf und bergab, jedesmal mit etwas mehr Mühe, weil der Boden unter den Rädern taute, aber auch mit zunehmender Befriedigung, denn am Ende standen wir vor einem Berg Torf, der für ein Vierteljahr reichte.

»Jetzt habt ihr einen ganz netten Vorrat, Crissie«, sagte Michael. »Ja«, sagte Chris und lächelte dankbar.

Es regnete die ganze Nacht. Die Äste der Bäume vor dem Haus schlugen gegeneinander, die Stämme knarrten gefährlich. Plötzlich wurde uns beiden übel. Wir hatten irgend etwas gegessen, was uns nicht bekam, und nun hockten wir beide, unfähig uns zu bewegen, im Badezimmer. Fünf Stunden kauerten wir dort, während der Sturm in der Finsternis draußen tobte. Gegen halb acht schaffte ich es, die Telefonkurbel zu drehen und Gregory, der Vermittlung in Kilmihil, zu sagen, er möge den Doktor rufen.

Die medizinische Versorgung in West Clare ist Welten entfernt von dem, was wir an spezialisierten, untereinander konkurrierenden, hochbezahlten und nur nach Vereinbarung verfügbaren Ärzten in New York kannten. Wo das Gesundheitswesen verstaatlicht ist, ist mit der Krankheit kein großes Geschäft zu machen. Jeden Dienstag und Donnerstag warten Männer und Frauen in langen Schlangen vor den Räumen der Ambulanz in Kilmihil; dort werden ihre Beschwerden und Probleme diagnostiziert, sie bekommen ein Rezept und fahren wieder mit ihrem Traktor nach Hause, ohne viel Geld oder überhaupt etwas ausgeben zu müssen. Für eine Spezialbehandlung oder eine Untersuchung fährt man »rüber« ins dreißig Meilen entfernte Allgemeine Krankenhaus in Ennis. Für besondere Operationen zieht man seinen besten Anzug an und fährt mit einem kleinen Koffer in der Hand »rauf« nach Dublin.

Wir kannten Dr. Carthy vom Sehen, hatten ihn bis jetzt aber nicht gebraucht. Er war ein junger vielbeschäftigter Mann, der ständig in der Gemeinde unterwegs war und sich um Neugeborene ebenso wie um die Alten kümmerte. Er war eine zentrale Figur in der Gemeinde, wußte um jedermanns Sorgen, half bei Geburten und war zugegen beim Sterben, und in der Zwischenzeit verarztete er die verschiedensten körperlichen und seelischen Wunden einer Bevölkerung, die sich größtenteils nur zögernd und mit äußerster Skepsis der medizinischen Wissenschaft anvertraute. Medikamente waren bei den Leuten hier kein Gesprächsthema. Das enorme Angebot an Arzneimitteln in bunt aufgemachten Schächtelchen bedeutete nichts, und nur selten entschloß sich jemand, ein Aspirin zu schlucken. Der Körper war nicht dazu da, um große Sorgfalt oder gar Eitelkeit an ihn zu verschwenden, um ihn zu verhätscheln oder damit zu protzen. Die Menschen hier betrachteten ihn eher als einen Teil von Gottes freier Natur, wie einen Baum oder Strauch, der die Leiden der Zeit so geduldig wie möglich ertrug. Vor diesem Hintergrund praktizierte Dr. Carthy.

Am frühen Vormittag kam er zu uns. Er benutzte die Hintertür und behandelte uns mit ruhiger Selbstverständlichkeit. Auf dem Weg hatte er bei der Apotheke angehalten und eine Flasche mit einer grünen Medizin für uns besorgt. Er gab jedem von uns einen Löffel voll, und als ich nach meiner Brieftasche greifen wollte, um das Medikament und den Hausbesuch zu bezahlen, winkte er ab. »Ich finde allein hinaus«, sagte er. »Sie werden sich bald besser fühlen.«

Und es ging uns wirklich bald sehr viel besser.

Ich habe eine Liste der Redewendungen aufgestellt, mit denen die irischen Wettervorhersager das Wetter beschreiben. Jeden Abend nach den Neun-Uhr-Nachrichten folgt der Wetterbericht. Ein Mann steht mit einem Zeigestock in der Hand vor einer sehr kleinen Landkarte. Auf den ersten Blick scheint die Insel Irland nur ein winziger Fleck auf der Landkarte zu sein, und die Vorstellung, daß sie ein eigenes Wetter haben könnte oder gar mehrere, kommt einem wie ein Witz vor. Das Satellitenbild wird eingeblendet, und dort erkennt man durch eine dichte weiße Wolkendecke gerade noch ein Stückchen der Ostküste. Der Westen ist im Wetter untergegangen. Der Zeigestock deutet an die Stelle, wo der Westen sein könnte, und die zögernde Stimme des Wettermanns spricht: »Im Westen gab es heute mehrere heftige Regenfälle, einige mit Graupel gemischt, und ich befürchte« – der Zeigestab wandert hinaus auf die weiße Fläche des unfreundlich winterlichen Atlantik –, »daß es für morgen nicht besser aussieht.«

Der Wind heult ums Haus, und ich fürchte, er drückt uns die Fenster ein. Wir sitzen, einer rechts, einer links, neben dem Stanley-Ofen. Nachdem sich der Wettermann verabschiedet hat, erscheint auf dem Bildschirm eine Karte von Irland mit den eingezeichneten Windrichtungen, den Kaltfronten und der abgekürzten Vorhersage, und die finde ich immer am komischsten. Mit welchen Ausdrücken dieser Wetterbericht schönes Wetter beschreibt, werde ich hoffentlich noch erleben. Das klassische Wetter kenne ich schon: »Sonnige Abschnitte, später Regen, in Schauer übergehend«, oder: »Freundliche Abschnitte, heftige Winde, Regen.«

Für morgen erwarten wir Wind mit Windstärke 8. Und das Wetter? Kalt, gelegentlich Schauer, sehr heftiger Wind. Ich muß ungetröstet ins Bett. Eines Abends erschien der Wettermann auf dem Bildschirm im Regenmantel.

Zwei Wochen lagen noch vor uns. Das Jahr war für

die Laienspielgruppe von Kilmihil wechselvoll gewesen: Ein Theaterstück war ausgewählt, geprobt und aufgegeben worden, zum ersten Mal hatte man ein Hörspiel gemacht und zu einem nationalen Wettbewerb eingereicht, und ein zweites abendfüllendes Bühnenstück war ausgewählt und nicht ganz gründlich geprobt worden; jetzt sollte beim West Clare Drama Festival in Doonbeg J. M. Synges Stück *Die Quelle der Heiligen* aufgeführt werden.

Die Spieler waren nervös und unsicher; seit Wochen wurde über Doonbeg und das Festival geredet, und immer ging es dabei um Sieg oder Niederlage. Langsam begriffen wir, daß die Kilmihil-Spieler beabsichtigten, den Gemeindesaal von Doonbeg für einen von zehn Festspielabenden zu übernehmen, um die Vorstellung ihres Lebens zu geben. Die Schauspieler würden für das Haus spielen und für den Preisrichter, in diesem Fall eine Frau, die allein ganz hinten im Saal saß, sich während des Stücks Notizen machte, jede Gruppe einstufte und gleich nach der Vorstellung auf die Bühne kam, um ihre Kritik vorzutragen. Man brauchte nicht erst auf die Morgenausgabe der Zeitung zu warten. Sie gab ihren Kommentar vor versammeltem Publikum ab, und am letzten Abend des Festivals gab sie die Sieger bekannt.

Während der letzten Wochen geriet die Gruppe völlig aus dem Häuschen und in dem Schulzimmer, wo wir probten, kursierten die reinsten Horrorgeschichten über frühere Preisrichter, über Schauspieler und Schauspielerinnen, die in Tränen aufgelöst in die Kulissen rannten, über fürchterliche Aufführungen der Gruppen aus Kilrush oder Kilkee, die über Kilmihil gesiegt hatten, über unmögliche Beurteilungen und Begünstigungen. Chris und ich, die wir das alles zum ersten Mal hörten, hatten den Eindruck, ein Krieg stehe bevor. Die Aussicht auf einen so leidenschaftlichen Wettbewerb war nervenaufreibend, zumal noch nicht einmal der Text richtig saß.

Die Gruppe erlebte einen zweiten Fehlstart. Das Anmeldeformular für die Teilnahme am Festival kam per Post zurück. Man hatte uns dieses Jahr abgelehnt. Der Grund? Die Bewerbung war zu spät eingereicht worden, das Komitee in Doonbeg hatte nicht gewußt, daß Kilmihil beabsichtigte, ein Stück aufzuführen. Es war kaum zu glauben: Doonbeg war zehn Meilen von Kilmihil entfernt. Die Nachricht war ein ziemlicher Schock für die Spieler. Sollten sie tatsächlich ein weiteres Stück einstudiert haben, das nicht zur Aufführung kommen würde? Die Enttäuschung hätte gereicht, um die Gruppe auf Jahre hinaus zu entmutigen. Aber wie überall in Irland herrschten auch hier keine ehernen Gesetze. Wir weigerten uns einfach, die Entscheidung des Komitees zu akzeptieren, und Paddy Cotter griff zum Telefon. In dieser Sache sei noch nicht das letzte Wort gesprochen, sagte er. Und so war es. Mitternächtliche Telefonanrufe und geschickt eingesetzte Lokalpolitik taten das ihre. Zwei Tage später rief die Sekretärin des Festivalkomitees an und erklärte, wir seien angenommen. Kilmihil sollte am letzten Festivalabend spielen, und am selben Abend sollte die Entscheidung über die Gewinner verkündet werden.

Die Sensation war perfekt. Ganz Kilmihil sprach darüber. »Seid ihr gut vorbereitet für Doonbeg?« fragte Mrs. O'Shea an der Ladenkasse. »Wir werden kommen und euch unterstützen«, teilte uns Tessie Garry lächelnd vor der Kirche mit. Chris war inzwischen nach Doonbeg gefahren, um sich die Bühne anzusehen, und hatte ein größeres Problem entdeckt: Der gemalte Hintergrund der Bühne in Doonbeg zeigte ein Interieur des achtzehnten Jahrhunderts und war für unser Synge-Stück vollkommen ungeeignet. Chris sagte, wir bräuchten eine Landschaftskulisse, und wir würden sie selbst malen müssen. Während einer hektischen Woche, in der eine Perücke für Kathy aufgetrieben werden mußte, eine Bluse für Lucy, ein Wagenrad sowie Hammer und Amboß für David, ein Heiligengewand aus grobem Sackleinen für Michael und all die Kleinigkeiten, die einem Theaterstück den letzten Schliff geben – während dieses ganzen Tohuwabohus malte Chris eine acht Meter breite und drei Meter hohe Landschaftskulisse. Hinter den verschlossenen Türen des Gemeindesaals und während Larry Blake neben ihr seine »Heiligenschmiede« – ein raffiniertes Ding, das an einem Ende Schmiede, am anderen Kirche war – zusammennagelte, kletterte sie auf einer Trittleiter auf und ab, um Hügel zu malen und vierzig verschiedene Grüns zu mischen. Es war phantastisch.

Einer der Spieler versäumte die Generalprobe. Die übrigen spielten verrückt und vergaßen ganze Sätze, die sie vorher gekonnt hatten. Vor der noch feuchten Kulisse mit Feldern und Hügeln am hinteren Ende des Saals blickte Chris zu ihnen hinauf, dann wandte sie sich zu mir und schüttelte sehr langsam den Kopf.

Am Nachmittag belud Larry den Pritschenwagen. Schmiede, Amboß, mehrere Pappmachéfelsen und all die anderen Requisiten wurden übereinandergetürmt; dann machte sich das mobile Theater auf den

Weg. Wir fuhren hinterher und hofften, daß es nicht regnen würde. Es war drei Uhr – noch fünf Stunden bis zur Vorstellung. Der Gemeindesaal in Doonbeg sah schlimm aus. Der Boden war übersät mit Bonbonpapieren und leeren Flaschen; die Bühne hatten die Veranstalter des Vorabends vollkommen leergeräumt. Das Theater war nichts anderes als ein kahler, wenig ansprechender Gemeindesaal mitten in West Clare.

Als die Kulissen aufgestellt waren und allmählich ein Bühnenbild für unser Synge-Stück zustande kam, befanden wir uns plötzlich in einer völlig ungewohnten Situation. Während Larry hämmerte und sägte und Chris zum ersten Mal in ihrem Leben an einem Beleuchterpult saß, das sie am hinteren Ende des Saals bedienen mußte, fand ich mich inmitten einer Szene des achtzehnten Jahrhunderts auf einer Straßenkreuzung, die zuvor nur aus zwei sich gegenüberstehenden Stühlen in einem leeren Schulzimmer bestanden hatte. Wir hatten alle Lampenfieber. Dort unten, an dem Tisch mit der kleinen Lampe, würde die Preisrichterin sitzen, dort drüben waren die Vorhänge, die Martin bedienen mußte, da, da und da die für die Zuschauer unsichtbaren Verstecke unserer drei Souffleure.

Um halb sieben stand die Beleuchtung, die Bühne war fertig, der Saal gefegt. Still trafen die Schauspieler ein. In einer kleinen Garderobe, wo mit einem Lippenstift auf dem Spiegel stand: »Viel Glück, Kilmihil«, zogen sie sich um, während Chris auf der Bühne letzte Hand anlegte – ein paar Schilfrohre, Gras, Moos und Efeu und ein großer aufrecht stehender Weißdornast. Um sieben, eine Stunde vor Vorstellungsbeginn, wurde der Saal geöffnet. Chris und ich stahlen uns hinaus in den feuchten Abend und flüchteten mit unserer Nervosität in das Igoe Inn.

Auf dem Rückweg sahen wir die herbeiströmende Menge. Die Leute aus Kilmihil waren schon früh gekommen und hatten die besten Plätze ergattert. Pauline war da mit Peter und Francie, Tessie und Garry. Überall tauchten bekannte Gesichter auf, und die Erwartung in ihren Augen machte uns noch besorgter. Eine unbeschriftete Flasche mit einer goldgelben Flüssigkeit ging in der Garderobe von Mund zu Mund. Die vertrauten Gesichter der Spieler, die wir zum ersten Mal geschminkt sahen, wirkten fremd. Während sich unten im Saal die Zeit des gespannten Wartens hinzog, schlüpften sie allmählich in ihre Rollen. Vom Vorhang kam die Nachricht, das Haus sei voll; es gebe nur noch Stehplätze. Die Menschen standen in den Seitengängen und hinter den Stuhlreihen an der hinteren Saalwand. Ungefähr dreißig Kinder hatte man unmittelbar vor die Bühne gequetscht. Mort, der langjährige Leiter und Organisator des Festivals, kam hinter die Bühne. »Es gibt keine Karten mehr. Könnten Sie vielleicht eine halbe Stunde eher anfangen?«

Wir konnten.

Der Vorhang schwang auf. Flüstern und Murmeln im Saal, als Chris die Scheinwerfer einschaltete und das Bühnenbild sichtbar wurde. Die Schauspieler betraten die Bühne. Wieder erhob sich Gemurmel. Die ersten Sätze wurden gesprochen. Dreißig Kinder vor der Bühne begannen zu lachen und rissen die Erwachsenen mit. Es gefiel ihnen! Hinter der Bühne nickte und lächelte man sich zu. Der Anfang war gut. Am Ende des ersten Akts, nach einer Leistung, die alles übertraf, was ich von den Spielern in all den Proben gesehen hatte, fiel der Vorhang unter donnerndem Applaus. Einen Augenblick standen die Spieler da wie versteinert. Dann, während im Saal wild geklatscht wurde, wandte sich einer seinen Mitspielern zu, riß die Arme hoch und schüttelte die Fäuste. *»Come on, Kilmihil!«* brüllte er und führte die übrigen wie eine Fußballmannschaft in die Garderobe.

Akt zwei und drei vergingen wie im Flug, unterbrochen nur von einer rasend aktiven Umbaupause, als die Schmiede verschoben werden mußte, damit unsere Kirchenruine zum Vorschein kam, die Bühne mit frischem Schilf und Efeuranken dekoriert, der Boden der Schmiede mit frischem Stroh bestreut, ein Dutzend Topfhaken, Hämmer und Zangen angebracht und ein zentnerschwerer Amboß bewegt werden mußten. Die Einwohnerschaft eines ganzen Dorfs schien auf der Bühne herumzurennen, angeführt von Larry und Paddy, während sich die Spieler in dem Gewusel auf den nächsten Akt vorbereiteten.

Alles lief reibungslos. Die Vorstellung war ausgezeichnet. Als das Stück zu Ende war, brandeten uns Beifall und Hochrufe aus dem Publikum entgegen, und die Spieler verließen strahlend die Bühne. Es herrschte eine geradezu übermütige Stimmung, als hätten wir eben eine Fußballmeisterschaft gewonnen. Bei all dem Trubel und der Heiterkeit hinter der Bühne war fast vergessen, daß wir auf einem Drama-Festival gespielt hatten und daß unser Stück nicht nur von Synge stammte, sondern obendrein auch noch ein recht schwieriges war. Die Leute von Kilmihil drängten in die Garderobe, schüttelten uns allen die Hände und gratulierten. Daß das Stück so gut angekommen war, sprach sehr für die Leute von West Clare.

Kurz danach betrat die Preisrichterin die Bühne, und es wurde wieder still im Zuschauerraum. Sie hielt einen weißen Notizblock in der Hand und las mit sicherer Stimme ihre kritischen Anmerkungen vor: »Ich glaube, wir sind alle der Meinung, daß wir heute abend eine sehr, sehr gute Aufführung von der *Quelle der Heiligen* gesehen haben, dargeboten von den Kilmihil Players ... einige hervorragende Leistungen ... einfühlsame Regie ... sehr hübsche Ausstattung und ein wirkungsvolles Bühnenbild ...« Beifallstürme und Hochrufe aus dem Saal unterstrichen jedes einzelne Lob. Hinter der Bühne kauerten im Schatten die lächelnden, zum Teil noch kostümierten Mitglieder des Ensembles. Dann schritt man zur Preisverleihung. Auf einem mit grünem Filz belegten Tisch in der Bühnenmitte wurden Trophäen und Medaillen ausgebreitet. In einem Bezirk, zu dem auch die sehr viel größeren Orte wie Ennis und Shannon gehörten, mit ihren großen Ensembles und vierstelligen Budgets, hatte Kilmihil – das für die Inszenierung seines Stücks ungefähr fünfzig Pfund ausgegeben hatte – keine direkte Gewinnchance. Worauf es ankam, war die Plazierung von Kilmihil in Relation zu den Nachbarn in West Clare. Es ging darum, die lokale Konkurrenz zu schlagen.

Die Preisrichterin faßte das Ergebnis der zehn Drama-Abende zusammen, für die Schauspieler, die Spielleiter und die im Gemeindesaal von Doonbeg versammelten Unterstützer und Anhänger. Kein Mensch dachte in der Hitze und der gespannten Erwartung im Saal an die kalte Nacht. Monatelang hatte man auf diesen Augenblick hingearbeitet, und nun war er nur noch Sekunden entfernt. »Erster Platz, mit fünfundachtzig Punkten, Ennis Players.« Stürmischer Applaus. »Zweiter Platz, mit dreiundachtzig Punkten, Shannon Drama Group.« Stürmischer Applaus. »Dritter Platz, mit zweiundachtzig Punkten ... Kilmihil Drama Group!« Ein Orkan brach los. Aus jeder Ecke des Saals kamen Hochrufe, und in unserer Ecke hinter der Bühne herrschte ein Freudentaumel ohnegleichen. Aber es sollte noch besser kommen. Die Preisrichterin war noch nicht fertig. »Medaillen für hervorragende schauspielerische Leistungen gehen an ... Kathleen Devine aus Kilmihil und Noel Conway aus Kilmihil!« Paddy stieß seine Faust in die Luft, Larry warf den Kopf in den Nacken und lachte brüllend, und David nickte mir zu und klatschte.

In dieser Nacht gab es in Doonbeg einiges zu feiern. Am nächsten Tag marschierten Chris und ich durch Kilmihil wie Champions und nahmen von allen Seiten Glückwünsche entgegen.

Kapitel 14

Francie strampelte auf seinem Fahrrad die Straße herauf, sprang am Gartentor ab, warf das Rad ins Gras und rannte zum Haus. »Sie kalbt, sie kalbt!« schrie er. »Kommt schnell!« An der Haustür blieb er stehen, pitschnaß und schlammbespritzt, aber mit einem breiten Grinsen im Gesicht. Chris legte eilig ihre Pinsel beiseite. Wir zogen Gummistiefel und Regenmäntel an, sperrten die Hühner ein, und eine Minute später liefen wir hinter Francie die aufgeweichte Straße hinab. Unten bei den Downes sprangen die Kinder aufgeregt im Hof umher. Michael begrüßte uns seelenruhig. »Also, ihr kommt gerade recht«, sagte er.

Vorsichtig betraten wir mit Joe und Michael den schwach erhellten Stall. Die Kinder drängelten sich zu einem Häuflein zusammen und schauten durch die Tür. Francie und Peter hielten einen Kälberstrick in der Hand. In einer Ecke stand die Kuh, eine große holsteinische mit melancholischen Augen, und wartete. Joe zündete sich eine Zigarette an. Der Regen trommelte auf das Wellblechdach. Die Luft im Stall war stickig. »Sie könnte noch ein Weilchen brauchen«, sagte Michael. »Hm, könnte sein«, sagte Joe und zog an seiner Zigarette.

Für uns stand der Morgen ganz im Zeichen der

kalbenden Kuh – ein Vorgang, den wir bisher noch nicht mitverfolgt hatten und in dem wir einige Erfahrung brauchen würden, wenn wir uns tatsächlich im Frühjahr eigene Kühe kaufen sollten. Man hatte uns gesagt, es sei gar nichts dabei. In den meisten Fällen würde die Kuh ganz natürlich und ohne Hilfe draußen auf der Weide kalben. Man müsse sie nur im Auge behalten, das sei alles. Andererseits hatten wir aber auch Schauergeschichten von toten Kälbern gehört und mitbekommen, was man sich gelegentlich, wenn auch hinter vorgehaltener Hand, über das Pech eines Nachbarn mit kalbenden Kühen erzählte. Aber schließlich gehörten diese Dinge zum Leben eines Bauern, und niemand kritisierte den anderen oder gab jemandem die Schuld an Ereignissen, von denen man glaubte, daß sie gottgewollt seien. Fast überall wurden die Kühe, wenn sie neu auf einen Hof kamen, mit Weihwasser besprengt, und der Bauer in Clare tat seine Arbeit zwischen den Mächten des Glücks und dem Willen Gottes, so gut er konnte.

Inzwischen hatten wir die Kuh eine halbe Stunde lang beobachtet. Die jüngeren Kinder waren zum Spielen ins Haus zurückgegangen. Francie ließ den Kälberstrick durch seine Finger gleiten. Der Regen prasselte unverdrossen, und allmählich breitete sich im Stall Besorgnis aus. Dann stöhnte die Kuh plötzlich. Joe warf seine Zigarette fort, und Peter stieß einen Schrei aus. Die äußerste Spitze eines Kälberhufs schob sich hervor. »Jetzt kalbt sie, Crissie, schau, jetzt kalbt sie!« rief Francie begeistert.

»Ich fürchte, da stimmt was nicht«, sagte Michael. »Meinst du?« sagte Joe. Wir warteten noch ein Weilchen. Dann krempelte Michael einen Ärmel hoch, wusch sich den Arm mit einem Desinfektionsmittel und schob ihn langsam in den Leib der Kuh. »Den Strick, Francie«, sagte er.

Innerhalb weniger Augenblicke waren wir alle an der Geburt und an dem Kampf um das Leben eines Kalbs beteiligt. Der Regen machte einen Heidenlärm auf dem Dach, die Luft im Stall war plötzlich heiß vor Konzentration und Anstrengung. Das Seil wurde um die Vorderläufe des ungeborenen Tiers gewikkelt; Michael und Joe hielten es straff. Sie zogen, wenn die Kuh preßte, und ließen nach, wenn sie aufhörte. Trotzdem wollte das Kalb noch nicht kommen. Michael bat uns, am Strick mitzuziehen, und während Crissie und ich, Peter und Francie mit vereinten Kräften hielten und zogen, schien sich das Kalb schließlich zu bewegen. »Langsam, langsam«, mahnte Michael. Wir schwitzten, die Kuh stöhnte. Michael tastete mit der Hand in der Kuh nach dem Kopf des Kalbs. Wir zogen vorsichtig, und dann kam es. Eingehüllt in gelatineartigen Schleim, glitt es heraus; nur die Hüften und Hinterläufe steckten noch in der Mutter. Wir zogen mit aller Kraft und starrten auf das leblose Kalb. Ich hatte das unbehagliche Gefühl, daß das Kalb bereits tot sei, und wünschte, die Sache würde schnell vorbei sein. Chris sah mich erschöpft und völlig ungläubig an. Konnte es sein, daß wir dem ersten Kalb, dessen Geburt wir miterlebten, Unglück gebracht hatten? Wir waren so intensiv beteiligt, daß wir uns verantwortlich fühlten. Wir zogen, und das Kalb hing reglos aus der Kuh. Schleim tropfte herab, seine Augen waren blind. Doch wir zogen weiter. Und plötzlich war es frei. Polternd fiel es auf das Stroh, und wir taumelten rückwärts gegen die Stallmauer.

Im Nu war Michael bei dem Kalb. Niemand sagte etwas. Die Kinder schauten mit leeren Gesichtern. Ich lehnte mit einem Ende des Stricks in der Hand erschöpft an der Wand. Michael fuhr dem Kalb mit einem Strohbüschel in die Nasenlöcher, damit das Tier atmen könne. Dann packte er es rasch an den Hinterläufen und hob es hoch, bis die Lunge anfing zu arbeiten. Es lebte. Es wurde unter die Mutter gelegt, die sich ihm völlig unbeirrt zuwandte und langsam begann, es abzulecken. »Schon wieder ein Stierkalb!« rief Francie und rannte hinaus in den Hof, um den anderen die gute Nachricht zu überbringen. Michael stellte sich zu uns an die Stallwand und zündete sich eine Zigarette an. Dies war in diesem Jahr von insgesamt zwanzig sein letztes Kalb. Er hatte keines verloren und konnte mit Recht zufrieden sein. »Das war's«, sagte er und wandte sich uns lächelnd zu. »Es ist nichts dabei, wirklich nicht.« Er zwinkerte mir zu. »Ihr werdet das schon schaffen, meinst du nicht auch, Crissie?«

Der März ist ein harter Monat. Der Nordostwind fegt über das Land, und der Regen ist bitterkalt. Er treibt jeden ins Haus, auch wenn man sich noch so sehr nach draußen sehnt. Von unserem Stubenfenster aus, wo Chris malt, blicken wir hinaus auf die frostigen Felder und fragen uns, wann endlich der Frühling kommen wird. Immer und immer wieder kommt unser Gespräch auf das Wetter. Es scheint, als bekämen wir ständig die gleiche Lektion erteilt: Das Leben, das wir uns gewählt haben, heißt, sich auf jenem einsamen (wenn auch nicht verlassenen) Grat zu bewegen, wo einen die Natur eines jeden Tages buchstäblich in Mitleidenschaft zieht, wo jeder Wind und jeder Sturm ein Teil dessen ist, was man tut. Das Wetter bist du. Während früher der Tag Gestalt annahm mit Gedanken an die Vormittagskonferenzen im Büro, gilt jetzt unser erster Blick nach dem Aufwachen dem Fenster und dem Himmel im Osten. Dieses Gefühl der Abhängigkeit vom Wetter ist weder angenehm noch romantisch, und wenn wir vor einem Jahr noch im Frühzug saßen und davon träumten, im Nieselregen durch den Garten zu wandern, so hat die Realität des Lebens auf der Farm inzwischen unseren Enthusiasmus gedämpft und uns vorsichtiger gemacht.

Die bitterkalten Eisregentage Anfang März waren geeignet, uns jeglichen Mut zu nehmen. Eingehüllt in unsere Regenmäntel, hatten wir Spaziergänge unternommen, und Chris hatte mir die ersten Boten des nahenden Frühlings gezeigt. Tiefblaue Veilchen und Schlüsselblumen von zartestem Gelb. Sie wirkten wie eine Frohbotschaft, an uns persönlich gerichtet. Als wir ein paar Tage später wieder zu der Stelle kamen, hatten Ostwind und Frost alles verbrannt. Wir empfanden es beinahe wie einen persönlichen Verlust. In unseren Briefen nach Amerika schrieben wir nichts von den eisigen Winden, die unseren Frühling aufhielten; wir fürchteten stets, daß wir nicht richtig wiedergeben könnten, wie sehr sich unser Leben verändert hatte, und daß uns solche Dinge vielleicht als Wunderlichkeit oder unnötiges Jammern ausgelegt würden. Wenn wir über die frostknirschenden Weiden von Upper und Lower Tumper schritten, um einen Blick auf die drei Countys in ihrer spätwinterlichen Stille zu werfen, wünschte ich mir die Wortgewalt eines Thoreau oder Wordsworth, um die Natur in großem Stil zu verkünden, um sie auszurufen und zu schildern in all ihrer Erhabenheit und Seelengröße und um gleichzeitig ein Wort einzulegen für die kleinen individuellen, jahreszeitlich bedingten Verluste, die persönliche Geschichte des Wetters.

Nur noch eine Woche landwirtschaftlicher Fortbildungskurs. Ich hatte durchgehalten, und wenn ich jetzt mit den anderen Kursteilnehmern über die matschigen Felder stapfte, erfüllte mich neues Selbstvertrauen. Ich hatte mehr gelernt, als ich für möglich gehalten hatte, und mit meinem neu erworbenen Wissen über Landwirtschaft und Tierhaltung hatte sich ein neues Verbundenheitsgefühl mit dem Land eingestellt. Ich hatte mich durchgebissen und einige Geheimnisse entdeckt, und während ich alles, was ich in dem Kurs lernte, an Chris weitergab, nahmen unsere Pläne für unseren Bauernhof allmählich Gestalt an.

Noch eine Woche. Gegen halb neun verließ ich das Haus, um nach Kilrush zu fahren. Nach knapp zwei Meilen sah ich auf der Straße nach Kilmihil einen Wagen von der Molkerei kommen. Er fuhr auf der schmalen Straße mehr rechts als links und wie in einem bösen Traum – je näher er kam, um so deutlicher hatte ich das Gefühl, daß mich der Fahrer nicht gesehen hatte. Ich hupte und hupte noch einmal, sah in einem schrecklich langen Augenblick den Fahrer überrascht aufblicken, den Wagen herumreißen, und schon hatte er die Vorderseite meines Wagens gerammt.

Niemand war verletzt, aber beide Autos fuhren nicht mehr. Eine Minute lang standen wir auf der menschenleeren Landstraße und betrachteten den

Schaden, und als der erste Wagen vorbeikam, wurden wir bis zu den Downes mitgenommen. Ich ging ins Haus und rief die Werkstatt an. Es waren keine fünf Minuten vergangen. »Wie ich höre, seid ihr dort oben zusammengekracht«, sagte Gregory von der Vermittlung fröhlich.

Michael sagte, es sei alles in Ordnung. Der Mann, der in mein Auto hineingefahren war, sei der ehrlichste Mensch in der Gemeinde. Und das war er auch. Doch für den Rest der Woche mußte ich auf dem Beifahrersitz eines rumpelnden Traktors zu meinem Kurs nach Kilrush fahren. In meiner gehobenen Position in der Fahrerkabine hoch über der Straße fühlte ich mich wie ein Herrscher. Ich konnte über die Hecken hinweg meilenweit ins Land schauen. Und mir fiel auf, daß Bauern in ihren Traktoren von den Leuten ganz anders gegrüßt wurden. Jawohl, es war etwas dran an einem Traktor. Ich begriff immer mehr und wie nie zuvor den Unterschied zwischen einem Menschen aus der Stadt und einem vom Land. Hier im Westen herrschte eine völlig andere Art von Stolz. Es war nicht allein der Stolz auf das Land, das Erbe, auf Freiheit und Unabhängigkeit; es war, als wäre den Menschen hier aus dem Bewußtsein, daß ihnen ein besonderes Schicksal zugeteilt worden war, ein Schicksal auf armem Land und im atlantischen Regen, ein natürlicher und leidenschaftlicher Stolz erwachsen. Er wurde nie in Frage gestellt. Die Menschen hielten daran fest mit geradezu eisernem Griff, und die Kraft dazu bezogen sie aus der Stille, ihrem Glauben und ihrer Ausdauer. Was immer wir tun würden – nie würden wir so wie diese Menschen hierhergehören, denn sie waren ein Teil der Landschaft wie jeder Baum, jeder

Stein, jedes Feld. Sie waren der Westen, und sie wußten es. Und doch. Hin und wieder, im Traktor dahinholpernd, hinter dem torfbeladenen Schubkarren auf dem Moor im tagelangen, endlos niederrieselnden Regen konnten wir, wenn auch vielleicht nur für eine Sekunde, etwas von diesem Stolz nachempfinden.

Alles, was wir taten, schien unserem zu Ende gehenden ersten Jahr neue Maßstäbe zu setzen. Wir warteten auf den Frühling und zählten die Tage, wie wir sie im vergangenen Jahr gezählt hatten – damals aus anderen Gründen. Chris beeilte sich, ein Ölbild fertig zu malen. Sie redete von Landschaften, die sie in diesem Sommer malen wollte, während ich meine Gummistiefel anzog und an Kühe dachte. In Kilrush war uns gesagt worden, wir seien die beste Klasse seit Jahren. Und wir wüßten zwar ziemlich viel über die richtige Art, Landwirtschaft zu betreiben, aber um sicherzugehen, müßten wir doch eine Prüfung ablegen.

Als das Papier vor mir lag, mußte ich unweigerlich an meinen Job in Manhattan denken und daß ich in all den Jahren auf recht verschiedene Weise von meiner Feder Gebrauch gemacht hatte. Frage eins lautete, wie viele Tonnen Silofutter benötigt würden, um sieben Kühe und drei einjährige Stiere über einen 150 Tage dauernden Winter zu bringen. In Frage zwei ging es um die Anwendung von Stickstoff und die richtigen Mengen für den ersten Schnitt des Sommergrases; weiter unten, in Frage acht, um typische Böden und Entwässerung. Ich verwandte auf dieses Examen mehr Energie und Konzentration als je für meine Arbeit als Texter in New York. An jenem Vormittag bedeutete es mir mehr als alles, was ich vorher gemacht hatte. Es war der endgültige Test, der letzte, den es noch zu bestehen galt, bevor wir uns frei genug fühlten für die nächste Etappe in unserem Leben: die Bewirtschaftung unserer Farm. Wenn ich versagte, würde ich unsere Zukunft verderben. Wir waren an einem Punkt angelangt, an dem mit Romantik und gutem Willen allein nichts mehr zu erreichen war.

Ich bestand tatsächlich. Alle hatten bestanden. Am letzten Vormittag erschienen alle unsere Lehrer vor der Klasse, begleitet vom Bezirksleiter des landwirtschaftlichen Beratungsdienstes, der einige Worte an uns richtete. Die Klasse war vorgewarnt worden und hatte sich in Schale geworfen. Wir waren in den vergangenen sechs Wochen zu einer Gruppe zusammengewachsen, die nun gemeinsame Erinnerungen teilte – wie wir einzeln an die Tafel gerufen wurden, uns vor Schüchternheit krümmten, wie wir während der Fahrten auf die Bauernhöfe abgefragt wurden und gemeinsam durch Kilrush trabten, um bei Cecil Sands heiße Suppe zu bestellen. Wir waren die künftigen Bauern von West Clare, die Hoffnung des Landwirtschaftsministeriums auf eine bessere Entwicklung in der Zukunft, die Generation von Bauern, die vielleicht endlich den schwierigen Übergang schaffen würde von der herkömmlichen zur modernen Landwirtschaft. Es war eine traurige Gewißheit, daß es die alten Arbeitsweisen nicht mehr geben würde, wenn die Teilnehmer dieses Kurses fünfzig Jahre alt sein würden. Nur noch wenige Bauern würden dann mähen, um Heu zu machen. Sense und Heureuter würden bald ebenso überflüssig werden wie der Ackergaul. Um im Wettbewerb mithalten zu können, müßten überall Maschinen eingesetzt werden, und obwohl ich wußte, daß sich damit das Leben der Menschen verbessern würde, trauerte ich dem romantischen Bild des alten Westens nach. Müssen wir wirklich immer auf bessere Zeiten hinarbeiten?

Wir wurden einzeln aufgerufen, um unser Zeugnis entgegenzunehmen. Ich war der letzte auf der Liste und beobachtete nervös, wie die anderen nach vorn gingen und sich gratulieren ließen. Ich war so nervös, als sollte ich die Doktorwürde erhalten. Als ich eine Viertelstunde später das Klassenzimmer verließ und auf den Traktor kletterte, hielt ich mein Zeugnis wie eine Trophäe in der Hand: Niall Williams war amtlich geprüfter Bauer geworden.

Mit dem ersten Frühlingshauch kamen die ersten diesjährigen Besucher aus Amerika. Wir kamen uns vor wie Menschen, die aus einer Erstarrung erwachten, als wir mit dem frisch reparierten Peugeot nach Shannon fuhren, um Chris' Schwester Deirdre und ihren Freund Larry abzuholen. Wir waren so lange und so intensiv mit Überwintern und dem Überleben von einem Tag auf den anderen beschäftigt gewesen, daß Gedanken an Sommer, Besucher, Ausflüge im Sonnenschein an die See gefährlichen Halluzinationen glichen. Solche Dinge zu denken hätte uns möglicherweise um unseren Mut zum Durchhalten gebracht. Wir hatten, wie alle anderen hier, unsere Gedanken nach innen gewendet. Wir schauten kurz hinaus in die grauen Regentage, und während der langen Abende lasen wir. Plötzlich öffnete sich die Welt wieder. Der Ostwind war einer feuchten weichen Brise gewichen, und vom frühen Morgen an sangen die Vögel. Deirdre war uns ein höchst willkommener Besuch. Sie kam bereits zum zweiten Mal zu uns nach Irland, war mit den Leuten in Kiltumper befreundet, die von ihr sprachen und sie nun ebenso freudig erwarteten wie wir. Zur Freude über ihren Besuch, der, kurz nachdem uns der Winter entlassen hatte, in die schönste Frühlingszeit fiel, gesellten sich all die Neuigkeiten aus New York über Familie und Freunde, neue Filme, neue Musik, all das Neue, das nie nach Kiltumper gelangen würde. Wir hörten, wo Freunde seit neuestem arbeiteten, was sie verdienten, von Reisen nach Kalifornien und Florida, tollen Restaurants, neuen Babys und all dem Üblichen, von Menschen und ihrem Leben. Chris und ich saßen in der Küche, tranken starken Tee und hörten den Reden über diese Dinge zu, die wir einer anderen Welt zuliebe aufgegeben hatten.

Deirdre sah Kiltumper diesmal anders als bei ihrem ersten Besuch. Sie führte Larry ums Haus und über die Felder und zeigte ihm, was wir ihr bei ihrem ersten Besuch gezeigt hatten. Sie stiegen zum Moor hinauf, fuhren nach Kilmihil und gingen hinunter zu Mary und Pauline zum Tee, wo sie wieder einmal die wundervolle Gastfreundschaft des Westens erfuhren. Aber diesmal lag die Betonung auf anderen Dingen. Deirdre sah die Male unseres Kampfes. Ein Drittel des letztjährigen Torfs lag noch tropfnaß auf dem Moor, Bäume waren gefällt worden, auf manchen Feldern hatten sich ganze Weiher gebildet. Es war nicht alles leicht gewesen.

»Ich glaube, es ist weniger romantisch, als ich im vorigen Jahr dachte«, sagte sie. Larry sah die Dinge ähnlich. Als ich am nächsten Morgen sagte, ich müsse den Garten für die Kartoffeln düngen, bot er mir seine Hilfe an. Außer Deirdre und Larry hat, glaube ich, keiner von denen, die uns hier besucht haben, richtig begriffen, was es heißt, in Kiltumper zu leben – nicht den Reichtum und nicht die Armut. Es war eine Wohltat, die beiden bei uns zu haben.

Dazu kamen Ferientage. Wir wurden zu einem Wochenendausflug mit Übernachtung eingeladen. Eines schönen, leicht diesigen, aber sonnigen Aprilmorgens packten wir unsere Sachen ins Auto und fuhren nach West Cork.

Die Fahrt führte uns durch Kerry, vorbei an Killarney und den Seen und hinauf in die märchenhafte Landschaft der Kerry Mountains. Die Strecke war der östliche Teil der berühmten Touristenstraße Ring of Kerry. Nach jeder Biegung der in engen Serpentinen ansteigenden Straße öffneten sich tiefere Ausblicke auf grauen Fels und eine üppig grünende Vegetation unter azurblauem Himmel. Ein Hauch von Gefahr steigerte das Erlebnis dieser ergreifenden Schönheit. Die einspurige Straße war vor hundert Jahren für Pferde gebaut worden, und die scharfen Kehren drohten uns hinauszutragen über Abgründe, dreißig Meter und tiefer. Wir fuhren weiter, obwohl wir eigentlich überall anhalten wollten. Die Landschaft hob uns über uns hinaus; gleichsam aus der Vogelperspektive blickten wir auf Kerry hinab. Nach den ersten staunenden Ausrufen schwiegen alle. Das hier war die zauberische Seite Irlands, die einen in Verzückung versetzte wie alle alten Orte, wo das Meer Ehrfurcht und Scheu gebietet. Nichts hier hatte sich je verändert. Die Luft war verführerisch mild, Regen näßte die Wangen, und eine kräftige Brise zauste uns das Haar. Von den Berghängen stürzten weiß schäumende Bäche herab, und es war leicht, sich in dieser Umgebung das Volk vorzustellen, dessen großartigste Mythologie von *Tir na N-Og* erzählte, vom Land der ewigen Jugend.

Mitten in den Caha Mountains setzten wir über nach Cork. Die Landschaft hielt uns noch immer in Bann. Über Glengarriff, Ballylickey und Bantry – drei Städte an der inneren Peripherie der blauen Bantry Bay – ging es weiter nach Schull. Unsere Erregung wuchs.

Schull wird »skall« ausgesprochen wie das englische Wort für Totenkopf – ein nicht besonders einladender Ortsname, um dort ein fröhliches Wochenende zu verbringen. Aber Schull hatte sich in jüngster Zeit einen Namen gemacht als Mittelpunkt im westlichen Cork für Keramik, Malerei und Kunsthandwerk. Die enge ansteigende Main Street leuchtete in allen Farben, und ebenso lebhaft ging es in den dortigen Pubs zu. Unten am Hafen führte ein stiller Fußweg am Wasser entlang, wo sich die weißen Segel von ein paar Jachten in der sommerlichen Brise blähten. Im Juli und August würde die Bucht getüpfelt sein mit Hunderten von Booten, die vor dem Hintergrund des hoch aufragenden, zerklüfteten Mount Gabriel hinausfahren würden. Schull ist ein hübsches, gemütliches Städtchen. Die Menschen sind freundlich. Wir spazierten umher – Deirdre und Larry auf der Suche nach Aranpullovern, Chris und ich dankbar für die wohltuende Abwechslung. Es war ein ungewohntes Gefühl, fort von Kiltumper zu sein; es war ungewohnt und beglückend, Urlaub zu haben. Vor einem Jahr fiel es uns leicht, eine Woche oder ein Wochenende frei zu nehmen; doch seit neuestem zögerten wir. Wir hatten Gewissensbisse, weil wir uns für unser Land verantwortlich fühlten. Natürlich würde dem Land nichts geschehen, während wir fort waren; nichts würde sich ändern. Und doch war in dem einen Jahr in Clare ein eigentümliches Gefühl der Zusammengehörigkeit zwischen den Feldern und uns entstanden. Vielleicht war es ein ähnliches Gefühl wie jene Unsicherheit und Gereiztheit, die man manchmal bei Bauern sieht, die auf einen Tag in die Stadt gekommen sind. Wir hofften, daß wir nicht schon genauso waren, und versuchten, das Gefühl abzuschütteln, als wir weiter nach Westen fuhren, nach Crookhaven und hinaus auf die Halbinsel bis zu der ehrfurchteinflößenden Einsamkeit und Schönheit von Mizen Head, der südwestlichen Spitze von Irland.

Der Tag wurde schön. Mein Lieblingsmonat April bescherte uns einen Tag, der schöner war als jeder in den letzten neun Monaten. Bei Barley Cove, einem wunderschönen menschenleeren Strand, hielten wir an und kletterten die Dünen hinunter. Wir gingen auf unberührtem Sand und fühlten uns wie moderne Robinson Crusoes. Nichts als blauer Himmel, Meer und Stille. Zum Ufer hin senkten sich riesige, merkwürdig geformte Felsen, in denen sich alle Farben dieses Nachmittags fingen – Bronze und Blau, Grau und Grün. In Hunderten kleiner Tümpel, nicht größer als eine Hand, spiegelte sich an verborgenen Orten glitzernd der Himmel.

In manchen Teilen Westirlands fühlt man sich, als wäre man der erste Mensch, der diese Erde betritt. Man stößt auf Orte, die so abgelegen sind, so geheimnisvoll, so windgepeitscht und meerumtost, so felsig oder so grün, daß sie die Sinne überwältigen. Die Natur füllt die Stille mit dem Donnern und Schäumen der Ozeanwellen, dem schrillen Schrei der Möwen, dem Zusammenprall unterschiedlicher Winde zwischen den Bergen. Hier wird einem bewußt, wie klein der Mensch ist, und man wird still wie nirgends sonst. Von einem solchen Ort möchte man nie wieder fort, und dann will man es plötzlich doch. Man will rufen und winken und den Ort, der ein Teil von einem selbst geworden ist, mit der Welt teilen.

Mizen Head ist so ein Ort. Es ist ein äußerstes Ende von Irland, wo Land und Meer zusammentreffen und Felsen aus dem Wasser steigen, wenn die Wellen zurückbranden, eine windumtoste Felsenkante und ein Abgrund voll brodelnden Schaums. Deirdre konnte der gefährlichen Verlockung nicht widerstehen; sie *mußte* bis zu jener äußersten Kante gehen, wo man schreien kann, so laut man will, und dennoch von den endlos anrollenden Wogen übertönt wird. Die ungezähmte, unzähmbare Schönheit einer Insel im Atlantik.

Als wir wieder im Wagen saßen, hatten wir nasse Gesichter, rote Backen und wacklige Beine. Wir lachten laut vor Erleichterung. Dann fuhren wir schweigend von Mizen Head zurück, und es war, als kehrten wir aus einer anderen Welt zurück.

Der Frühling kam spät. Das Gras wuchs nur langsam. Anfang April suchten wir Tag für Tag auf den Wiesen hinter dem Haus nach den ersten Anzeichen von sprießendem Grün. Aber durch das schlechte Wetter im Februar und März hatte sich alles verzögert. Nach der Futterkrise, verursacht durch den nassen Sommer, erschöpfte nun der spät einsetzende Frühling viel zu schnell die letzten Vorräte an Heu und Silage. Aller Augen waren auf den Himmel und das Land gerichtet. Wir brauchten wärmeres Wetter, damit das Gras wachsen konnte. Wir brauchten Sonnenschein.

Der späte Frühling verzögerte auch den Kauf unserer ersten Kühe. Begierig warteten wir darauf, unsere neu erworbenen landwirtschaftlichen Kenntnisse anzuwenden, und verwünschten den scharfen Nordost, der von Island her Regen und Graupelschauer ins Land brachte. Nie zuvor hatte sich einer von uns Gedanken über das Wachsen des Grases gemacht; es war einer jener mühelosen Vorgänge in der Natur, ein in keiner Weise spektakuläres jährliches Ereignis, das mit regelmäßiger Eintönigkeit eintrat und sich weitgehend unbemerkt bis in den Frühsommer fortsetzte, bis man den verrosteten Rasenmäher aus der Garage holen und über den Rasen schieben mußte. Nun plötzlich war Gras ein Erntegut. Es mußte beobachtet werden, es brauchte Kalk und Dünger, es brauchte einen Frühling. Je ungeduldiger wir wurden, um so öfter gingen wir im Regen über die Wiesen, stampften mit den Gummistiefeln, um den nassen Boden zu prüfen, und bückten uns, um vereinzelt hervorspitzende Grashalme zu berühren.

Endlich schlug der Wind um. Eine Woche lang trieb er Wolken herein, aber auch mildere Temperaturen. Michael kam die Straße herauf, um uns zu sagen, wir könnten jetzt unsere Kühe kaufen. Er habe mit ein paar Leuten gesprochen, daß wir Kühe mit Kälbern zu kaufen suchten, und erfahren, daß die Maguires in Cree vielleicht etwas Geeignetes hätten. Ob ich Lust hätte, heute abend mit ihm hinzufahren?

Ich fuhr nach Cree, und mir war schrecklich unbehaglich zumute. Von einer Sache so gut wie nichts zu verstehen, ist ein scheußliches Gefühl, und zu wissen, daß es jeder weiß, macht es noch schlimmer. Obwohl ich ein landwirtschaftliches Diplom besaß, konnte ich nicht behaupten, auch nur annähernd zu wissen, worauf es beim Kauf einer Kuh ankam. Natürlich hatten Chris und ich in unserem Buch nachgeschlagen. Wir hatten uns Zeichnungen angesehen von gut gebauten Kühen und hatten gelesen, worauf zu achten sei. Aber zwischen Buch und lebendem Tier liegt ein gewaltiger Unterschied, und außerdem – wie sollte ich es schaffen, so selbstsicher und großspurig aufzutreten wie ein Bauer, der kaufen will? Sollte ich in den Pferch flanken, Euter betasten, Zitzen quetschen und in schnaufende speichelnde Kuhmäuler fassen? Während der kurzen Fahrt nach Cree las Michael meine Gedanken und bot mir an, die Sache für mich zu erledigen. Ich würde Zuschauer sein und könnte frei entscheiden, ob ich das Tier kaufen wollte oder nicht; Michael würde das Reden besorgen. Ich atmete etwas leichter, kam mir aber mit meinem Scheckbuch in der Hand immer noch ziemlich dämlich vor.

Wir hielten in einem offenen Hof und hörten das vertraute Geräusch von Melkmaschinen. In der Milchkammer war eine Frau bei der Arbeit. Argwöhnisch blickte sie zu uns heraus. Wir waren Fremde. Wir waren in einer Männerangelegenheit hier – denn Landwirtschaft ist Männersache im Westen. »Ist der Boß da?« fragte Michael. Jim Maguire war nebenan im Stall bei den Kühen. Als wir eintraten, trieb er gerade sechs Tiere aus dem Melkstand. Im Westen zeigt sich fast nie jemand überrascht, wenn ein Fremder zu Besuch kommt. Man redet sofort über das Wetter und über das Vieh. Eine Viertelstunde lang stand ich da und nickte und sagte »Jaja«, bis Michael wie ein gelernter Viehhändler allmählich zum Thema kam. »Haben Sie vielleicht so was wie eine Färse, die wir uns ansehen könnten?« sagte er.

»Hab' ich.«

»Sie wär' für den Mann hier«, sagte Michael und wies mit dem Kopf zu mir.

»Ich kenn' den Mann überhaupt nicht«, sagte Jim, aber es klang ganz fröhlich, und er kam auf mich zu, damit ich mich vorstellen konnte. »Er ist immerhin recht gut angezogen«, sagte er lachend, und Michael lachte, und ich lachte auch.

Für Chris und mich hieß sie Bridget – eine kleine kräftige Simmentalkuh mit einem fast weißen Stierkalb. Bridget war unsere erste Kuh. Mit klappernden

Hufen verließ sie den Viehtransporter und ging in den Stall, den wir eigens für sie sauber geschrubbt hatten. Als Michael gegangen war, schlichen wir uns hinaus und standen wer weiß wie lange unter der Stalltür und schauten zu ihr hinein. Sie war wie der Inbegriff des Friedens und schaute uns mit großen braunen Augen voll stiller Zufriedenheit an, während das Kalb an ihrem Euter saugte. Alles an ihr war neu für uns – und sehr persönlich. Wenn wir abends, bevor wir schlafen gingen, zu ihr hineinschauten, ihr morgens einen Eimer Wasser und einen Armvoll Heu brachten, empfanden wir etwas für sie – das war uns bei den Kühen, die täglich an unserem Haus vorbeikamen, nie passiert. Wir beobachteten alles, was Bridget tat, und erstatteten einander Bericht. Für Chris war das Kalb noch aufregender. Sie nannte es Lemon-Drop, und bei jeder Gelegenheit streckte sie die Hand nach ihm aus, obwohl sie insgeheim fürchtete, das zahnlose Kalb könnte ihr die Hand abbeißen. Aber es kam zu ihr und hielt mit glotzenden Augen still, wenn sie es am Kopf kraulte.

Zwei Tage lang blieb Bridget im Stall, während wir uns aufmachten, ihr Gefährtinnen zu kaufen. Mit Michael hatten wir bereits vereinbart, daß wir eine seiner älteren Kühe kaufen würden, zusammen mit den zwei Stierkälbern, die sie säugte. Gerty, wie wir sie nannten, würde zu unserer Herde kommen, sobald wir alle Kühe gekauft hatten. In der Zwischenzeit beobachteten wir, wie das Gras allmählich üppiger sprießte, und wir fuhren zum Viehmarkt nach Kilrush.

Auf dem Viehmarkt herrscht eine streng geschäftliche Atmosphäre. Männer lehnen sich über die Pferchwände und knuffen die Tiere mit Stöcken. Sie rauchen bedächtig ihre Zigaretten und studieren die zum Kauf angebotenen Tiere mit zusammengekniffenen Augen. Sie gehen lässig umher, als befänden sie sich auf eigenem Grund und Boden, und sie nikken und schütteln Hände wie Leute auf einem Parteitag. Hier werden Bauerngeschäfte getätigt. Im schummrigen Licht unter dem Wellblechdach des Viehhofs wirken einige der Bauern, die dort in ihren langen Mänteln und tief in die Stirn gezogenen Mützen verhandeln, wie Desperados. Überall Kraftproben, Rivalität und fachmännische Beurteilung. Wenn keiner hinsieht, springen die Männer in die Pferche und befühlen prüfend die Hinterteile der Tiere, für die sie vielleicht bieten werden. Keiner will sich in die Karten schauen lassen, bevor die Tiere in den Ring gehen.

Sobald mir Michael die zwei Kühe und ihre Kälber gezeigt hatte, die wir versuchen wollten zu kaufen, konnte ich nicht anders, als bei ihnen stehenzubleiben und sie mit Besitzermiene zu betrachten. Ich musterte jeden argwöhnisch, der an ihren Pferch trat. Das hier waren meine Kühe. Zwei Stunden lang wurden nur Stiere versteigert. Michael mischte sich unter die Händler. Ich wünschte mir, die Sache wäre endlich vorbei und wir könnten unsere kleine Herde auf die große Wiese hinter dem Haus treiben. Die Zeit dehnte sich endlos. Allmählich kamen mir die etwa fünfzigjährigen Männer mit ihren wettergegerbten Gesichtern, die im regengrauen Licht um den Pferch strichen und ständig zu mir herüberblickten, verdächtig vor. Wußten sie bereits, wer ich war, was ich hier kaufen wollte und wieviel ich ausgeben konnte? Sie wußten es mit Sicherheit – und es war mir plötzlich egal. Ich beschloß, die Kühe zu kaufen, was immer sie kosten würden. Ich war nicht hier, um andere auszutricksen. Ich besaß nicht die Schlauheit und Kaltblütigkeit dieser Händler. Ich war hier, um zwei Kühe zu kaufen, so wie man zwei Paar Socken kauft. Ich verstand nichts von all dem Nicken und Zwinkern, den heimlichen Zeichen, von gespieltem Desinteresse, gemächlichem Schlendern, von Annäherung auf Umwegen, geflissentlicher Nichterwähnung von Preisen, den verschiedenen Arten des Händeschüttelns und dem »Lucky Penny« – kurz, die westirische Tradition des Viehkaufs war mir ein Buch mit sieben Siegeln. Ich fand nur so viel heraus: daß kein Mensch die Sache anging, indem er einfach sagte: »Wieviel kostet die Kuh?«

Eine Ansage ertönte. Jetzt wurden Kühe in den Ring gebracht. Michael tauchte wieder auf. Wir begaben uns zu den Rängen des Auktionsrings und stellten uns unten an die Barriere, dem Auktionator in seinem weißen Kittel genau gegenüber. Als die ersten Kühe hereinkamen, dröhnte ein Schwall von Zahlen aus einem quäkenden Lautsprecher. Ich hörte nur die Hunderter heraus, und während die Zahlen in weniger als einer Minute rapide zu klettern schienen, kamen und gingen die Tiere, bevor ich auch nur annähernd eine Vorstellung hatte, für wieviel sie weggegangen waren. Und ebensowenig konnte ich feststellen, wer eigentlich bot. Winzige Zeichen kamen von irgendwo hinter der Barriere, der Hammer fiel, ich hörte ein kurzes »verkauft«, bevor das Tor wieder aufschwang, die nächste Kuh hereinkam und die rasende Zahlenlitanei von neuem begann.

»Wir haben sie immerhin bekommen, Niall«, sagte Michael. Ich sah ihn erstaunt an.

»Wirklich?« fragte ich.

»Ja, wirklich«, erwiderte er mit einem breiten, wissenden Grinsen.

Wir hatten vier Kühe: Bridget, Gerty, Susie und Phoebe. Als Chris' Vater versprach, die Kühe zu bezahlen, stellte er eine Bedingung. Er wünschte, daß wir sie mit den Namen Gertrude, Bridget und Suzanne schmückten. Den Namen für die vierte sollten wir selbst aussuchen dürfen. Sie wuchsen mit der Zeit in ihre Namen hinein – die kräftige Bridget, die rechthaberische Gerty, die dicke Susie, die närrische Phoebe. Vier der fünf Kälber blieben namenlos, denn wir wollten sie im November wieder verkaufen. Nur die Kühe blieben den Winter über bei uns. Zu den Aufgaben, die uns im kommenden Jahr bevorstanden, gehörten nun auch die Heuernte und vier Besuche von Hector, dem Gemeindestier, sobald unsere Kühe gedeckt werden mußten. Alles würde von nun an wieder völlig neu für uns sein.

An dem Tag, als wir unsere kleine Herde auf die große Weide hinter dem Haus trieben, kamen Mary und Joe herauf, um sie sich anzusehen. Die Kälber, plötzlich in Freiheit, in einer neuen Umgebung und obendrein an einem frühlingshaften Tag, tollten übermütig umher und galoppierten kickend und springend quer über das Feld, verfolgt von ihren besorgten Müttern im damenhaften Geschwindschritt und mit gefährlich weit ausschwingenden Eutern. Durch die Tiere bekam das Land eine neue Dimension. Wir übernahmen eine neue Verantwortung. Hier waren Kühe unter Chris' Obhut auf einer Weide, wo ihre Vorfahren seit über zweihundert Jahren Kühe gehalten hatten. Es war ein ergreifender Gedanke. Was wir taten, schien richtig zu sein, aber auch riskant. Wir hatten zu Recht Angst vor dem, was wir uns vorgenommen hatten, denn es war etwas, das man nur durch jahrelange Erfahrung lernt. Wir hatten Angst, wie Dilettanten dazustehen, unprofessionell, tollkühn und dumm – so wie uns der ganze Plan, Amerika zu verlassen, oft erschienen war. Aber unsere Kühe sahen glücklich aus, meinte jedenfalls Chris.

Als wir zwischen ihnen auf der Weide umhergingen, beobachteten sie uns, aber sie scheuten nicht vor uns zurück. Mary hatte ihr Weihwasser mitgebracht, und es gelang ihr, nah genug an die Tiere heranzukommen, um sie damit zu besprengen. »Was hältst du von ihnen, Mary?« erkundigte sich Chris nervös. »Oh, es sind schöne Tiere, Crissie. Gott segne sie«, sagte Mary. »Auf daß sie glücklich bei euch sind.«

Auf Kuhstreife. Morgens, mittags und abends. Einzeln oder zusammen marschierten wir im April und Mai im unaufhörlichen Regen über das Land, um nach unserer Herde zu sehen. Wenn wir sie nicht von der hinteren Mauer der großen Weide aus sehen konnten, eilten wir klopfenden Herzens weiter und suchten in allen Senken, bis wir sie irgendwo fanden, wie in hypnotisierter Ruhe nebeneinander stehend, während der Regen an ihnen herabrann. Es war jedesmal ein tröstliches Gefühl, wenn wir sie fanden; wir fühlten uns wie Hirten. Ruhe und Heiterkeit erfüllten uns, auch wenn die Tiere dann auseinanderliefen und uns die Kälte unter die Mäntel kroch. Zum ersten Mal gehörten wir zur Landschaft. Selbst der einschläfernde Regen schien dazuzugehören. Auf dem letzten Gang am Abend schlichen wir, den Stock in der Hand wie Viehtreiber, durch den

Nebel und lauschten auf die letzten Geräusche vor der Stille der Nacht und auf den Wind in den Bäumen. Wir standen früher auf als im Jahr zuvor und wateten, Trittspuren im nassen Gras hinterlassend, über die noch schlafenden Wiesen.

Charlie, ein alter Freund, kam für ein Wochenende zu Besuch. An einem Donnerstag abend war er von New York herübergeflogen, hatte sich einen Wagen gemietet und war, mit einer Unmenge amerikanischer Zeitschriften im Koffer, auf den kurvenreichen nassen Straßen nach Kiltumper gefahren. Wie alle, die zum ersten Mal von der anderen Seite des Atlantik zu uns kamen, war er gleichzeitig entzückt und erstaunt über unser irisches Bauernhaus, die Felder und die Tiere. Wir andererseits schwankten zwischen Verlegenheit und Stolz. Sah der Garten nicht wie ein einziges Chaos aus? Erkannte Charlie, daß das viele Grünzeug kein Unkraut war, sondern daß da schon die Kartoffeln kamen? Wir sahen alles mit seinen Augen, und als er in der guten Stube stand und Chris' neue Bilder lobte, fiel uns ein Stein von Herzen. »Sie ist in dem einen Jahr wirklich gut vorangekommen«, sagte er, und erst, als er es sagte, glaubten wir es auch. »Ich möchte euch zum Essen einladen«, sagte Charlie, und für einen Augenblick vergaßen wir, wo wir waren. Einen Moment lang waren wir wieder in Westchester: Wir kamen gerade aus dem Büro in Manhattan, um mal eben in ein französisches oder italienisches Restaurant zu gehen. *Wohin* sollte uns Charlie ausführen?

Wir fuhren nach Westen, nach Carraigaholt, ein hübsches Fischerstädtchen an der Shannon-Mündung. Carraigaholt ist ein wunderschöner Ort im Sommer, aber jetzt hatten wir April, und es war Freitag nachmittag drei Uhr. Carraigaholt hatte geschlossen. Charlie konnte es nicht fassen. Wir fuhren zurück Richtung Kilkee und Horseshoe Bay. »Himmel, was ist das für ein Land, in dem ihr lebt!« sagte Charlie amüsiert. »Nicht mal was zu essen bekommt man hier.« Wir lächelten über seine Naivität. Wenn er wüßte, auf welch merkwürdige Geheimnisse und Absonderlichkeiten wir in diesem Land bereits gestoßen waren! Er schaltete die Scheibenwischer ein. Es regnete.

In Kilkee fanden wir ein Lokal, das Krazy Kraut's. Es war ein neues, geschmackvoll eingerichtetes Café mit Blick auf die Bucht; der Besitzer ein wundervoll verrückter Deutscher (der *crazy Kraut* des Lokalnamens), Klaus Meya. Während wir uns mit Kaffee und Sandwiches labten, erzählte uns Klaus, daß er bei der offiziellen Eröffnung des Krazy Kraut's eine Ausstellung mit Künstlern aus West Clare veranstalten wolle, und sofort warf Charlie ein, Chris hier sei eine großartige Künstlerin und wohne nur zehn oder zwölf Meilen von Kilkee entfernt. Wir sahen Charlie erstaunt an. Klaus blickte lächelnd zu Chris: Hätte sie wohl Lust, nächste Woche vorbeizukommen und ihm ein paar Bilder zu zeigen?

Nach dem verregneten Sommer und dem späten Frühling hatte sie nur eine Landschaft fertig. Nun aber, ganz plötzlich neu inspiriert, setzte sie sich, kaum daß wir zu Hause waren, vor das halbfertige Bild von Marys Torfbank und malte es zu Ende. Es gefiel ihr nicht. War es nicht furchtbar? War es vielleicht kein Schwindel, eine Landschaft zu malen, nur weil die Möglichkeit bestand, es zu verkaufen? Ich widersprach ihr in beiden Punkten. Wir hatten unseren letzten Spargroschen ausgegeben und nur geringe Einnahmen zu erwarten. Die Grenzen unserer romantischen Welt waren erreicht. Mangel und Not zwangen uns, etwas von unseren Idealen zu opfern. Während Chris malte, überarbeitete ich drei Kiltumper-Gedichte und schickte sie an die *Irish Press.*

Mit zwei noch feuchten Bildern auf dem Rücksitz, *Kathleen's Place* und *Mary's Bank,* fuhren wir nach Kilkee. Es regnete in Strömen. Die Landschaft schwamm in farblosem Grau. Das Meer wogte und brodelte. Klaus empfing uns in bester Laune. »Es wird schön werden dies Jahr, ja, Sie werden sehen«, sagte er. »Sonne von Juni bis September.« Wir setzten uns an einen Tisch, und die Kellnerin brachte wunderbar starken Kaffee, während Klaus die Bilder in die Höhe hielt. Es entstand eine Pause. Eine quälend lange Pause. Dann sagte er: »Ihre Bilder gefallen mir.« Chris sah mich über den Tisch hinweg an. »Ich könnte noch drei weitere solcher Bilder von Ihnen für das Café brauchen«, sagte Klaus.

In Festtagsstimmung fuhren wir nach Hause. Es war Chris' erster Verkauf an einen Fremden, ein Glückstreffer, wie wir ihn schon so oft erlebt hatten in Situationen, in denen uns alles hoffnungslos erschienen war. Während der Heimfahrt sprachen wir über die Arbeit, die vor uns lag. Chris fragte sich, wie um alles in der Welt sie in den nächsten paar Wochen drei weitere Landschaften malen sollte. Aber sie schaffte es. Und als zwei Monate später ein dicker silbergrauer Mercedes unsere schmale Straße herunterrollte, vollbesetzt mit deutschen Touristen, die zu Chris' »Galerie« wollten, plauderte ich mit ihnen im Garten, während Chris ins Haus rannte und ihre Bilder aufstellte. Die Leute kamen herein und tranken Kaffee mit uns. Einer von ihnen besaß eine kleine Galerie in Deutschland, und als sie gingen, lag ein D-Mark-Scheck auf dem Küchentisch.

Wenige Tage, nachdem wir unsere Kühe auf die Weide getrieben hatten, kehrte uns der Frühling den Rücken. Der Ostwind wehte dichte Graupelschauer über das Land. Unser jüngstes Kalb ging mit hängendem Kopf über die Wiese und legte sich unter einen schützenden Ginsterbusch. Chris machte sich Sorgen. Das Kalb schaute uns aus traurigen Augen an. Wenn die Kühe grasend über die Weide zogen, blieb es zurück. Zwei Tage lang beobachteten wir das Kalb, ohne zu wissen, was wir tun sollten. Ich blätterte in meinen Kursheften, fand jedoch nur ein Informationsblatt, in dem es hieß, daß die Kälbersterblichkeit das Land jährlich dreißig Millionen Pfund kostete. Ich wollte kein Panikmacher sein, aber auch Chris war nicht bereit, noch länger zu warten. Am Abend rief sie Michael an und bat ihn, heraufzukommen und sich das Kalb anzusehen.

In der Dämmerung gingen wir drei im Nieselregen auf die Weide und suchten das Kalb. Es hatte sich wieder hingelegt und blickte zu uns auf, ohne sich zu rühren. Chris tätschelte zärtlich sein nasses Fell, während Michael etwas derber zupackte, damit es aufstand. »Ich fürchte, es gehört in den Stall, Crissie«, sagte er. »Es hat sich irgendwie bös erkältet oder so.« Nur eine Woche nachdem wir zugesehen hatten, wie die Tiere springend und tollend auf die Weide gerannt waren, trieben wir Mutter und Kalb in den Stall zurück. Sie von der Herde zu trennen und die schmale Straße hinabzutreiben war ein trauriger Anblick. Wir fühlten uns wie Versager; wir waren viel zu unerfahren und selbst schuld. Es war ein gräßlicher Abend. Die Tiere standen verdrießlich und wie eingesperrt im Stall. Wir hatten keinen richtigen Wassereimer für sie – Chris zweckentfremdete die gelbe Waschwanne aus dem Bad. Wir hatten keine richtige Streu für das Kalb, worauf es schlafen konnte – ich fuhr rasch zu den Dooleys hinauf; Michael Dooley hatte *immer* Heu. Wir stopften es in den Kofferraum des Wagens. Was getan werden konnte – wir waren bereit, alles zu tun. In der Nachbarschaft hatte es sich sofort herumgesprochen: Sie haben ein krankes Kalb hinten im alten Haus. Und Mary kam im Regen heraufgelaufen mit einer kleinen Flasche Weihwasser und dem wunderwirkenden Medaillon, mit dem Chris' Urgroßonkel Tiere geheilt hatte. Mary sah, wie besorgt Chris war, und gab ihr das Medaillon. Sie erzählte Geschichten, die Jahre zurücklagen, von anderen kranken Tieren, die man schon aufgegeben hatte und die doch wieder gesund wurden. Nein, daß es unser Fehler wäre, dürften wir nicht denken, sagte sie. Wir nickten, kochten Tee und saßen in unbehagliches Schweigen versunken am Feuer.

Es sollte eine lange Nacht werden. Wir konnten überhaupt nichts tun. Dem Kalb ging es immer schlechter. Am Morgen stellte Michael Diphtherie fest, und ich ging ins Haus und rief die Vermittlung an, um mit dem Tierarzt verbunden zu werden. »Sie werden doch nicht schon jetzt Probleme haben?« fragte der Mann in der Telefonzentrale.

Es schien eine Ewigkeit zu dauern, bis der Tierarzt kam. Wir gingen zu den anderen Kühen und ihren Kälbern hinaus, halb in der Erwartung, daß auch sie krank wären. Wir beobachteten die Straße nach Kilmihil, ob nicht endlich ein Wagen käme. Als der

Postbote kam, brachte er uns einen vor Begeisterung überschäumenden Luftpostbrief einer jungen Mutter von vierzig Jahren, die uns schrieb, Kinder seien der Stoff des Lebens, nur sie bedeuteten Leben. Wir gingen zum Stall hinaus und sahen nach unserem Kalb. Noch nie war New York so fern wie an jenem Tag. Wir waren tief in eine andere Welt eingetaucht. Noch vor einem Jahr hätten wir den Verlust eines Kalbs rein verstandesmäßig beurteilt: Wieviel war es wert? Hundert Dollar? Nicht mehr als ein Dinner für zwei und eine Show. Jetzt war der Bezugsrahmen anders; hier regierten Gott und das gewisse Quentchen Glück, hier war das Geld weniger wichtig als der Stolz, und Tiere besaß man nicht nur, sie waren einem auch anvertraut.

Das Kalb hatte Geschwüre am Maul. Sein Kot war hellgelb und flüssig. Der Regen trommelte auf das Wellblechdach, daß einem der Kopf zu zerspringen drohte. Breda rief vom Telefon der Dooleys an. »Was gibt es Neues von eurem Kalb, Crissie?« Wir pendelten zwischen Haus und Stall, beladen mit Eimern voll Wasser und Gabeln von Heu und verfolgt von der Angst, daß eines unserer Tiere eingehen könnte. Und während wir auf den Tierarzt warteten, stellten wir uns immer wieder die gleichen Fragen, auf die wir keine Antwort wußten. Eine dieser Fragen lautete: Was sollten wir tun, wenn das Kalb starb? Ich dachte mit Schrecken, wie niedergeschlagen Chris reagieren würde, an den Brief, den ich nach Amerika schreiben mußte, und an den Gang nach Kilmihil, wo jeder Bescheid wissen würde. Chris schlug in unserem Buch nach und zeigte mir die Seite, auf der stand, daß Diphtherie bei Kälbern sehr häufig tödlich war.

Endlich traf der Tierarzt ein. Sein Wagen kam durch den Regen die Straße herauf, und unsere Nachbarn unten wußten, daß er gekommen war. Im Halbdunkel des Stalls stemmte er das Kalb gegen die Wand, um seine Atmung zu untersuchen. Es sei wirklich Diphtherie, sagte er und schüttelte den Kopf. Wir standen an der Tür und schauten hinein. Mary kam im Regenmantel angelaufen, um zu erfahren, wie es stand. Der Tierarzt kramte in seiner Tasche nach einem Medikament, als Chris auf ihn zuging und fragte: »Wird das Kalb sterben?«

Er blickte auf die Flasche in seiner Hand und dann in ihr hoffnungsloses Gesicht. »Nein«, sagte er. »Ich hoffe nicht. Geben Sie ihm davon eine Woche lang täglich eine Spritze, dann lassen Sie es raus. Bis dahin dürfte es wieder kerngesund sein.«

Eine Woche lang pflegten wir das Kalb, schleppten eimerweise Wasser, säuberten den Stall von dem widerlich gelben Kot, fütterten Heu und standen stundenlang an der Stalltür, um das Kalb zu beobachten, ob es heute lebhafter wirkte, ob sein Husten besser geworden sei, ob die Stellen am Maul heilten. Im Lauf der Woche schlug das Wetter um. Endlich machten sich einige Anzeichen eines echten Frühlings bemerkbar, und über die Wiesen breitete sich eine weiche grüne Decke. Unsere Nachbarn begegneten uns auf der Straße oder unten im Dorf mit einem Lächeln und erkundigten sich nach unserem Kalb, obwohl oder gerade weil sie wußten, daß es ihm besser ging. Am Samstag ließen wir es mit seiner Mutter ins Freie. Es galoppierte vor uns über die Weide, blökte, als es die anderen Kühe und Kälber sah, und schlug so ausgelassen und wie verrückt vor Freude mit den Hinterbeinen aus, daß Chris sich laut lachend an mich lehnte. Wir standen oben auf Tumper im feinen Regen, und sie legte den Arm um mich. Wir waren glücklich. Unsere Gummistiefel waren undicht, unsere Mäntel pitschnaß, und trotzdem blieben wir stehen und blickten auf unsere kleine Herde. Die Kartoffeln standen einen Fuß hoch im Kraut, Chris hatte ein weiteres Bild verkauft, eines der drei neuen Tumper-Gedichte war angenommen worden, eine dünne Rauchfahne wehte aus unserem Schornstein. Und drüben im Westen leuchteten die ersten Signale eines richtigen Sommers.

EPILOG

Wir sitzen in Kiltumper und erinnern uns, wie wir hier ankamen mit unseren Träumen und Erwartungen. Wie ist es gewesen, alles in allem?

Vor zwei Jahren brachen wir auf, um einen Traum zu verwirklichen und ein Land zu entdecken, das irgendwo zwischen Phantasie und Erinnerung lag. Wie gut kennen wir es inzwischen, dieses Irland und dieses irische *feeling*, das wir in Amerika so gut zu kennen glaubten?

Die Frage ist nicht leicht zu beantworten. Was wir tatsächlich kennenlernten, ist ein Land, das im Begriff ist, sich zu wandeln. Selbst die Lebensweise, die wir geschildert haben, verändert sich langsam. Der Westen Irlands ist ein von Traditionen geprägtes Land, aber es herrscht überall Armut. Was so schön romantisch aussieht, ist nicht mehr heimelig oder malerisch, wenn es für die unmittelbar Betroffenen Mühsal und Not bedeutet. Wir kennen eine ältere Frau, die ihr Wasser von einem Brunnen holen muß, der ein beträchtliches Stück Weg von ihrem Haus entfernt ist.

Unser kleines Dorf bekam den »Selbstwähldienst«, und nun steht ein neues, scheußlich senfgelbes Telefon mit Tasten auf unserem Küchentisch, und wir sind in Sekundenschnelle mit der Welt verbunden. Dahin ist die einst geschätzte Möglichkeit, bei Gregory, der Vermittlung, eine Nachricht zu hinterlassen, daß wir am Abend bei den Blakes sein würden und daß er, für den Fall, daß jemand anriefe, bei den Glavins nebenan anläuten könne (die uns holen könnten, denn die Blakes hatten selbst kein Telefon). Dahin sind die Zeiten, in denen man mit einer kleinen Kurbel die Vermittlung bei der Post anrief; unser altes schwarzes Telefon hängt senkrecht an der Wand und wartet darauf, abgeholt und in Pension geschickt zu werden.

Immer mehr Leute kaufen Kohle, polnische oder amerikanische, weil trockener Torf eine Rarität ist, und die Menschen verlernen allmählich, wie man seinen Torf selbst sticht.

Der Kaufmann im Dorf hat das Weihnachtspaket für seine Kunden abgeschafft und gibt dafür auf alle Weihnachtseinkäufe zehn Prozent Rabatt.

Der Verkauf von Saatkartoffeln geht zurück, weil die Leute nicht mehr selbst Kartoffeln anbauen wollen. Sie scheuen das Risiko, ihre Ernte zu verlieren und sich umsonst geplagt zu haben. Nun kommen »neue« Kartoffeln aus Zypern, und die irischen Kartoffelanbauer müssen – dank der EG – ziemliche Einbußen hinnehmen.

Was das übrige Land betrifft, so ist es kein Geheimnis, daß sich die irische Wirtschaft in einem permanenten Tief befindet. Irland ist in Europa das Land mit den höchsten Steuern, seine Auslandsschulden sind dreimal so hoch wie die von Mexiko. Die hohe Auswanderungsrate bedeutet eine nationale Krise, und der damit verbundene Exodus von Fachkräften und Akademikern läßt für die Zukunft Schlimmes ahnen. Mit dem vor kurzem verabschiedeten neuen Einwanderungsgesetz stellten die USA 36 Ländern insgesamt 3000 Visa zur Verfügung. Allein aus Irland lagen 200 000 Bewerbungen vor. Die Arbeitslosigkeit ist enorm. Die Zahl der Wohlfahrtsempfänger hat sich in den vergangenen sechs Jahren verdreifacht. Der Finanzminister der neuen Regierung unter Premierminister Charlie Haughey hat vor kurzem den knappsten Etat seit Jahrzehnten vorgelegt. Vielleicht gibt es aber doch noch Hoffnung für die heranwachsende Generation. Die Europäer blikken neidvoll auf die nicht umweltgeschädigten irischen Produkte. Trotz der schlechten Wirtschaftslage bleibt Irland eines der letzten schönen Länder mit ländlichem Charakter. Es gibt hier Tausende verborgener, abgelegener Orte von herrlicher Schönheit, und Irland ist noch immer die Heimat vieler Schriftsteller und Dichter. Es ist ein schönes Land, das einen Besuch lohnt.

Und wie steht es mit uns und unserem Bauernhof? Unser zweiter Sommer erwies sich als ebenso schlecht wie der erste. Es regnete im April, Mai, Juni und Juli bis zum St.-Swithin's-Tag und wir erlebten den zweiten schlechtesten Sommer seit Menschengedenken. Wie im Jahr zuvor arbeitete Chris im strömenden Regen im Garten. Aber unsere Kälber entwickelten sich zu schönen Rindern; und wir fügten uns in die Lebensweise der Landwirtschaft treibenden Bevölkerung und standen in aller Herrgottsfrühe auf, um unseren wartenden Kühen Silofutter zu bringen.

Auch innerhalb der Dorfgemeinschaft haben wir einen Platz gefunden. Chris gab auf allgemeinen Wunsch wieder einen Gymnastikkurs, und als sie gebeten wurde, die Räume des Kindergartens im Gemeindesaal zu verschönern, bemalte sie die Wände mit Szenen aus einem Kinderbuch, an dem sie gerade arbeitet. Ich wurde Trainer für den Nachwuchs der Gälischen Fußballmannschaft unseres Sprengels. Und die Laienspielgruppe Kilmihil? Nun, Larry, Paddy und Martin waren emsig wie eh und je; mit einem lustigen Einakter gingen wir auf Festivaltour – und gewannen: drei Festivals, zwei Preise für die beste Produktion und einen für die beste Ausstattung. Die Gruppe war gut eingeführt. Im Dezember wurde unsere winzige Truppe als einziger Vertreter aus County Clare zur Teilnahme an den All-Ireland Finals eingeladen. Und am Abend des St.-Patrick-Tags, genau ein Jahr nach unserer Aufführung der *Quelle der Heiligen*, kamen wir mit der Farce von Brian Friel, *The Communication Cord*, nach Doonbeg und gewannen. Drei Silberpokale auf dem Kaminsims, ein Artikel im *Clare Champion*, und jetzt soll die Gruppe mit dem Stück bei den Three-Act All-Ireland Finals auftreten – eine Ehre, die normalerweise nur städtischen Gruppen zuteil wird. Kilmihil ist nicht länger ein weißer Fleck auf der Landkarte.

Chris hat etliche Bilder verkauft. Ihre erste Kurzgeschichte, die sie an die *Irish Press* schickte, wurde zur Veröffentlichung angenommen und für den Hennessey Literary Prize für die beste Kurzgeschichte des Jahres vorgeschlagen. Weitere Kiltumper-Gedichte sind erschienen; ein neuer Roman ist zur Hälfte fertig.

An diesen Dingen messen wir hier unser Leben. Und wenn manchmal an langweiligen Regentagen, wenn niemand auf unserem schmalen *botharin* kommt oder geht, die Begeisterung schwindet, die uns von Manhattan hierhergeführt hat, sind es diese

Dinge, die alles wieder zurückbringen. Chris und ich arbeiten weiter in dem phantastischen Frieden von Kiltumper; für eine Weile verschwindet die äußere Welt. Dann kommt ein fröhlicher maschinegeschriebener Brief einer entfernten Cousine aus Connecticut. Ich gehe damit über den Gartenweg zu Chris, die über ein Beet gebeugt Unkraut rupft.

»Liebe Chris, lieber Niall«, lese ich vor. »Wie geht es bei Euch?« Und als Postscriptum: »Was macht die Schweinezucht?!«

»Schweine!« ruft Chris und lacht. »Das fehlt uns noch.«

Sie blickt zu mir herauf, und ich sehe, daß sie trotz ihres amüsierten Gesichtsausdrucks bereits ernsthaft darüber nachdenkt.

Warum eigentlich nicht?

Ein brillanter Familien- und Gesellschaftsroman

Als Band mit der Bestellnummer 11843 erschien:

Vor der glanzvollen Fassade des berühmten Berliner Hotels spielt sich die wechselvolle Geschichte zwischen 1870 und 1933 mit all ihren Höhen und Tiefen ab. Hinter den Kulissen aber entfaltet sich das Schicksal dreier Generationen der Hotelierfamilie Jochum mit ihren Verbindungen zu Adel und Hochfinanz.

BASTEI LÜBBE

Ein fesselnder Roman vor einer traumhaften Kulisse

Als Band mit der Bestellnummer 11842 erschien:

Als Laura Fairchild zum ersten Mal das Haus des reichen Salingers in San Francisco betritt, verheimlicht sie den eigentlichen Grund ihres Besuches, denn sie hat eine alte Rechnung zu begleichen. Aber es kommt alles ganz anders: Laura verliebt sich. Doch dann beginnen die Schatten der Vergangenheit sie einzuholen …

BASTEI LÜBBE